上海文化发展基金会图书出版专项基金资助项目

Urban Design and Renewal Practice

Approaches of Shanghai Development Towards an Excellent Global City

城市设计与更新实践

探索上海卓越全球城市发展之路

莫霞 著

上海科学技术出版社

图书在版编目(CIP)数据

城市设计与更新实践：探索上海卓越全球城市发展之路/莫霞著.—上海：上海科学技术出版社，2020.1（2022.1 重印）
ISBN 978-7-5478-4528-8

Ⅰ.①城… Ⅱ.①莫… Ⅲ.①城市发展战略—研究—上海 Ⅳ.①F299.275.1

中国版本图书馆 CIP 数据核字（2019）第 190759 号

城市设计与更新实践：探索上海卓越全球城市发展之路
莫 霞 著

上海世纪出版（集团）有限公司
上 海 科 学 技 术 出 版 社 出版、发行
（上海市闵行区号景路 159 弄 A 座 9F-10 F）
邮政编码 201101 www. sstp. cn
当纳利（上海）信息技术有限公司印刷
开本 787 × 1092 1/16 印张 18.5
字数 350 千字
2020 年 1 月第 1 版 2022 年 1 月第 2 次印刷
ISBN 978-7-5478-4528-8/TU · 282
定价：150.00 元

内容提要

本书基于可持续城市设计的理论视野、城市更新的实践经验，密切结合城市宏观发展战略与内涵发展路径，梳理上海本土的、极富代表性的项目案例，并将与上海卓越全球城市发展所需的功能与空间塑造、城市竞争力提升等相关的政策及制度建构融入进来，积极探索存量发展时代城市规划与建设发展的理念、策略及方法。其中，多学科综合的、冲突分析的思路与阐述是一以贯之的，促使本书具有了更为深刻的反思性和相当的借鉴意义。

正如郑时龄院士所言，“城市设计与城市更新是城市外部和内部的社会、经济、文化等各种影响力作用的结果，也是对城市所面临的机遇和挑战的一种反映”。书中案例正是聚焦上海城市发展中“此时此地”的问题与应对；城市设计与更新实践探索的多维共构，既着眼城市的发展脉络、结构意向、空间塑造、区域特色等，更凸显对新时代人民日益增长的物质文化需要的回应，强调对于卓越全球城市的目标构建、发展模式的和谐与理性、公共意涵的生活图景，乃至朴实真切的生活气息等的多层次追求。

序一

Foreword 1

案头放着莫霞博士的专著《城市设计与更新实践：探索上海卓越全球城市发展之路》(以下简称《发展之路》)，先为题目的宏大叙事所吸引，也就仔细阅读文本。作者从一位规划师长期从事的城市设计和城市更新实践的角度，探讨上海迈向卓越的全球城市的发展道路。作者已经结合个人的工作实践在今年出版了一部专著《冲突视野下的可持续城市设计：本土策略》,《发展之路》在此基础上更关注"上海 2035"总体规划的发展目标，更注重城市的宏观发展策略，更思考落实城市内涵式发展的路径。

城市空间始终是城市设计与城市更新的对象，今天的城市空间已经从单一的物质实体和自然空间，扩展为自然空间和社会空间。《发展之路》认识到城市更新既涉及物质性的更新，也涉及非物质性的更新，包括城市结构和城市空间的更新、建筑的更新、城市环境和道路的更新，将消极的城市空间转换为积极的城市空间，将同质化的空间转型为多元的异质空间。更新不是为新而新，更新的核心不是形式的新或旧，而在于理念的新或旧，在于内在的和谐与理性。更重要的是思想和生活方式、城市管理模式的更新。城市更新是实现城市发展目标的重要手段，需要有理想，怀有对未来的憧憬和激情。城市设计的作用是设计并塑造城市的空间形态，规划城市设施。与建筑设计相对应，城市设计的范围涉及更大规模的建筑群、街区、地区和公共空间，甚至整座城市，目的是完善城市的功能，修补城市空间，修复生态环境，使之更宜居和可持续发展。城市设计与城市更新是城市外部和内部的社会、经济、文化等各种影响力作用的结果，也是对城市所面临的机遇和挑战的一种反映。

上海虽然已经成为全球城市，在经济和社会发展方面做出了令世人瞩目的成绩，但是上海仍然存在各地区之间在环境资源、交通资源、文化教育、居住状况和医疗卫生资源之间的不平衡，在城市环境和城市管理方面仍然存在一些亟待解决的问题，既要实现看得见的和谐，也要实现看不见的和谐，仍然需要宏观的思考和微观的实践去努力实现卓越的全球城市发展目标。

《发展之路》展开了对城市设计和城市更新方面的深入研究，从保护更新、滨水复兴、文化承续、公共营建、行动链接五个维度，以近年来上海发展中的大量案例为我们展示了一条发展道路。作为一名从事设计实践的规划师，同时也是一位从事设计研究的规划师，需要不断地思考，不断地从实践中推演未来，也使实践具有理想的指引。

郑时龄

中国科学院院士

序二

Foreword 2

今天，“城市更新”已是上海城市发展与建设的主题词，它昭示着上海经过前40多年的快速发展已步入了后工业的时代，也表明了整个社会、经济及人们的观念都发生了很大的转变，大家对历史传统的重视、对文化意义的追求在不断提升，城市渐进式的更新发展作为当下上海城市发展有效途径已成为社会的共识。

对于已经习惯了大规模开发建设的我们，面对以保护、保留为主要前提的城市更新，需要的不仅是工作方法的改变，更重要的是理念的转变。当然，这也需要一个对城市更新内涵和外延全面认识、正确把握的思辨过程。

本书作者莫霞作为一名在城市规划设计一线的技术工作者，她以自己的工作实践为背景，通过具有典型性案例的介绍、分析和总结，向我们展现了上海在城市更新初期阶段所经历的矛盾与问题、采取的策略和方法、贯彻的理念与思想，以及如何设立预期的目标等工作，为后续的城市更新项目的设计提供了可借鉴的样板。当然，这其中也有她对城市更新的认识和观点。在书中，她谈到城市更新在今天具有了更广泛社会、文化与经济复兴的意义。与之相联系的，城市设计也将面对更加复杂多元的综合性课题，需要将设计置于一个地段所处周边区域背景中去分析、构思，发掘一个地区历史文化、空间特色来实现对城市更新的有机重构。书中，莫霞从一个设计技术工作者的视角，将本阶段上海在城市更新工作中强调“土地复合、功能混合与文化融合”的三“合”特征，以及“延续文化、文脉，突出内涵发展，提升公共服务与环境品质，进而彰显城市魅力和吸引力”这些上海城市更新的核心目标，通过一个个案例呈现给读者。

城市更新是一个新课题、新挑战，需要我们规划设计者以学习的姿态来面对。结合设计实践，开展理论探索，是一种很好的学习方式，非常值得提倡，尤其是对规划设计者来说。

华建集团副总经理、首席总建筑师
全国工程勘察设计大师

序三

Foreword 3

《上海市城市总体规划（2017—2035 年）》提出了建设卓越的全球城市，以及建设“创新之城、人文之城、生态之城”的目标愿景，未来 15 年是上海城市转型的关键时期。过去 40 多年，上海经历了快速城市化的过程，城市的基础设施和居住生活环境得到根本改善，产业转型取得阶段成果，初步建构了国际经济、金融、贸易、航运中心体系，城市影响力得到极大提升。但是对标全球城市，上海的创新力和文化影响力还存在较大差距，“四个中心”的国际影响力也有待进一步提升。面对城市快速增长，一些发展不平衡问题逐渐凸显，如城市的公共服务水平改善、历史遗产保护和风貌沿承、旧住房改造、生态修复、公共空间品质提升等，成为城市发展必须破解的瓶颈。

当前上海的发展已进入存量转型、内生增长时期，《国务院关于上海市城市总体规划的批复》中明确指出要严控新增建设用地，加大存量用地挖潜力度，通过城市更新破解发展瓶颈、促进城市转型将成为规划工作的重点。近年来，上海在推进规划工作转型，在城市有机更新、城市设计、公众参与等方面开展了许多有益的创新探索。上海积极开展了城市更新政策和实施机制的研究，探索形成了一系列政策文件和技术标准，并在更新项目的实践中不断完善，建构了较为完善的城市更新的运行管理机制。

在上海的城市更新进程中，城市设计已经从单纯的空间设计工具转化为空间和环境管控的政策工具，更为关注空间环境的公共价值和社会公众的需求。城市设计的方法和技术手段也有了很大发展，更加重视公众参与和大数据分析。城市设计在优化城市空间结构和功能布局、保护和沿承城市风貌、促进城市的多样性和公共空间活力、维护生态环境和城市安全等方面发挥了积极的作用，同时也面临着市场博弈与公众利益的冲突、静态设计与动态发展的矛盾、空间环境的公众引导等挑战，这些都需要在城市更新和设计实践中予以认识和应对。

由莫霞博士所著的《城市设计与更新实践：探索上海卓越全球城市发展之路》，结合个人工作实践，在前著《冲突视野下的可持续城市设计：本土策略》一书基础上，更趋实践性、更具针对性地开展城市更新和城市设计方面的观察和研究，以综合、动态的视角，既从设计维度关注城市文化的承续、空间活力的激发、社会文化与公共视角的接纳，也从管理实施维度纳入公共政策、技术要素、更新机制等方面的思考，进行多维度复合的策略考察与综合分析，并通过实际案例展现了上海在追求卓越的全球城市进程中城市更新和城市设计领域的创新实践。

因此，我推荐本书，并期待莫霞博士在后续实践工作和理论研究中更上一层楼。

上海市城市规划设计研究院原总工程师

前言

Preface

书稿终于告竣了，2019 年亦接近尾声。

大约是 5 年前，我就产生了写一本书的想法，希望能够系统性地谈一谈对可持续城市设计、城市更新发展相关的观点与实践。当时搁置的原因，回想起来大概是觉得亲历的还不够，或者说总觉得自己开展的一些工作还是偏于宏大、不够深入，或者未经检验、不够接地气。也正是因为存在这种感受，之后的工作中，我愈加注重理论对实践的指导，以及实践向理论的转化，希望更多地植根于上海这座我长久以来学习、工作和生活的城市，将理论与实践结合、多层次地开展城市更新与设计实践活动，并适时地沉淀、提炼与反思，形成更有针对性的技术积累与经验总结。在师朋和团队的支持与帮助下，这些年我主持和推进了一系列城市设计、城市更新相关的编制任务、民生和紧急项目、课题研究等，虽然总有压力与挑战，但也往往忙得不亦乐乎，度过了无数个默默写作的夜晚，终于得以在今年完成了这本书。

理论与实践历来是相辅相成、缺一不可的。本书以实践探索作为主题与核心，更加突出了“本人、本土”的特点。书中收录的项目实例，无论是张家花园、东斯文里这样的历史风貌地区，苏州河两岸、黄浦江西岸的滨水地区，还是上生所地区这样的上海新地标，长桥街道这样的 15 分钟生活圈构建创新地等，大多是我和团队承担和完成的上海地区业务工作。这些项目在着手编制规划文件前，都在不同程度上进行了城市设计论证和分析，而书中呈现的就是这些设计实践与行动中的一些经验与思考。虽然这些内容并非都会出现在最终的项目成果中，但却记录了我和团队一路走来的成长轨迹，也从一定程度上体现了存量发展时代上海城市规划和建设的思路。

对于城乡规划从业人员来说，书中提到的项目大多是极为平常的事情。但也正因为平常，才会与市民的生活更加密切，与城市空间的演变有着更大的关系。书中作为主要案例的这些设计实践，没有独树一帜的所谓“大作”，可以看到的是本土人民的生活需求和文化追求，可以感受到的是规划工作者的努力作为和设计师们的职业操守。沈迪大师的叮嘱醍醐灌顶，“城市更新需要我们规划设计者以学习的姿态来面对”。事实上，尤其是 2015 年以来，伴随着《上海市城市更新实施办法》《关于深化城市有机更新促进历史风貌保护工作的若干意见》等政策的陆续出台，以及上海市原闸北和静安两区合并构成新静安区、上海中心城区 50 年以上建筑普查等城市事件与行动的发生、发展，我作为这一过程中的亲历者、实践者，所进行的一系列与政策及制度背景、城市现实发展密切相关的城市更新设计实践及研究工作，促使我较以往有了更为多层次、多视角的专业思考——我恰恰是在这一过程中得以不断学习，并得到了丰富的收获；这些工作内容的提炼与总结，亦成为本书的重要亮点，也使得“本人、本土”的特点在这本理论与实践结合的书籍中，更具现实发展意义和实操借鉴价值。这本书并不深奥，也非面面俱到，但其中从五个维度着眼的论述方式，可以把当下复杂的城市更新工作与内容构成，结合一些多年积聚的研究成果的梳理与提炼，强调理念与工作方法上的转变与提升，特色聚焦、化繁为简地来讨论和展现。

本质来看，有机更新作为一种显著特征与新的趋势，势必构成新时期上海城市更新发展的主要形式。无论是“补短板”，还是提质增效，提供多类型的公共要素等，近年来上海深度开展了城市更新政策实施与完善的相关研究，积极探索城市更新的运行管理与创新机制。然而，政府、市场及产权主体等诸多方面的利益博弈始终需要面对，城市发展始终面临着历史风貌保护、生态环境、文化传承、公共空间建设等方面的严峻挑战。如何在既有建设的基础上，不断提升城市空间品质、公共服务水平，更好地进行资源利用、功能转型，构成当前乃至很长时间内上海城市规划工作面临的关键难题和瓶颈。2017 年 12 月，国务院批复同意了《上海市城市总体规划（2017—2035 年）》，明确提出了建设用地“减量化”发展的要求和目标；新版总规明确了上海面向未来、面向全球的发展方向、功能定位和目标任务，充分展示了作为“排头兵、先行者”的追求和责任，提出了建设卓越的全球城市。因此，书中所指向的城市更新，我首先本能地将它跟“因地制宜”密切联系起来——关注上海这座城市在“此时此地”的本土发展诉求与特征，进行可资借鉴的策略考察与分析解读。这其实反映了认识和了解一座城市、进行一系列空间与行动建构的非常本源的要求，才能够在当前的现实境遇与政策语境下，促进形成有特色的、适宜区域自身的一种发展可能。

以人为本，亦构成城市更新最根本的出发点。结合城市设计而言，则正如苏功洲总工程师所强调的：“在上海的城市更新进程中，城市设计已经从单纯的空间设计工具转化为空间和环境管控的政策工具，更为关注空间环境的公共价值和社会公众的需求。”与以往的城市规划大项目不同，当前上海多层次的城市设计项目构成，往往与居民的切身利益联系更加密切，涉及的诸多问题都是居民直接关心的。这也决定了表面化、机械化、过于同质化的一些方式，是我们在实践工作中所要极力避免的；历史文化的传承机制、协同复合的行动模式、上下结合的诉求回应、社会参与的多种方式等，是我们应该更多地去发掘和确保的。尤其，参考国际经验，未来的更新必将需要社会主体能够形成高效的组织模式参与其中。无论是市民、专家、设计团队，还是政府（市局、区局、街道、各职能部门等），如果能够充分沟通、相互理解；社区规划师这样的角色——我本人亦是上海市徐汇区长桥街道的社区规划师，可以在专业技术支撑、意见征询、沟通诉求的诸多方面，植根于社区、因地制宜，能够在规划设计层面将未来可能会引起矛盾的问题尽可能早地规避掉等，可以说都是特别有价值的一种贡献。承担着社区规划师这样一个具有鲜明时代特征、复合性的社会角色，我也希望自己在后续工作中，尤其是在推进实施上海 2035 总体规划的关键时期，能够基于自身已有的理论与实践经验，并通过不断的学习和更多的沟通，在各方的指导和监督下，秉持社会责任感，尽自己的一份力。

新时期的更新实践，新阶段的设计探索。

目录

Contents

转型与更新：城市设计的实践融合

第一部分 保护更新

第二部分 滨水复兴

第三部分 文化承续

第四部分　公共营建

第五部分　行动链接

参考文献

致谢

转型与更新：
城市设计的实践融合

“城市空间的组织意义是社会转型和现实经验的产物，现有空间格局可以激发人们的适应与调控反应，进而促进形成新的空间格局与发展契机。上海确立全球城市建设目标新的发展时期，城市设计更加强调回应人们日益增长的、对美好生活的多元需求，更加紧跟时代变化、强调持续连贯的过程与实施推进，借由多维复合的实践举措，彰显上海特色的转型发展路径与有机更新模式。”

我国城市设计的新要求与新动向

在今天，尺度、速度、形态、密度、多样化等城市化指标的快速、难以逆转的波动与变化表明，以人口增长和人口聚集为核心内容的城市化已经深深影响人类历史的进程。同时，城市的发展成为复杂力量共同作用的结果，金融资本自由高速流通、城市机动性增强、信息通信技术和网络社会迅猛发展、地区发展不均衡等成为现代城市发展的助推力；环境容量极限、文化传统惯性、城市主体耗散则对城市的发展产生惯性和摩擦力，构成现代城市发展的黏滞力（王伟强等，2010）……

当中国的发展进入转变发展方式、促进持续发展的关键时期，着力解决最突出的问题、弥补最明显的短板、提升城市品质与活力、突出内涵式发展，构成了新形势下的当务之急。而新时期的城市设计，有助于将各种力的作用纳入一种城市更新发展的统筹视域，将各种类型和手段划入“城市设计”标题下开展本土实践的整合工作，促进了解形成设计目的和手段有效结构的设置，进而促使有针对性的、从更为本质的视角来寻求城市社会问题的解决，以及探寻可持续发展建构的本土路径。

城市设计是“根据城市发展的总体目标，融合社会、经济、文化、心理等主要元素，对空间要素做出形态的安排，制定出指导空间形态设计的政策性安排”（吴志强等，2010），城市设计多维拓展的倾向在中国当代城市设计的发展过程中越来越明显。2010 年以来，中国城市以其本土特质、战略转型等优势，更是在思想理论、实践内容及技术方法上，全方位地提升了城市设计水平，成为城市设计发展的潜力高地（段进，2018）。尤其，由于城市化的快速推进过程中，中国的城市设计实践机会相较西方社会更多、更密集，中国又具有自身国情、独特的社会发展背景、文化特征等，其城市设计实践也将面对更为艰巨的挑战；无论是空间建构、技术手段，还是行动方式，可持续发展在城市设计实践层面的映射与融合已全面开启。正如作者在《冲突视野下的可持续城市设计：本土策略》（以下简称“《本土策略》”）中所强调的，城市设计的重点正越来越多地对一个地域的自然、人文、社会经济要素及城市发展等进行综合考量，关注城市历史文脉和场所特征，注重城市公共空间的塑造、综合环境质量的提高等，来满足人们的空间环境需求，强调人们对地域场所的怀念和情感的认同，进而提升城市活力与吸引力，促成良性互动的发展态势，促进城市的持续更新发展。

城市设计在我国城市规划和建设进程中的作用不断加强、日益凸显。2016 年以来，中央和国务院发出了提高城市设计水平的要求，明确全面开展城市设计，抓紧制定城市设计管理法规，并完善相关技术导则。2016 年 2 月，《中共中央国务院关于进一步加强城市规划建设管理工作的若干意见》指出："城市设计是落实城市规划、指导建筑设计、塑造城市特色风貌的有效手段。"2017 年 6 月 1 日，我国《城市设计管理办法》颁布实施，明确了城市设计的编制依据、管理主体、规范内容、管控机制等内容。其中提出：开展城市设计，应当符合城市总体规划和相关标准；尊重城市发展规律，坚持以人为本，保护自然环境，传承历史文化，塑造城市特色，优化城市形态，节约集约用地，创造宜居公共空间；根据经济社会发展水平、资源条件和管理需要，因地制宜，逐步推进。总体来看，新时期中国城市设计体现出以下三个方面的发展特征。

首先，更加注重关系建构：从"项目设计"到"公共政策"。城市设计原先是项目设计、空间设计，首先是针对城市空间形态及城市环境的研究，注重城市空间发展和城市特色塑造，也是面向城市空间发展具体实现的策略构成。然而，当中国处于市场经济体制改革引起的社会转型过程中，各种社会关系所面临的时代冲击引起人们价值观念的碰撞，生活方式也在调整与重构，使得城市设计更多地与一个区域的功能提升、历史文化的空间分布与再构、公共领域的开发引导等密切结合，并采取更为审慎和关注民议的方式。与此同时，城市空间的建构更加注重利益关系调节，关注社会价值整合，强调借助政策法规、实施项目推进等多种手段来影响和调节社会活动、发展模式，促使城市设计更加注重公共行政的策略和手段，强化面向社会实际问题、融合制度条件的"关系型"建构取向，公共政策属性日益显著，日趋多元。

其次，更加注重实际效能：从"设计导向"到"管控导向"。以规划为依据的建设管控，是实现高品质城市环境和有序建设的重要内容。在上海近些年现实的城市更新工作推进中，尤其注重城市设计与法定规划的衔接，并将重点地区城市设计的内容和要求纳入控制性详细规划，精细化落实到相关管控要素与技术指标中。对于上海而言，无论是建筑方案验证中的城市设计内容回应、附加图则中的设计管控内容落实，还是不同层面城市设计相关成果构成与关联性分析，都在尝试为城市空间的发展问题寻找缓解途径，甚至寻求城市设计治理层面的"建章立制"，以保障城市空间核心要素的管控，利于设计管理与多元需求的满足。根本而言，任何制度的设计及其贯彻执行都需要执行者及受影响者从心里认可和接受，否则其实施将举步维艰（吴建业等，2011），这使得政府部门及社会行动团体还必须以更加开放的思路去打破制度瓶颈、着眼公众利益、加强社会激励、促成管控实效。

再次，更加注重要素联结：从"静态空间"到"动态复合"。各类城市设计在规划建设中的实施情况和主要困境，关涉无法定地位、无编制规范和无实施程序等。我国现行的城市设计实施，主要通过纳入法定规划或规划行政许可程序的方式进行。在具体实践中，对于城市设计的实施仍存在困难，表现在与法定规划衔接不畅、重设计内容轻管控引导、实施执行程序不明等。这使得在当前的城市设计中，既需要强调以人为本，关注空间设计、历史文脉等，更要对实际情况和发展条件的把控；尤其需要发掘其中一些潜在的、有价值的及可以延续和传承下去的部分，形成城市的特色，促成有温度的生活。这样一种发展的过程或者说是导向，必然需要城市设计从一种静态空间的考量，转变成为广泛联系人口、社会、经济、交通、文化、环境等多方面因素，考量其中动态互动的关系、演进中变化的可能制约，并借由大数据分析、计算机模拟、管理平台建构等更加强化过程和应用性的技术方法与手段，来促成城市设计实施的可行性与有效性。

上述三个方面的新要求与新导向，实际也反映出了《本土策略》一书所总结提出的，本土可持续城市设计的实践转向：从替代型向适宜型转变、从管束型向联结型转变、从机械型向关系型转变。而设计原则、程序结构、政策法规、行动机制的“四位一体”的对策体系，以及其所涵盖的具体化的实施导则建议，作为城市运行的重要动力和实施落点，也在上海城市朝向可持续发展的实践探索中，得以得到更多的检验和更为明显的体现。

转型期城市更新的空间与行动谋划

城市更新[1]与城市发展相生相伴，“包括城市结构和城市空间的更新、建筑的更新、城市环境和道路的更新，将消极的城市空间转换为积极的城市空间，更重要的是思想和生活方式、城市管理模式的更新”（郑时龄，2016）；对于当前上海城市发展而言，城市更新则“主要是指对上海市建成区城市空间形态和功能进行可持续改善的建设活动”（《上海市城市更新实施办法》，2015）。

我国由于一些特殊与复杂的历史原因，城市化进程自20世纪70年代末进入全面上升期，而后随着社会经济体制改革的不断深化，目前全国城市化水平进入加速阶段后期，一些沿海地区城市已经达到了发达国家水平，率先进入成熟期，并体现出明显的“存量发展”特征。在此背景下，各地近年来纷纷成立城市更新管理和研究机构，开展本土化的城市更新相关研究和实践，希望能够及时修正城市发展策略、优化演变轨迹、规避“逆城市化”现象和一系列城市问题的出现。

但我国更多地融入社会面向的制度化的城市更新也许才刚刚起步。国务院2017年批复《上海市城市总体规划（2017—2035年）》（以下简称“上海2035”总体规划）并正式对外公布。据此规划，上海确立了卓越的全球城市的构建目标。面向全球城市建构的时代诉求，新时期的上海城市发展面临新的机遇，但在土地利用、人口结构、空间品质、功能活力、文化传承、城市安全等方面都遇到新的挑战（庄少勤，2016），现实存在中心城区城市功能难以提升、社区公共空间和服务存在短板、城市慢行系统零散、城市文脉和历史记忆延续不足、城市历史肌理在不断消失等诸多问题。城市更新在当前发展中体现出前所未有的重要作用，并不断深化其内涵与意义，寻求新的实践方式。

在空间资源紧缺约束的现实条件制约下，上海倾向创新的内涵式发展，在空间建构方面趋向于复杂且多样的内部结构重组，在社会行动方面则日益凸显公共面向与制度引导，以谋取更为适宜的空间格局，把握发展契机。2014年5月6日，上海第六次规划土地工作会议上，明确指出“上海规划建设用地规模要实现负增长”“通过土地利用方式转变来倒逼城市转型发展”。2015年5月，上海市政府颁布《上海市城市更新实施办

1　现代城市更新（urban renewal）起源于第二次世界大战以后欧美各国对城市不良地区的改造建设，是对城市土地和空间资源进行再分配、再利用的过程，主要针对城市中已经不适应现代生活的地区进行必要的拆除、改建和重建活动（张松，2013）。

法》，强调上海实施动态、可持续的有机更新，着重提出了城市更新中的七个公共要素：完善城市功能，强化城市活力，促进创新发展；强化社区服务，完善公共配套设施；增加公共开放空间，促进市民交往；改善生态环境，加强绿色建筑和生态街区建设；完善慢行系统，方便市民生活和出行；塑造城市特色，保护历史文化风貌，改善城市景观；改善基础设施和城市安全，保障市民安居乐业。

《上海市城市更新规划土地实施细则（试行）》（讨论稿）、《关于本市盘活存量工业用地的实施办法》等规划与土地政策相继颁发；上海新一轮总体规划重点提出了以人为本、内生增长、底线控制及空间政策等转变方向；2016 年 5 月，上海进一步启动城市更新“四大行动计划”……以中心城区、黄浦江沿岸、虹桥商务区、苏州河两岸等核心区域的建设、保护与开发为载体，上海的城市发展将落实国家战略、构建全球城市、整合资源要素、保障公众利益等进行有效结合，引导渐进式、审慎且相对务实的城市更新行为，注重结合实践去积极探寻和表达当前城市更新中所着眼的基本原则和应遵循的核心共识，同时尝试与管理运作、制度设计相结合，使这些共识及其间凝聚的核心价值观，能够促进未来城市空间建构与发展建设的持续革新。

其一，空间资源的盘活与拓展。21 世纪的第一个十年，借助黄浦江两岸的综合开发上海腾出了约 14 km^2 的滨江空间，取得了显著的建设成效，空间资源利用模式的变化可以说切实地构成了转型的背景。以规划建设用地总规模不变为前提，上海当前发展则更加强调紧凑和密集的土地占用，积极推动存量工业用地转型，保障住宅和公共服务设施等生活用地，预控储备用地，促进功能混合和复合开发，来有效盘活存量用地、拓展空间资源、优化城市的基本网络。静安区城区规划、多个单元控规、重点地区建筑验证等多个项目实践，都着重强调和落实了城市更新的这一导向。这里，体系化的空间资源梳理与引导，能够更好地为规划编制、政策制定提供支撑借鉴，并作为项目实施布局的结构引导。例如，上海市原闸北区产业园区转型升级专项规划，将规划、土地、产业进行多要素集合分析，与当前正在实施的重点项目对接，为后续相关的产业园区进入与退出机制提供基本参考，并为相关地块的更新发展提供了依据和导向。再如，上海部分区县正在尝试建立更新地块项目库，以更为合理有效地利用存量资源，完善城市公共空间、切实提升城区品质。

其二，产业和资本的聚合考量。产业要素的集聚往往形成城市核心功能承载，更是现代都市人群生产、交往的空间，资本市场的投资机会也将由此展开。基于构建全球城市的核心目标，构建高能级、高品质、国际化的产业体系支撑，促使产业持续升级，形成具有全球影响力的高端服务业中心，成为当前上海发挥全球服务功能和资源配置能力的重要抓手，也使资本产生了创新的动力——比如提供丰富多样的办公空间选择，促进具有国际影响力的企业落户，强调历史建筑功能活化、更新利用，以及强化科创、文化、体验等功能特色。可以说，产业与资本的相互渗透、共同作用，形成了对城市更新和再开发的支撑与促进，而这一过程往往离不开多方协调与博弈，涉及权利人的义务与责任、土地收储方式、运营模式等，需要依靠创新性及时间与资金的持续投入，进而伴随城市更新过程实现变革和多元化的发展。

其三，文化、艺术的深度介入。文化构成现代社会成为重要的价值导向和发展资本，也越来越多地被看作是城市可持续发展建构的重要一环。文化活动往往可以被其他活动，如环境、社会和经济层面的活动一起完全整合到地区战略上。如英国伯明翰复兴，通过城市议会联合艺术、就业和经济委员会，艺术被包含在政策、规划和资源中，这种模式紧密地联合“文化规划”方法与文化政策和城市更新。艺术则往往与文化相依相生，以其独有的属性和文化内涵，鲜明地表达着地域性和时代精神，契合了城市文化发展的需求，形成城市名片，构成城市发展动力。例如，伦敦南岸艺术区的发展，结合历史建筑与工业遗迹的再生利用，引入激发活力的文化设施、商业休闲等，注重提升艺术文化氛围，建构了具有场所性和体验性的滨水区域公共空间。

其四，空间肌理的保护与激活。2016 年 2 月印发的《中共中央国务院关于进一步加强城市规划建设管理工作的若干意见》中着重提出了塑造城市特色风貌相关的指导意见，城市风貌对城市发展至关重要。本质上，良好的城市风貌，必然是基于城市文脉的积淀，基于对自然环境的充分尊重与巧妙利用，基于对居民需求的客观评价与妥善平衡（石楠，2015）。而城市肌理构成了城市风貌的核心体现，无论是地籍模式、街巷空间，还是建筑高度、体量和排布，其本身则往往内含城市的历史人文、记忆承载，构成特定时期内的社会价值倾向的反映，可以说是体现城市空间结构、文化底蕴及个性，保持地区时空张力、内在活力的重要依据。因此，城市更新过程尤其应强化城市街区肌理的延续，更新活化历史性城市区域，延续城市发展的记忆和城市传统的空间特点；同时，注重微观空间构造的识别、整合和复兴，如形成延续文脉的城市小轴线，打造吸引人们驻足的历史建筑场域。此外，当前新的建设占有更大的比重，应促进新的建设延续文脉、促进活力和多样化，在特色塑造的同时适应当下人们的生活方式，促进区域整体的风貌保护、空间关系协调。

其五，公共要素的强化与引导。上海城市更新当前所着眼的公共空间、慢行体系、社会公正等方面，都凸显出当前时代的建构指向。上海过去在基础设施方面的投入长期偏少，城市公共空间由于过度强调了城市生产功能而供不应求，建成区内普遍存在公共设施（尤其是公共服务设施）尚不达标、能级不够，广场空间不足，公共绿地总量少、覆盖率低等现象，激发了当前上海城市更新对公共要素的强化：一方面，注重公共及开放空间的增加，完善公共活动网络。例如，徐汇区的西亚宾馆改造，在酒店转为办公之时，提供了底层供市民使用的公共空间和地区紧缺的立体公共停车位；借助于自行车、步行空间、街坊小区界面的开放、滨水空间的开放等具体化的规划设计举措，容纳和承载市民活动、社会文化、城市特色，促进公共活动体系的联系。二是增加地区公共服务设施，优先保障公益性设施落地。比如，上海市中兴社区鸿临二期、民德二期地块局部调整等，皆为较早落实新增社区公共服务设施的实践探索。三是注重环境品质的提升，如徐家汇教堂广场的改造、四平仓库及其入口广场的改造等。上海已明确将公共要素列为城市更新区域评估的重要内容，提出应从功能定位、公共设施、历史风貌、生态环境、慢行系统、公共开放空间的主要方面进行评估，明确缺口和盲区、提出调整优化内容。这些在规划评估、局部调整等主要项目实践中，均已体现并全面落实。

其六，大众的参与及生活层面的转变。伴随城市更新，人们的生活层面不断发生转变，如人们居住质量的提升，市政基础设施陆续建设竣工；上海苏州河、黄浦江历史延展性地不断治理环境、转换功能，城市生活被更多地纳入滨水空间；更加注重住区环境中的功能多样性和居民活动空间的多样性，等等。十九大报告对于经济、民生重点的房地产市场指明了方向，坚持房子是用来住的、不是用来炒的定位，加快建立多主体供给、多渠道保障、租购并举的住房制度，让全体人民住有所居；上海也成为全国首个供应租赁住房用地的城市。与此同时，上海陆续发布《上海市街道设计导则》《上海市 15 分钟社区生活圈规划导则》等政策，引导多元主体积极参与，并现实地落实于项目实践，引发人们深层次的生活转变。可以发现，上海当前正更多地采取多方合作的方式，力图采取更为复合的行动，进行有效的环境综合整治及配套设施建设；直接响应居民切实的生活需求，把握有利时机和优势资源，推进一种积极的、多元化的一定区域内的更新建设发展。这些区域的居民在今天正更为积极的提出建议，参与改造过程，与所处社区的日常互动越显紧密——城市更新正是应促使这个城市有更多的市民关心和参与进其发展建设之中，并切实地建构和提升每一个人的生活层面。

上海城市更新实践探索的五个维度

上海的城市更新发展从20世纪80年代开始就已经逐步开展，结合城市建设每个阶段的侧重点有所不同。20世纪80年代，上海的城市更新重点落在“旧区改造”和部分的商业改造之上，主要目标是改善城市居民的生活水平。20世纪90年代，随着经济的高速发展及“旧区改造”的逐渐完成，上海城市中心的历史街区得到再开发，同时城市的历史文化价值也得到进一步的关注。2000年之后，伴随着大量的城市工业用地的转型，上海城市更新的重点转向对于既有工业仓储空间的改造，同时也完成了对于中心历史风貌保护区政策法规的完善。上海新一轮总体规划重点提出了以人为本、内生增长、底线控制及空间政策等转变方向。

根据“上海2035”总体规划，上海未来的城市更新总体思路，从规模扩张转变为质量提升，从重构物权（重建）转变为保留物权（改建），从自上而下到上下结合的多种方式及从政府单向决策到多方深度协作，即存量更新规划将与公共要素、城市风貌保护等紧密结合，成为未来规划的重点之一。

2015年2月召开的上海市城市更新工作推进会展示了已经启动的主要城市更新案例，同时也促使我们可以聚焦中心城区，审视日趋多元化开展的城市更新举措。比如，徐汇区注重分片分别施策，如在风貌保护区更新与滨江地区开发试行开发权转移；原静安区以公益性设施为先，并设立了城市更新投资基金，专项用于城市更新（徐毅松，2015）；原闸北区则以提升环境质量、完善公共事业、保障公众利益、传承历史文化为出发点：一方面，从体系入手，着力开展重点区域的更新评估，同时加强分类指导，推动更新区域的融合发展；另一方面，积极开展重点地块的微更新，着力提升功能、慢行联系、环境品质。总的来看，上海市中心城区近年来重点关注的项目类型，涉及系统引导、重点区域、民生考量、街坊更新、文化风貌、建筑与景观等多个方面，从中可以探寻当前城市更新的空间发展策略的关键引导方向，以及项目具体运作过程中的管理实施经验、制度设计配合，为创新可持续发展的城市发展提供有益借鉴（图0.1）。

城市空间的发展与建构往往面临复杂且多元的冲突交织。实际上，今天世界各国不同程度地都在试图针对城市所遭遇的各种问题，往往包含外部条件与内在特性的双重限定，既关注城市的自然生态和物质形态营造，又强调作为城市物质表象深层结构的社会空间对城市的塑造，将可持续发展的理念转化成具体化、可操作的设计原则与实施策略，并落实于城市建设实践、可持续发展项目，来回应可持续发展观念、理想城市模式的挑战，以及寻求人们和社会需求的满足、更趋适宜的行动方式等。本书将

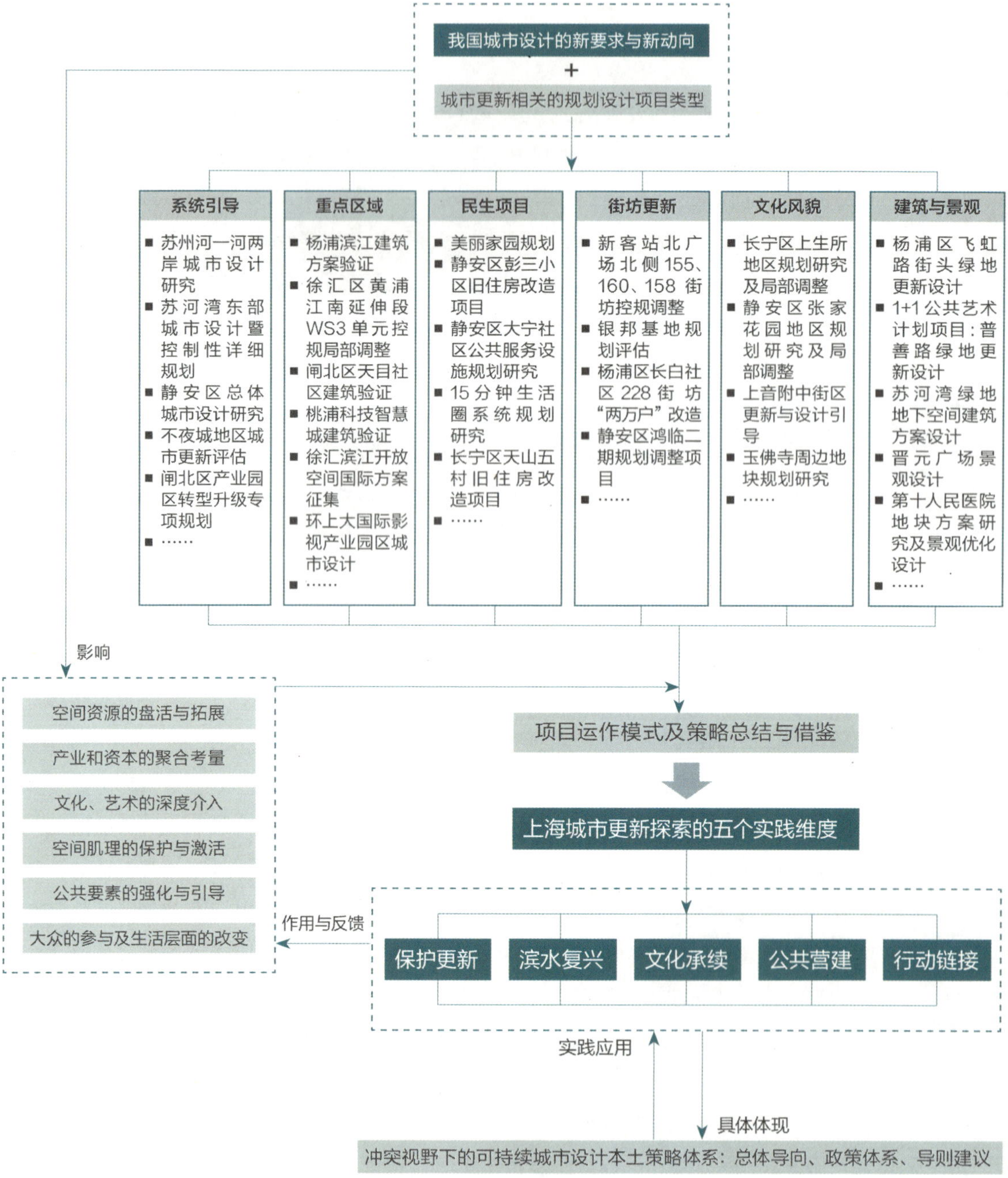

图0.1　上海城市更新相关规划项目实践聚焦与类型特征提炼

基于《本土策略》的相关结论，聚焦主要冲突的分析领域，以及空间建构和社会行动维度的实践应对及探索，结合近几年的上海城市更新实践工作，梳理上海静安区苏州河一河两岸地区、张家花园地区、长宁区上生所地区、东斯文里地区、徐汇区长桥社区、静安区大宁社区、彭三小区、杨浦区飞虹路绿地等若干具有典型代表的项目实践——这些实践案例与《本土策略》一书中涉及的案例具有内在的交织与延伸性关系，展开深入剖析和理论思考，探索其中的实践运作机制，寻求策略深化与现实检验的可能。

本书的主要实践内容与理论总结，将从五个维度具体展开。本质而言，书中对这些案例所进行不同深度的分析解读，都是与其建成环境背后的社会经济与文化发展动因密切关联的，是面向其各自的现实发展条件与规划设计限定，也是对其中存在的共同的冲突面向、问题聚焦的反思与回应，力求结合城市设计的多个层面、不同角度与深度，探索对城市更新发展路径的现实启发与有益借鉴。

其一，保护更新，平衡诉求。城市更新是一个动态的发展过程，除了需要根据不断变化的社会、经济、环境条件不断调整，还需要面对城市中新与旧、公与私等核心冲突如何更有效地消弭，从而有能力不断再生，激发内在发展活力。时至今日，上海新天地、多伦路社区、田子坊、黄浦江两岸的综合开发，以及苏州河一河两岸地区、张家花园、上生所地区和“两万户”改造等实践项目不断推展，以自身的发展建构影响着城市转型发展与变革，并不断引起社会的关注与回应。因此，上海的城市更新更加强调保护更新的思路——关联城市的发展阶段、文化要素、实际的社会经济与政治状况，并内含多元且复杂的城市活动，合理安排区域内的建设活动，推进各个层次的城市更新项目。上海城市更新项目提出应以落实区域评估的各项要求为前提，确定更新范围，编制范围则最小为一个街坊。其间，要面向主要的经济、社会、环境的激发动因，统筹协调好各个地块的具体要求，平衡好各个更新项目权利人的诉求，考量投资主体、建设义务、更新权利、改造方式等，来制定对接实施管理的更新方案，制定相应的建设计划。

其二，滨水复兴，活力激发。许多城市因水而生，并因循水的脉络得以建构。水是城市的命脉、发展的源泉，凝聚着历史与文化，承载着延续与再生，总是能够勾勒出人们根深蒂固的对梦想生活的追求，激发出与时俱进的活力塑造、好的公共空间与人文环境。城市滨水区对于城市发展长期的主导地位，源于其本身作为非常珍贵的资源，并与城市的发展阶段、格局架构密切相关，构成了城市迎接未来挑战的发展契机。与此同时，随着人们生活水平的提高、城市建设的进程，人们对滨水公共活动的需求愈发强烈。伦敦、芝加哥、新加坡等的滨水区都极富魅力，已成为其城市生活构建和特色承载的核心。而上海拥有丰富的滨水资源、特色水岸与公共空间，正积极打造具有全球影响力的世界级滨水区，以更好地体现城市发展能级、承载美好生活愿景。黄浦江与苏州河（以下简称“一江一河”）并称为上海的母亲河，见证着这座全球城市的不断变迁，也映射着城市生活的日新月异。构建“一江一河”已然构成上海新时期的行动目标；“一江一河”沿岸逐渐成为最具活力的公共区域，对实现“城市让生活更美好”的愿景具有重要意义。书中聚焦“一江一河”滨水地区的城市更新探索，涉及用地功能的更新，以及利用历史文化与环境特色，强化公共开放与慢行可达，结合自身禀赋探求激发片区活力，并对周边地区产生强大的带动作用等，可以说在一定程度上体现出 21 世纪城市滨水地区发展冲突应对的重要策略落点。

其三，文化承续，特色彰显。在当前我国快速城市化的进程中，全球化同时也带来了城市空间趋于同质、“千城一面”的问题，地方文化主体淡化、文脉断裂、城市的可识别性薄弱等，侵蚀着人们的安全感与归属感。面临这一严峻形势，未来城市的竞争日趋显著地从物质空间视阈转向对地域特征与社会文化及政治背景的考量，并更多地强调本土地域活力与吸引力的营造，寻求能够进行持续自我支撑的动力所在。在追求多元城市发展目标的过程中，聚焦政策力、市场力及社会力的合力作用对空间发展的导向和调控，借助于特色环境的承载与塑造、触媒空间的驱动与催化等，则有利于激发区域空间和功能的良性循环，促进形成空间发展良好的协调和联动机制，清晰城市特征、强化本土特色。可以说，结合城市设计过程中的文化传承的方法、地域特色的发掘，对于当前处于深度城市更新发展阶段的上海而言，既具有思想和经验的继承意义，又具有此时此地的实践意义，可以以显著的整合、认同与互动特质，来延续风貌、凸显特色，促成新旧对话、文化创新，从根本上促进和推动城市建设的良性发展。

其四，公共营建，惠民为先。上海相继出台城市更新相关法规、适度的规划土地鼓励政策，以激发市场动力，推动既有权利人提供公共要素，促进在用地转性、高度提高、容量增加、风貌保护、生态环保等要素方面的规划引导，切实保证项目操作落地。如提出容积率的调整引导，以适当的建筑面积奖励推动公共要素的增加等。由于城市更新所具有的强综合性，还需要规划、土地、商贸、房管等多部门统筹、探索相应的政策支持，促进更新实施与后续激活。与“大拆大建”不同的是，新时期的城市更新从社区、街巷、市民的角度出发，面向当代诉求，积极探索“内涵增长”的发展模式，其中的核心问题包括完善城市功能、强化社区服务、完善公共空间、改善生态环境、构建慢行系统、塑造城市特色等主要侧重于公共面向的问题。与以往规划“纸上谈兵”的不同之处在于，街区更新直指规划实施，借助“针灸式”的更新策略，针对城市、社区所缺“有的放矢”，着眼民生改善，满足人们最为迫切的生活与精神需求。

其五，行动链接，机制构建。城市更新项目运作往往关涉时间和空间的双重维度，着眼整体规划与多元开发的平衡。政府行为过于迁就开发门槛或是短期急进的改造行为等应被极力避免和防止，经济利益指标不再作为唯一的指向性偏好，而是更加注重开发的长远性和综合性效益——将阶段行动与长远格局之间联系起来，强调有序调节用地供应、设施供给，综合评估历史文化、公共要素、活力因素等关键方面，并利用自身的规划工具和技术来制定综合计划，促进实践推进的稳妥有序、动态衔接，促进协同和联动发展。从国际上来看，美国、英国等正是通过反思过往单一主体推动城市更新的教训，提出了政府、开发商、社区建立伙伴建设关系。今天的上海愈加注重积极搭建多元参与的实施平台，重视通过政策引导促使市场主体能够参与城市改造行动，寻求与城市发展的共建共享，总体上呈现出一种“自上而下”的制度建构与“自下而上”的实践回应的互动结合。值得展望的是，现实实践中的先进理念与行动方式相互融合、相互促进，可以由点向线、由线向面地扩散，并反过来构成一种验证与反馈，进而可以逐渐演变为一种社会公允的准则体系与行动框架，促进形成一种有机更新的模式与机制推演。

总体而言，当前上海的城市更新正越来越多地强化保护更新，并更加注重滨水生活的复苏、本土文化的延续，力求将旧有转化为创新的动力，构建更有活力的、吸引人的区域，来更好地落实和体现一个地区发展的潜力和价值；同时，更多地响应公共诉求、注重利益关系的协调，以人为本、从区域内的人的因素来考量，将发展与市民的需求、产权人的利益等紧密关联起来考量，多方合作、协商统筹，弹性管控、提高实施计划的可行性等，来健全城市更新的动力及约束机制建构。借由城市设计这一重要手段，在理想与现实之间、引导与控制之间、管理与实施之间，上海正积极寻求一种从终极蓝图向动态过程的睿智发展模式转变，以促进长远价值观、公共视角所引领下的城市可持续发展。

当我国社会主要矛盾由“人民日益增长的物质文化需要同落后的社会生产之间的矛盾”转化为“人民日益增长的美好生活需要和不平衡、不充分的发展之间的矛盾”，满足人们多元化的诉求、真正提升城市品质，也将成为新时期的本质性目标。可持续城市设计必将大有所为，并在城市更新工作中得到更为深入的应用、更多维度的融合。以上五个实践探索的维度，也并非彼此分隔、相互独立，而是彼此关联、相互融合的。同时，《本土策略》一书中所强调的核心价值和关键导向，以及其中所总结提出的 32 条实施导则建议，在本书后续具体化的实践案例的解读与分析中，也得以渗透与体现（图 0.2）。

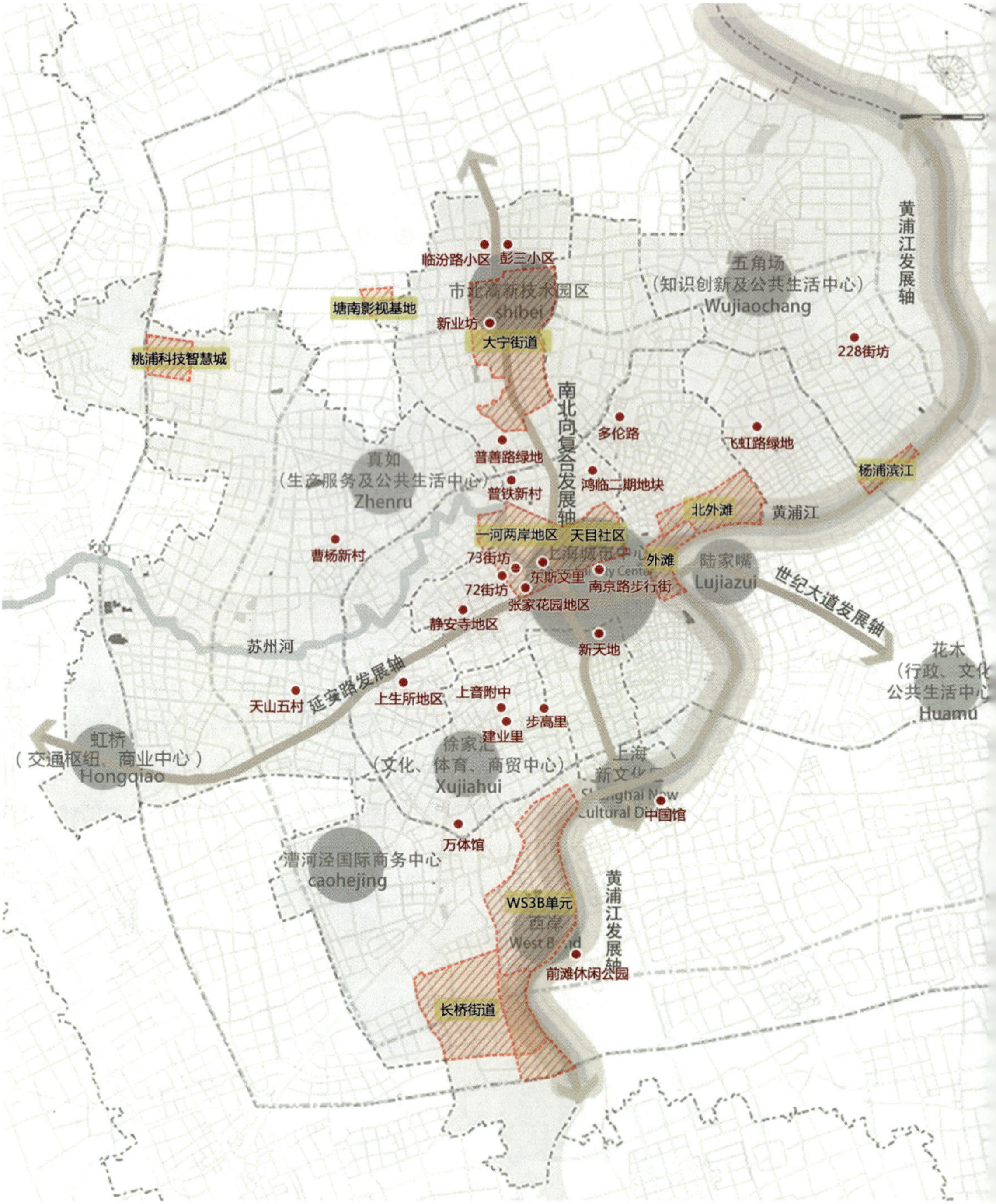

图 0.2　本书案例分布示意

THE PRU

第一部分
保护更新

“同济大学教授罗小未指出，历史建筑并非仅仅是怀旧的，它实际是城市生命力的载体，应成为城市规划与设计必须考虑的要素。保护更新可以促使历史建筑在被保护传承的同时，为城市的特色塑造、健康发展提供资源与动力。张家花园地区的特点是历史风貌的整体性，借由开发量的转移强化了这一特征，并引导新老建筑对话的空间关系；上生所地区则由于历史上的封闭而带来了独特的神秘感，传承历史记忆、体现时代特征的建筑被保护利用起来，结合公共空间的增加，构成一系列的特色场所，同时也增加了地区的开放程度。”

美美哒酱
Emma 2019.8.1

新旧冲突激发下的张家花园地区规划设计

当为人制造场所、通过环境设计及文化系统的纳入等（卡莫纳等，2005；乔恩·兰，2008；格雷格·扬，2008）已渗透成为城市规划设计的主导观念构成，并与经济、社会和生态后果存在更为密切的联系；城市旧区中“建”与“拆”的过程，也如同双刃剑一般，正以多重方式释放着建筑及城市设计的创造力，日益增多地呈现出在新旧冲突视野下，对过去肌体与形态的批判的继承，对特定行为模式与文化内涵的延续，以及对城市空间结构和管理机制更为全方位的影响等。一方面，更为重视建筑物及其群体与城市空间布局之间的关联，以在新旧更迭演进中，识别那些在实践活动中最具特色的、重要的物质环境承载；另一方面，则是更为审慎地着眼城市运作机制转变下的动力激发，借助一系列建设实践和规划设计落实，力图展现城市空间布局与建构模式上的转变与提升。以上特质在上海张家花园地区现实的规划设计推进中得到了一定体现，也为地区未来更深层次的新旧融合发展预留了充足的空间。

新旧冲突激发下的几种变化

首先，文化语境。在今天，海派文化多元包容、冲突混合的复合特质更加凸显，展示出全球与地方文化的碰撞与互补的同时，也显示出城市意向的新与旧、物质与象征之间的矛盾。城市的更新发展与历史遗产、特色风貌、重大事件等文化力量的型构产生更为紧密的关联，尽可能地弥合断裂、延续价值。可以说，文化已成为现代社会重要的价值导向和发展资本，并在上海这样的国际化都市得到极为巨大的关注，体现在物质环境建设、政策引导与社会活动举办的多个方面。而上海文化设施虽然在中心区已形成一定聚集，但仍缺乏有国际代表性的文化区域，与纽约等国际化大都市存在着较大差距，相关文化多样性指标仍距离国际先进水平有一定差距（申立等，2016）。

其次，规模价值。对于上海而言，石库门里弄是上海建筑的代表与精华之一，是我国传统的居住方式与西方城市房地产经营方式的产物，也是上海城市面貌魅力的重要构成（罗小未，2015）。上海的保护对象随保护政策的更新，在广度和深度上不断发展，由仅注重单体建筑的保护发展到注重成片的历史文化风貌区整体保护，保护建筑的范围也早已由 1949 年以前建成的近代建筑扩大到包括产业建筑在内的历史建筑。旧城里历史区域的规模价值由此进一步凸显出来，以保有传统巷弄空间、肌理特质、尺度感受，强化城市空间的文化体验与整体氛围。张家花园地区恰于 2015 年的新一阶段的规划设计，即是着重总体层面的历史风貌脉络梳理，基于成片风貌区保护和利用开展的。

再次，延伸的社会性诉求。当作为社会利益“调控器”之一的规划设计具体作用于旧城的更新发展，其在价值属性上的表现就是物质性不断向社会性转化和迈进的过程，而这一运动方向和发展趋势可以促使一个地区的发展更加适应现代化社会的多元需求，促进社会的和谐与繁荣。因此，包容性策略往往构成城市有机更新的关键，本土生活特质、多样性也往往由此衍生；强调集约性则可以促进城市空间和资源有效利用；公共及开放空间综合反映着城市的性质、经济特点、传统文化等，构成了公共资源保障的重要方面；涉及绿地、间距、朝向、新建建筑影响、街区的可达与联通、空间共享等关于健康与安全的考量。

最后，本土网络与全球化。结合前文的探讨，本土格局与生活方式延续的重要性在今天得以凸显，包括旧建筑更新利用、城市肌理的保存、多样化的文化功能等。本土与全球化是并存于城市的整体动态发展之中的，彼此相生相系，也激发我们对当前城市旧区改造的现实问题的关注。由此，城市的规划设计实践，正如笔者在《本土策略》一书中曾强调的，更多地体现为一种互补性而非替代性，单一的本土或全球都不应是最优方案，只有更多地促进协调与融合、消解冲突，借助新的价值输入、研究互动过程与模式等，来寻求契合性发展、达成创新性实践。

张家花园地区发展的演进式考察

旧城改造追求的是一种多目标系统的综合利益，而目标实现的关键则往往取决于理念及改造模式。随着 20 世纪 90 年代以来上海旧区改造的持续推进，今天人们的居住水平大大提高，社会矛盾得以消减，发展理念与改造方式日趋多元，管理政策也日趋完善。与此同时，上海旧区的实践发展仍面临城市肌理断裂、空间极化生产、场所社会性的遗失、公共空间的“失落”等一系列瓶颈问题。这些问题激发了变化的多种可能性，包括价值的取向、创新的理念与技术实践及预测性和实验性的应对等，这些都构成了张家花园地区更新发展的重要前提与现实背景。

张家花园地区位于上海市中心城区核心地段，属于中央活动区的重要构成，区位优势显著；处于南京西路历史文化风貌区，极富历史人文价值（图 1.1）。今天的张家花园，拥有众多的历史建筑、人文资源，街道尺度宜人、环境雅致，其内的现存石库门建筑历史地位较高，历史空间格局及城市肌理也保存完好，整体价值较高（图 1.2，图 1.3）。张家花园地区北侧南京西路上的梅龙镇广场、中信泰富广场和恒隆广场金三角商圈为上海最高档的购物中心和甲级写字楼聚集区之一，东侧新建的大中里同样是以购物中心、甲级写字楼为一体的综合性建筑（图 1.4），12 号线南京西路重点地块已建设完成（图 1.5），西侧则是上海保存完好的大型新式里弄静安别墅。周边轨道交通四通八达，北侧、西侧、东侧分别为地铁 2 号线、12 号线、13 号线，独特的区位条件与便利的轨道交通将为张家花园地区带来更大的商业价值。

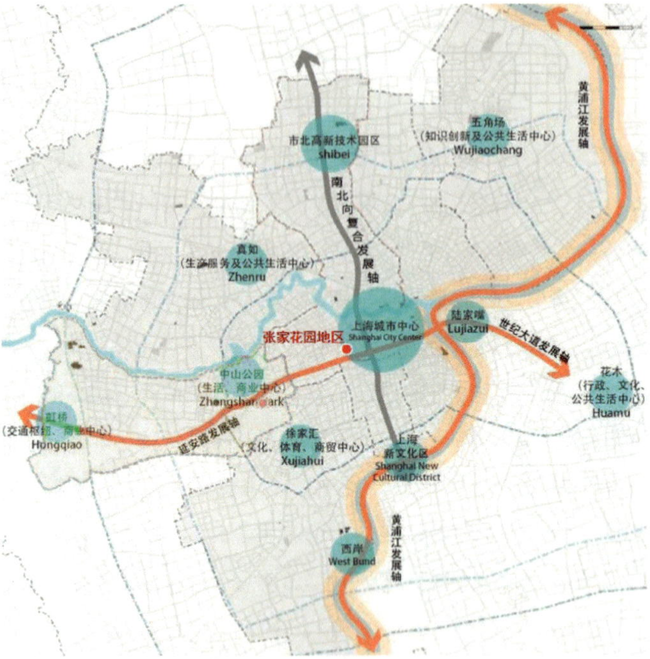

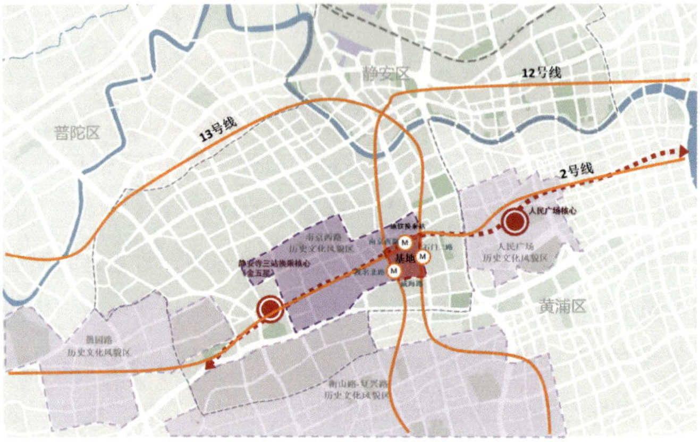

图 1.1（上、中图）张家花园区位解析
图 1.2（下图）张家花园所处区域的风貌概览
图 1.3（下页图）张家花园地区现状鸟瞰及历史建筑分布

德庆里

安垲第

公惠医院

同孚大楼

安乐坊

荣康里

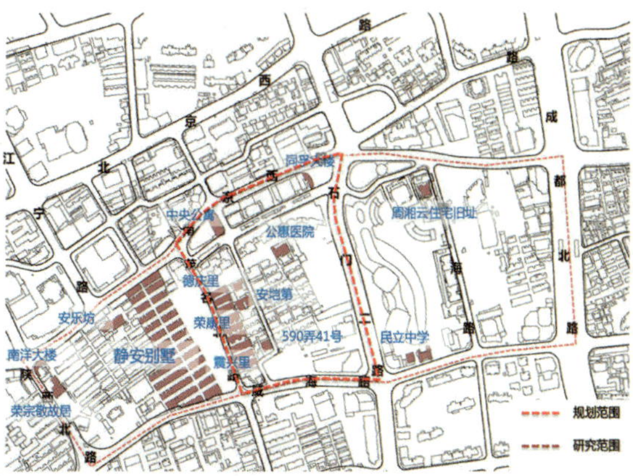

南洋大楼

震兴里

590 弄 41 号

中央公寓

荣宗敬故居

静安别墅

周湘云住宅旧址

民立中学

图 1.4　大中里地块设计方案及建设实景

图 1.5　大中里地块设计方案及建设实景

从历史上的上海三大私家园林之一，到公共开放式园林和城市的公共活动中心，直至里弄住宅区，张家花园的兴起、衰落与嬗变的轨迹可以说是上海城市核心地段嬗变的浓缩（图 1.6）。里弄建筑作为近代上海的重要住宅建筑，不只是近代中西建筑文化交流的见证，也是宝贵的城市人文遗产。上海的里弄建筑见证了上海的历史，传递了历史信息，同时在里弄建筑里展现的生活百态和市井风俗，可以说构成了上海城市记忆的宝贵篇章。

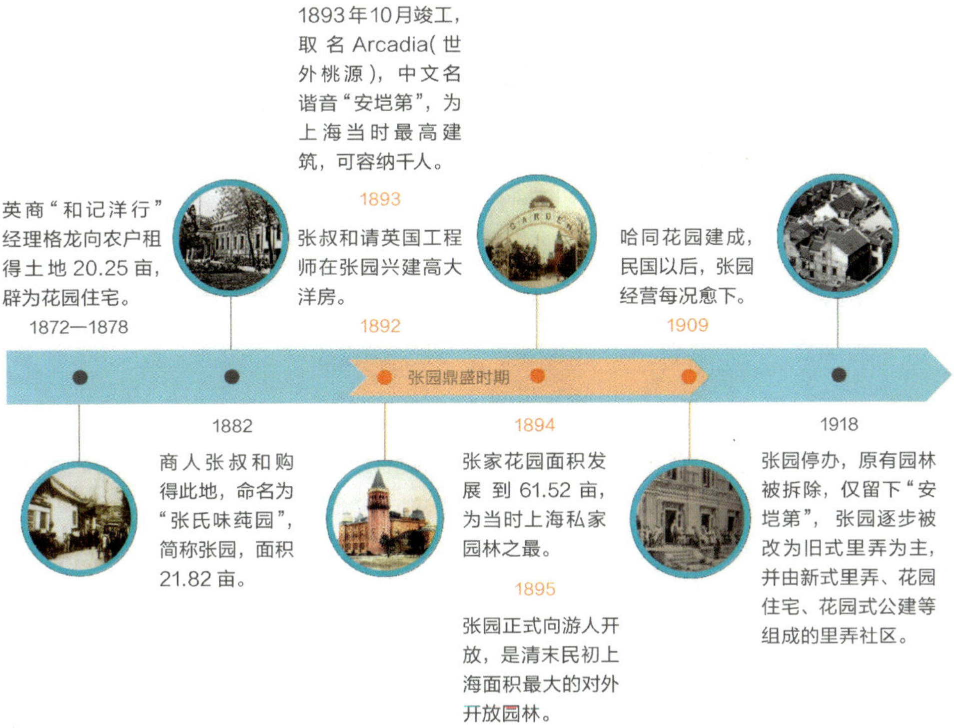

图 1.6 历史沿革

历史上的张家花园是晚清民初的上海政治活动中心、上海文化娱乐中心。1878 年由英国商人格龙营造为私家花园。1882 年中国商人张叔和自和记洋行手中购得此园，起名为“张氏味莼园”，俗称“张家花园”。1893 年，院内建筑“安垲第”竣工，为上海当时最高的建筑，可容纳千人，进一步彰显了张家花园在当时的辉煌。在 1894 年，张家花园面积发展到约 62 亩（1 亩 ≈ 666.67 m^2），为当时上海私家园林之最，与愚园、徐园一并被称为“老上海三大私家园林”，并在 1895 年正式向游人开放，成为清末民初上海面积最大的对外开放园林（图 1.7，图 1.8）。

民国以后，随着犹太富商哈同的私人宅邸园林“哈同花园”建成，张家花园经营每况愈下，直至 1918 年停办，原有园林被拆除，仅留下“安垲第”。张家花园也逐步改为旧式里弄为主，并由新式里弄、花园住宅、花园式公建等组成的里弄社区。直至 20 世纪 40 年代，街区整体形成以居住功能为主，街区南、东、北沿街商铺有着连续密集的分布。中华人民共和国成立以后，张家花园地区依然保持稳定状态，仅有少量小型加建。至 20 世纪 90 年代，开展了两组院落的整治重建工作。至 2010 年，对吴江路沿线、街区东南角及西南角学校，整体拆除重建。至新一轮规划设计启动之际，街区东侧、南侧仍有两片拆除的待建空地。历史建筑遗存则主要集中在中西部 4.2 hm^2 范围内（图 1.9）。

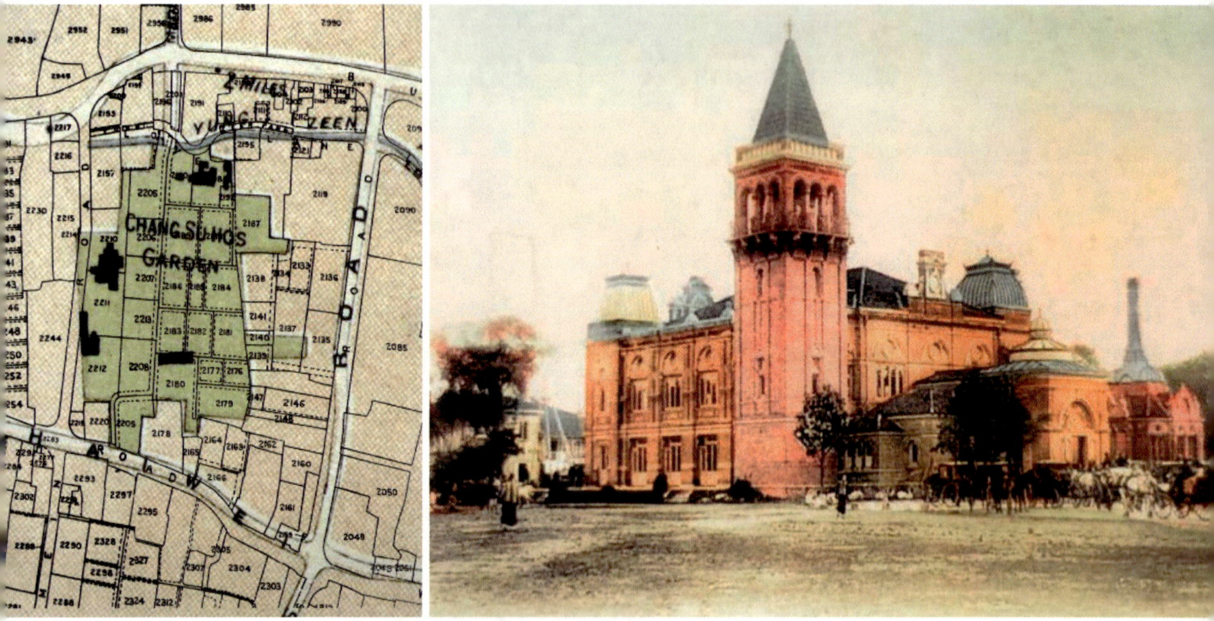

图 1.7　历史地图及历史上的安垲第

图 1.8　老上海三大私家园林

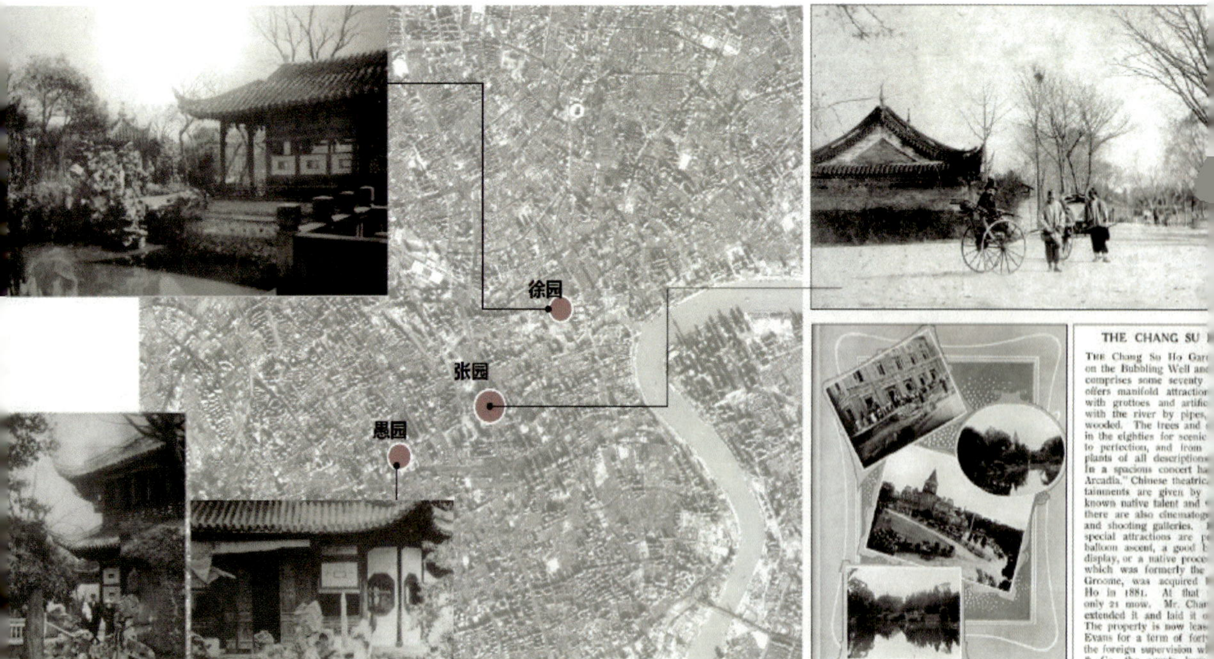

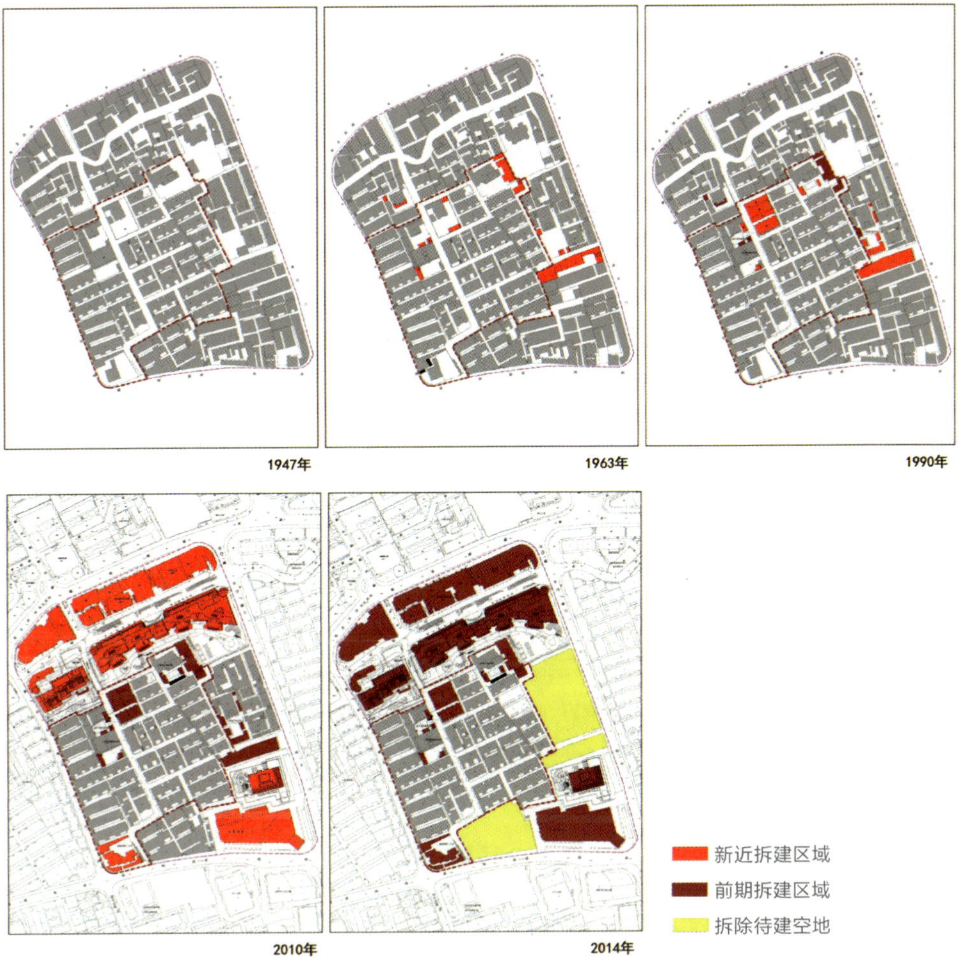

图 1.9　张家花园地区的历史变迁

张家花园地区的保护发展，本质上可以说构成了当前上海成片风貌保护魅力计划的重要内容，在上海建设文化大都市进程中具有独特的历史风貌价值和地位。从现状用地情况来看，张家花园地区主要分布居住用地，沿吴江路、茂名北路结合底层商业是商住混合用地，该范围及周边有着大量公共建筑，主要是吴江路餐饮街、大中里、广电大厦等，总体功能业态较为综合。就空间格局而言，高层建筑聚集在沿南京西路、石门二路的城市发展轴带上，低多层建筑分布在南京西路历史文化风貌保护区内，向东与人民广场历史文化风貌区相衔接。整体而言，区域中的建筑高低错落分布较为有序，新旧建筑相互融合，具有良好的整体风貌和发展基础。

规划设计的探寻与协商：朝向变化中的关联与特色

新时期的张家花园地区，依托南京西路区域的发展，文化特色显著、后街小巷围绕，同时面临轨道交通建设的发展机遇，有利于承载上海现代化国际大都市最具标志性区域的打造，来进一步激发区域影响力、促进整体活力的提升。张家花园地区已有的、持续开展的规划设计及相关研究[1]，提供了多样化的地区深化发展视野。结合原有的《静安区 42 号街坊（张家花园）及 43 号街坊东侧地块控详及历史文化风貌区保护规划局部调整》（2011 年获批）和城市设计方案进行总体评估，可以发现这一地区的发展将会面临以下亟须提升和解决的方面：①公共开放空间不足。根据静安打造特色后街小巷，增加公共开放空间活力的目标，需要在原规划的基础上进一步增加公共开放空间。②地区核心形象有待加强。③公共界面与历史特色有待优化。由于街区现状北部和东部基本以体量较大、高度较高的建筑为主，公共界面尺度较大，影响街巷空间感受，也缺乏感知区域历史风貌特征的浸入性场所或空间。这些有待在新的规划设计中予以落实。

上述张家花园地区实践发展中所面临的瓶颈问题，以及在规划引导上亟须提升和解决的方面，内在地体现着新旧冲突激发下的诸多变化，激发和促成这一地区新的规划设计引导与实践发展推进，形成有益的规划设计策略，提供冲突应对的经验借鉴。

第一，强化历史文化价值的挖掘与传承，延续核心区域整体风貌。结合历史资料的梳理，延续张家花园地区历史风貌的核心区域得以清晰展现。规划建议将张家花园地区历史建筑较为集中、空间格局保存完好、风貌特征明显的区域，明确作为核心保护范围，确保区域的整体性保护；针对历史建筑的修缮、改造再利用，提出历史建筑保护或移位重建等针对性建议对策（图 1.10，图 1.11）。同时，降低沿威海路可开发地块的建筑高度，形成与整个区域相协调的空间关系，打开张家花园的南大门，使得张家花园、丰盛里、静安别墅组合成为低矮的石库门建筑群，延续和强化历史性的公共界面，促进历史风貌区整体保护。新建建筑体量和形态要求与周边的历史建筑相呼应，形成和谐的道路两侧的界面和天际线（图 1.12）。

第二，增加公共开放空间与公共服务设施，提升区域环境品质。规划建议新增门户性公共开放空间，增加区域内的广场、绿地，强化公共性，与历史建筑、公共服务设施统筹布局，并与外围的绿地广场相衔接，形成体系（图 1.13）。根据里弄空间特点、历史建筑特征，形成多处类型多样、层次丰富的绿地、广场空间，强调历史记忆再现与文化休闲体验。空间设计则强调以人为本的原则，增加公共空间的可达性、便利性，增进

1《静安区 42 号街坊（张家花园）及 43 号街坊东侧地块控详及历史文化风貌区保护规划局部调整》、《静安张家花园街坊更新及发展策略研究》（2009）、《静安区张家花园特色文化城区发展策略研究》（2012）、《张家花园地区保护性开发项目综合规划》（2015）、《张家花园地区历史建筑研究》（2015）等。

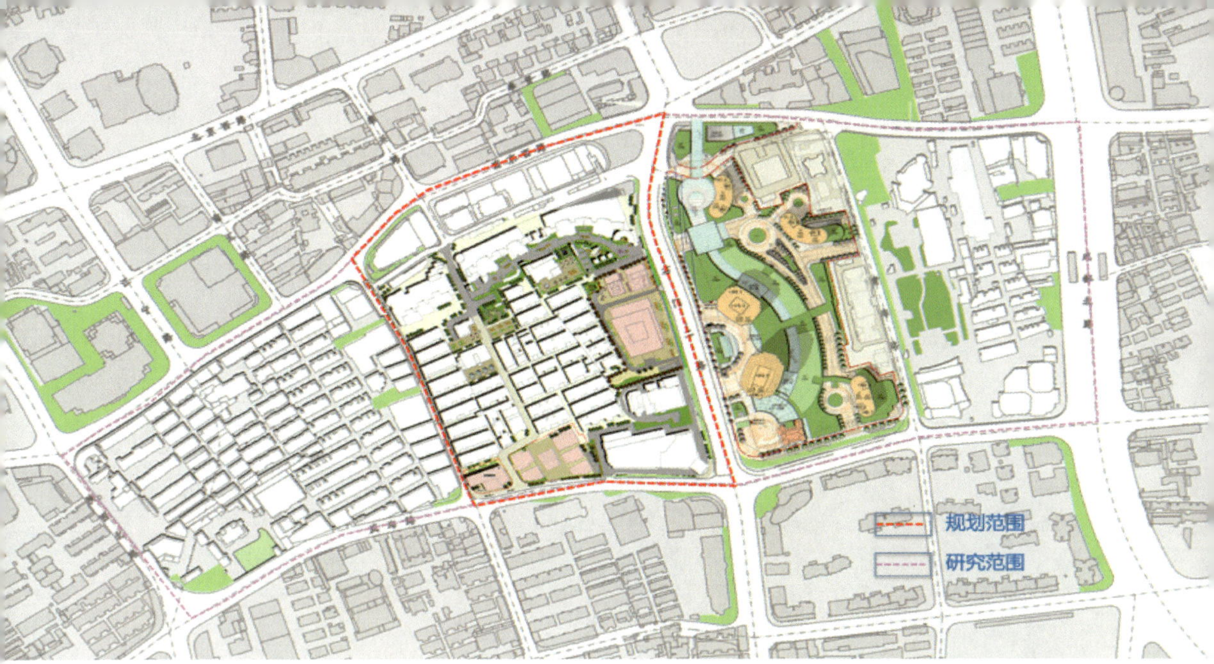

图 1.10　张家花园地区规划总平面（2017）

改造利用：根据建筑自身情况和地块规划需要，做一些灵活度较大的创意性再利用改造，转化原本建筑功能，重塑其内部空间，可规划为创意、餐厅、商业、会所等。

新建再生：针对地块内部建筑保存质量和本身艺术价值不高必须拆除的历史建筑，可将拆下的特色构件窗、石库门头或入口门头，以及砖、瓦等，在满足质量和安全标准的要求下再利用于新建建筑或环境景观中。

移位复建：针对地块内由于规划需求而不得不拆除但建筑质量本身较好、本身艺术价值较高的单体石库门建筑主张采用移位重建的保护策略。具体涉及原 115-12 地块内的 3 栋保留历史建筑，经方案研究后，其中 2 栋在 115-12 地块结合慢行系统界面移位复建；1 栋移至 115-10 地块复建，结合新建再生建筑形成街坊南侧的门户界面。

图 1.11　建筑保护利用方式建议

图 1.12　沿威海路天际线优化设计（2017）

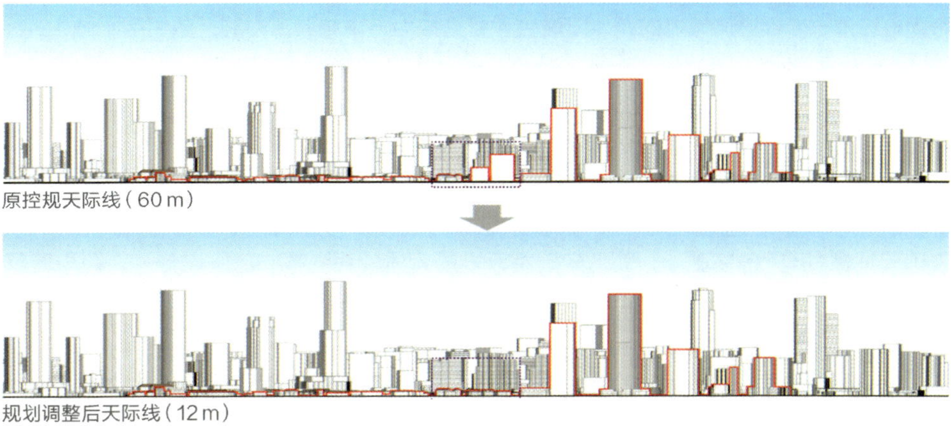

图 1.13　规划公共空间网络示意

特色及体验性，提升环境品质。与此同时，结合对于原控规及技术准则所规定的公共服务设施配置要求的整体评估，规划落实“综合统筹、布局优化”的要求，着重为区域内与市民百姓密切相关的文化、体育等公共服务设施预留空间，从更大区域范围做好配套完善，切实提升公共服务的整体水平，促进提质增效、多元生活。

第三，完善地区慢行网络，形成开放式步行历史街区。张家花园的历史建筑从总体布局上看，虽然独立成组、类型多样，但排列整齐，形成了明显的主弄、支弄的区别。相应地，规划强调延续张家花园巷弄空间特色和完整性，并促进主要历史景观界面的延续，提出通过新连通形成的巷弄空间，延续街区原有的肌理脉络，并将门户区域、地铁站点、新建地标和历史记忆空间联系起来，共同形成了张家花园地区街巷空间的自然连通和步行网络，进一步促进区域内的新、旧融合，打造成为一个颇具活力的开放街区（图 1.14，图 1.15，图 1.16）。实际上，合理的观览路线设计，一方面有利于让人全面了解张家花园的建筑艺术与上海里弄生活场景，同时也避免了对居住其内的居民日常生活的干扰。

第四，高效集约利用土地，优化建筑高度，形成标志节点。基于促进发挥轨道交通站点效应、高效集约利用土地，在严格控制核心保护范围、保持张家花园地区整体风貌及确保地铁安全[1]的基础上，规划建议将开发的容量转移到核心范围以外，对高层建筑

1　以地铁 13 号线上盖安全为底线，在规划设计过程中与地铁公司对紧密动态对接，研究塔楼对地铁沉降影响等关键技术要求，并形成相应的技术评估报告，根据意见落实研究方案的建筑量和高度。

图 1.14 张家花园巷弄空间格局

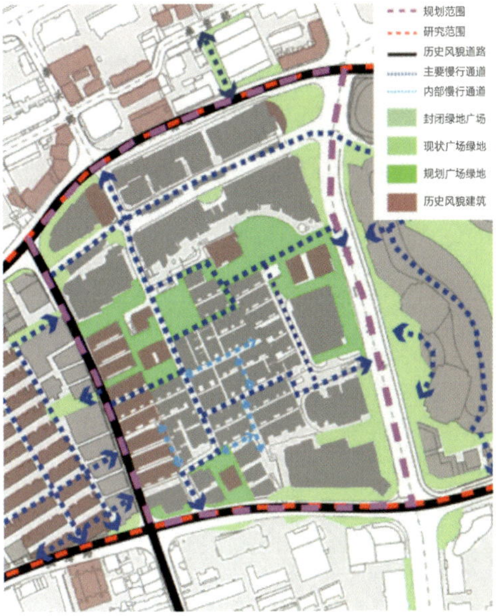

图 1.15 街区步行网络建构

图 1.16 地区更新发展效果图

的布点严格控制，在空间上重新分布开发单元内的建设容量。张家花园地区与大中里可以由此形成一种良好的空间关系，构成沿石门二路的“金三角”形（图 1.17），优化了高层组群的空间布局、天际轮廓，并共同构成石门路沿线的重要节点（图 1.18）。

作为一个开放、舒适的步行历史文化街区，还应整体引入与历史文化风貌和空间格局相匹配的功能业态，强化内部功能与外部整体风貌的统筹、统一，并与周边区域形成联动，充分挖掘开发潜力，更好地发挥综合效应，有效促进整体形象提升和地区辐射带动（图 1.19，图 1.20）。

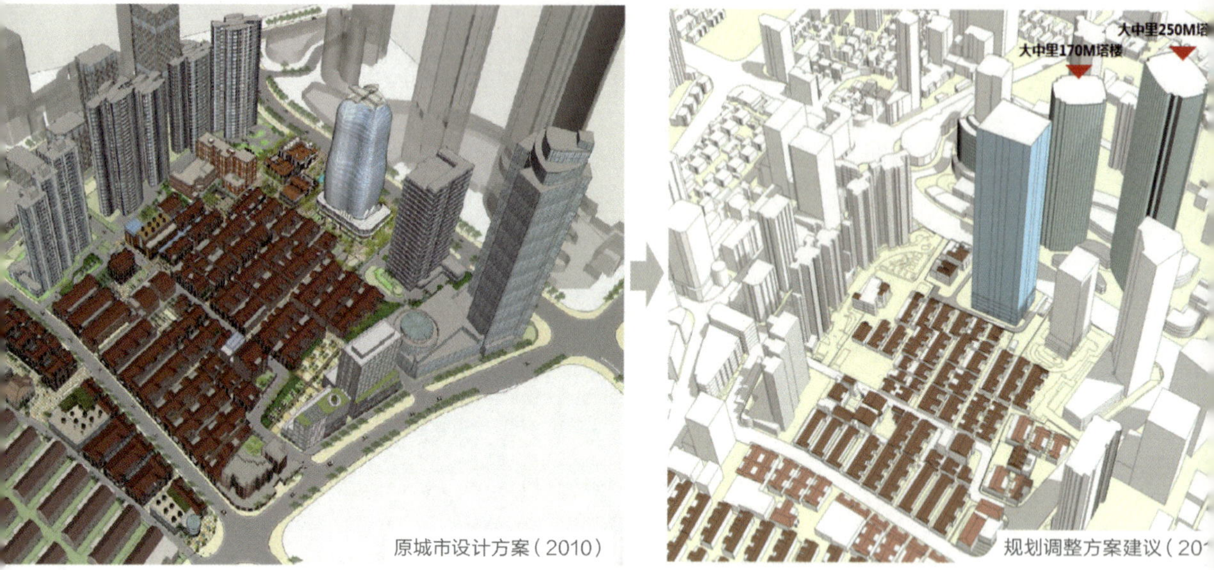

图 1.17　张家花园地区空间关系的优化调整

图 1.18　建筑组群门户景观示意

图 1.19　张家花园辐射作用分析图

图 1.20　张家花园地区更新发展意向鸟瞰图

本质而言，城市空间的发展与建构往往面临复杂而多元的冲突交织，这些变化与人们的生活方式和环境特征的改变紧密关联，并激发着理论趋势和实践诉求的双重演变——针对张家花园地区的新的规划设计考量，以及后续介绍的上生所案例等，可以说正是朝向上述变化的具体化、多层次的应答。其中，既包括了总体层面的战略落点，也包括了面向核心诉求的细化分析；既有对刚性要求的底限严控，也有对变革性内容的强调与落实，并集中体现在重视历史文化特色、强调整体保护，统筹公共性、包容性、安全性等多元复合的社会发展需求，以及重视更新过程中的统筹平衡、动态协调等借鉴方面。

城市核心地段历史文化风貌区的保护与发展

上海市历史文化风貌区保护与发展的背景与特征

历史文化风貌区是城市进程和发展的见证，集聚了一个城市的建筑经典、历史印记和人文情怀，展现了城市文化，凸显着城市内涵和特色。这些历史文化风貌区往往既要面对功能变化、保护与开发、环境提升、活力增强等客观发展要求，又要面临多元的冲突问题与发展困境。历史文化风貌区保护与更新，是城市可持续发展的重要内容。

一直以来，上海十分重视历史文化风貌保护与发展，有着严格的保护制度。上海中心城区、郊区确立了 44 个历史文化风貌区，这些风貌区集中展现了上海城市的多元文化。这些历史文化风貌区往往既要面对功能变化、保护与开发、环境提升、活力增强等客观发展要求，与此同时，也将面临更为严重的城市问题。这些城市的活力区域，同样面对着保护的整体性与建设的阶段性、保护的分门别类与政策的单一性、保护的切实需要与保护压力重大等难题。2016 年，上海第一批历史文化风貌区扩区名单公布；2017 年上海市开始全面推展 50 年以上历史建筑普查工作；至 2018 年已推进第二批历史风貌街坊保护工作……新时期，上海对历史文化风貌区保护与发展更加重视，保护力度日益加强，强调精心保护、用心留存，从基本理念、利用模式、方法路径上都有所体现。

首先，在基本理念上，更加强调对历史建筑遗存的最大保护，从早先的“拆、改、留”，转变为“留、改、拆”，传承历史文脉和记忆。评估工作的开展更为有序、及时，强调为整体风貌保护提供必要的技术支撑。通过评估，分析梳理和明确保留、改造、拆除建筑，有利于历史要素的价值挖掘和最优化利用。同时，对于公共要素的注重与把控，则有利于形成地区发展的活力载体。针对开发地块的建筑验证，更多地结合功能和空间关系等展开分析，以形成有针对性的、更加利于实施的相关建议。

其次，在利用模式上，更加关注于街区活力的提升与再现，从传统型改造转向重视多层次的公共利用。特别是在公共空间和公共建筑的改造模式上，更加注重多方协调、多专业协作，以形成更具针对性的改造措施。此外，更加重视对不同使用人群的综合考量，制订相应的发展策略。可以说，与公共利用相对应的体制机制正在逐步完善，强调政府、市场、社会三位一体，合力发展的模式。

再次，在方法路径上，进一步突出精细化设计与管理，重视城市设计相关要素的控制和引导，借助空间数据分析及相匹配的管理平台等，加强区域整体空间形态的可阅读、可感知、可跟踪，有利于示范与探索。同时，更加注重与后续规划调整优化及规划管理等工作的有效衔接，将各控制要素纳入控规相关指标和附加图则，以有效确保控制要素和内容的法定化。

张家花园地区的规划实践进展与行动导向

张家花园地区最新一轮的规划设计实践，在已有丰富与扎实的规划设计相关内容的基础上，试图面对区域发展的关键问题及新时代的保护与发展需求，在区域功能提升、核心形象塑造、公共空间打造、风貌特色挖掘、规划设计应对等方面进行聚焦与提升，技术路径（图 1.21）体现出以下重点方面。

一方面，规划研究先行，系统梳理分析交通流线，建筑质量、高度、功能、风格及公共开放空间的基础上，面向整体区域，根据地区特点，注重城市设计手法的应用，处理好张家花园地区与外围空间的关系、主要界面和重要节点的关系，并聚焦区域功能、整体风貌、公共空间、建筑形态、地下空间、公共交通等专题内容。通过规划设计分析与管控方式引导，进一步明晰地区发展目标，提出保护性开发的具体策略及建议。

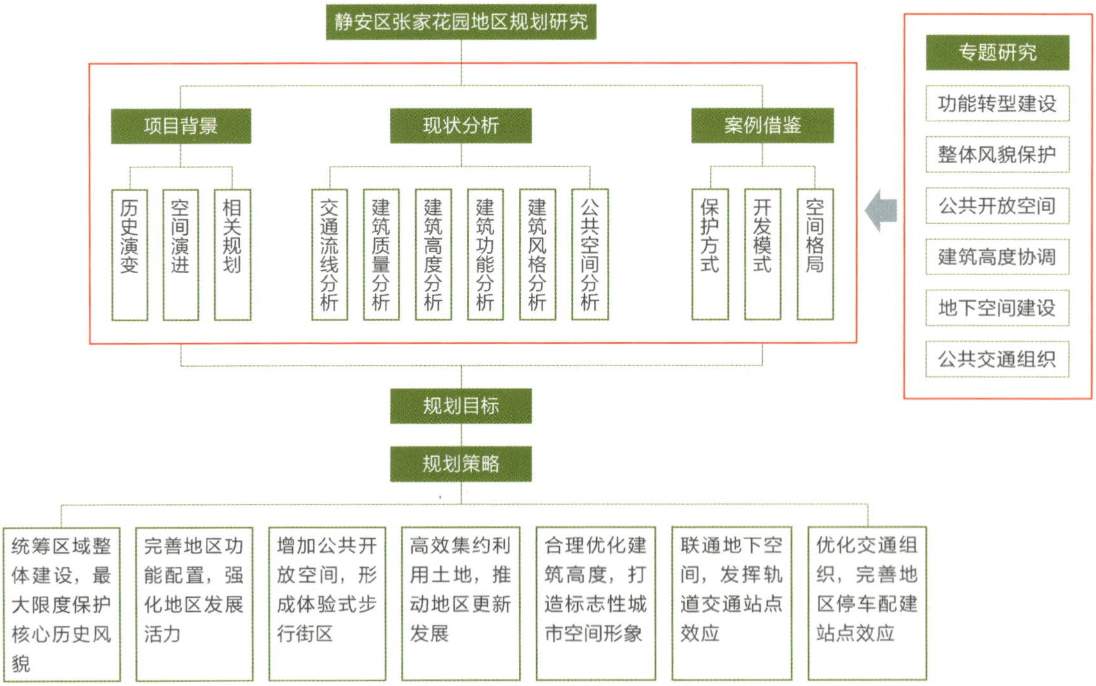

图 1.21　张家花园地区新一轮规划设计的技术路径

另一方面，在规划研究基础上，紧紧围绕政策、法规及市、区正在推进的相关工作，将相关地块的控制要素和具体要求落实到控规的调整内容和法定图则，有效落实规划各管控要素的法定化衔接，从而提升发展能级、活化地区功能，促进成片保护与整体风貌协调，提高区域品质、优化形象定位，从联动张家花园地区的繁荣发展的角度出发，明确街坊内地块具体的规划控制建议及要求（图 1.22）。规划调整成果已于 2018 年 3 月正式获批，其间所强调和体现出的一系列有益的规划策略，也切实地反映出当前历史文化风貌保护与更新发展新的时代要求。

实施衔接：分类指导、多方协调的保护更新方式

在保障实施衔接方面，积极探索分类指导、多方协调的保护更新方式。根据保护与发展的要求，结合规划方案论证，提出现状保留、保护性征收、保护性开发三种类型，并实施分类指导。由政府主导开展保护性征收，强调地区活力的注入，探索保留一定比重的居住功能，并为整个地区的动态更新提供发展弹性。对于保护性开发地块，则是进一步明确空间形态协调、容量和高度控制及增加公共空间等附加要求（图 1.23）。刚性管控、弹性预留与动态优化并重，并在规划设计与实践建设过程中，注重多方协作（图 1.24），动态协调推进。

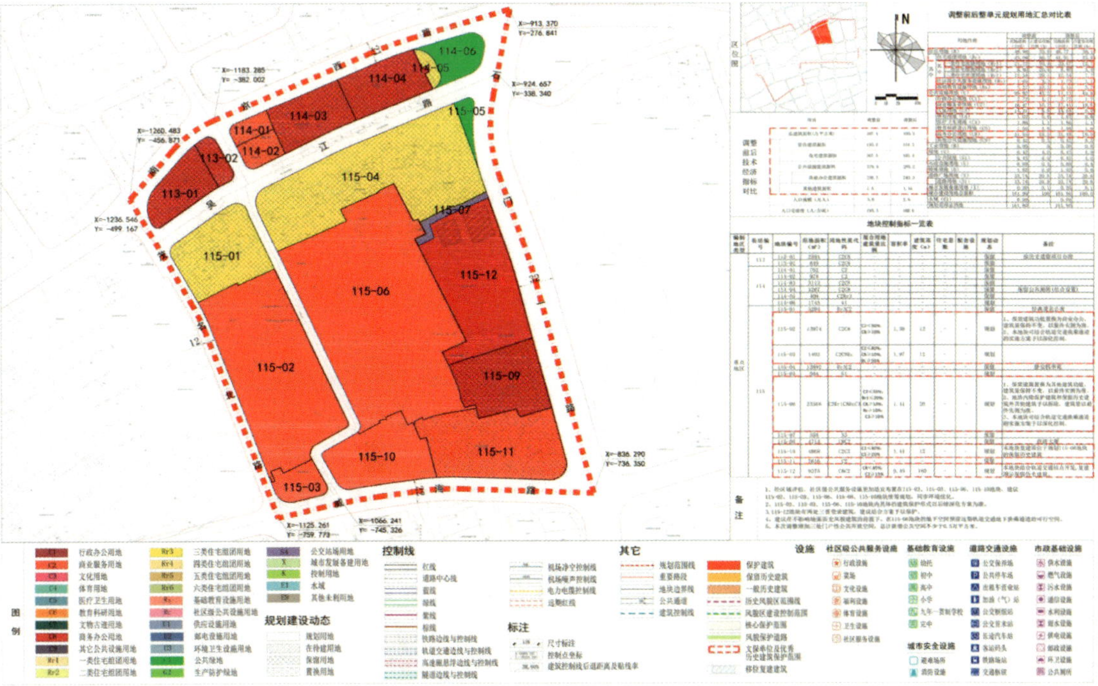

图 1.22　街坊控规调整图则

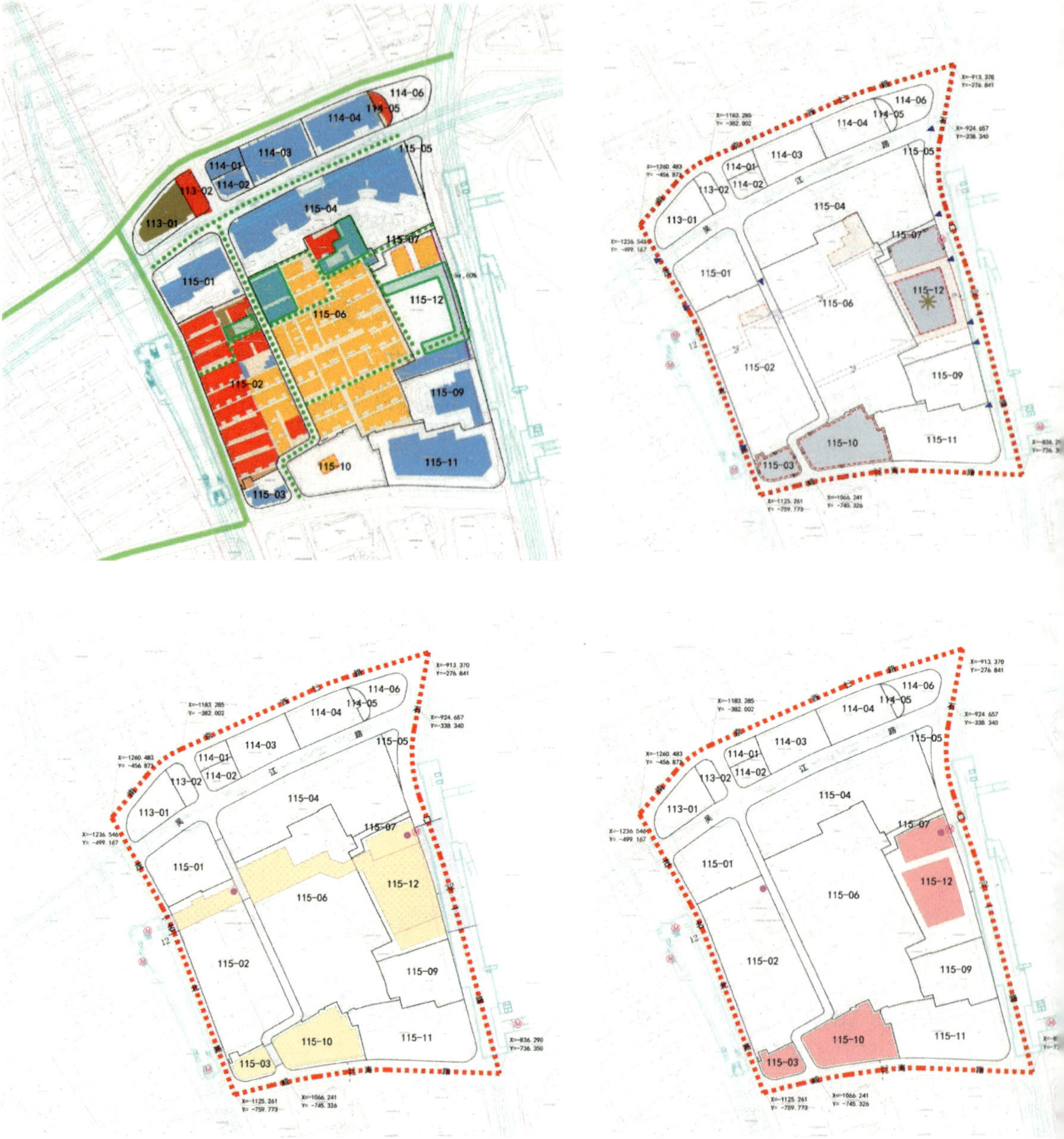

图 1.23　风貌保护及附加控制要求示意

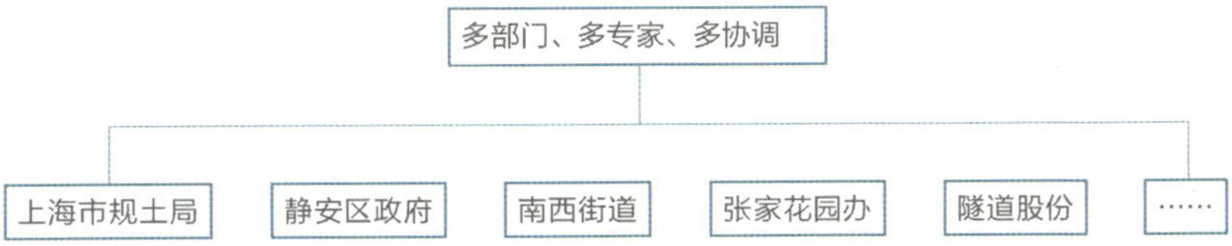

图 1.24 多方协调推进的行动模式（张家花园地区历史建筑“一幢一档”专家评审会）

目前，张家花园地区已陆续开展了美丽家园、酒店改造、街道界面设计等环境整治与品质提升的工作（图 1.25）。在整体历史风貌保护的基础上，空间环境品质有了进一步改善和提升，取得了一定的社会与经济成效。本质来看，作为上海目前现存规模较为完整、建筑质量较高的里弄住宅之一，张家花园地区在其风貌保护与发展的过程中，始终注重的是对于下文所总结阐述的三个维度的有机融合。

有机融合：历史文化风貌区保护与发展的思考

其一，坚持历史风貌保护与后续开发利用的有机融合。新一轮规划实践，更加强调对于张家花园地区历史风貌核心区域严格保护，维护其空间格局特色，应保尽保。在此

图 1.25　张家花园地区内的建筑功能转换、街道环境整治、美丽家园建设项目实景（2017）

基础上，将区域内的公共空间布局形成网络，并向外延伸构成整体。尤其，结合历史建筑布局对公共活动空间进行合理规划，根据地区功能定位对历史建筑的功能调整、优化提出合理引导，以利于地区的整体保护更新与发展。即在城市保护和发展过程中，坚持优先历史保护，确保公共要素，顺应时代发展的导向，同时对周边地区具有一定的辐射作用，有助于营造出更佳的整体环境。

其二，坚持建筑单体保护转向区域整体保护的有机融合。进一步强化周边道路界面的风貌特征，通过降低沿街建筑高度等方式，进一步提升对地区整体历史文化风貌的感知。这对上海中心城区大量成片保护区域的保护、改造和更新工作具有重要的借鉴价值。同时，规划强调与周边区域的空间衔接，结合更大范围空间格局的分析，优化整体地区的空间引导策略，使其有机构成城市的一部分，而非割裂的特殊边缘的区域。充分结合该地区的肌理特点，与周边地块空间形态相联系，通过设置公共通道等方式，构建地区宜人的慢行交通系统，着力推动区域整体空间品质的提升。

其三，坚持整体城市设计和单体建筑设计验证手法的有机融合。针对历史文化风貌区的自身特点，建立起“便于借鉴推广、易于操作维护、适用于风貌区地块的评估框架和研究方法”。借助深入、细致的城市设计研究方法，同步开展建筑概念方案设计，作为规划控制要素各项要求的总结。在此过程中，注重多专业的统筹协调，为落地实施提供强有力的支撑。城市设计的引入，不仅需要聚焦空间形态，更需要融入文化和审美。

值得关注的是，2018 年初，静安区政府批复对张家花园旧城改造房屋征收的文件。2018 年 1 月 24 日，华润联合体以总价 58.02 亿元竞得上海市静安区南西社区 C050401 单元 115-12 地块，建筑面积 8.9 万 m^2，楼面价约 6.52 万元 /m^2。至 2018 年 3 月底，张家花园所有居民全部搬走；4 月底，这里的所有商户全部离场；2019 年 9 月 25 日，针对张家花园核心区域的，由隈研吾、DCA、华润置地等 6 家设计单位参加的张家花园保护性综合开发方案国际征集最终成果汇报，郑时龄院士、朱炳仁等业内专家、有识之士评审建策，进一步理清未来发展……张家花园地区全面的更新改造进入倒计时，也让我们在期待这一地区未来发展的同时，试图留下记忆中的张家花园（图 1.26），以图纪实，循史向新。

在今天，城市中心区的历史文化风貌区保护与发展，既要努力挖掘和延续历史文脉，又要赋予与时代发展、城市要求相适应的使用功能。规划之初，就应充分考虑其公共属性，加强公众参与，确保公共要素，激发地区活力；更多去思考如何保留原先的生活空间、生活方式。当前，随着不少城市步入存量发展的时代，这些城市特别是核心地区将有大量的历史街区、风貌区以及老建筑、老厂房需要保护与发展，这就需要全社会共同努力和积极探索，达成社会、经济、空间资源配置的最优化，实现在保护更新过程中更高品质的发展，并达成社会的公平、公正。

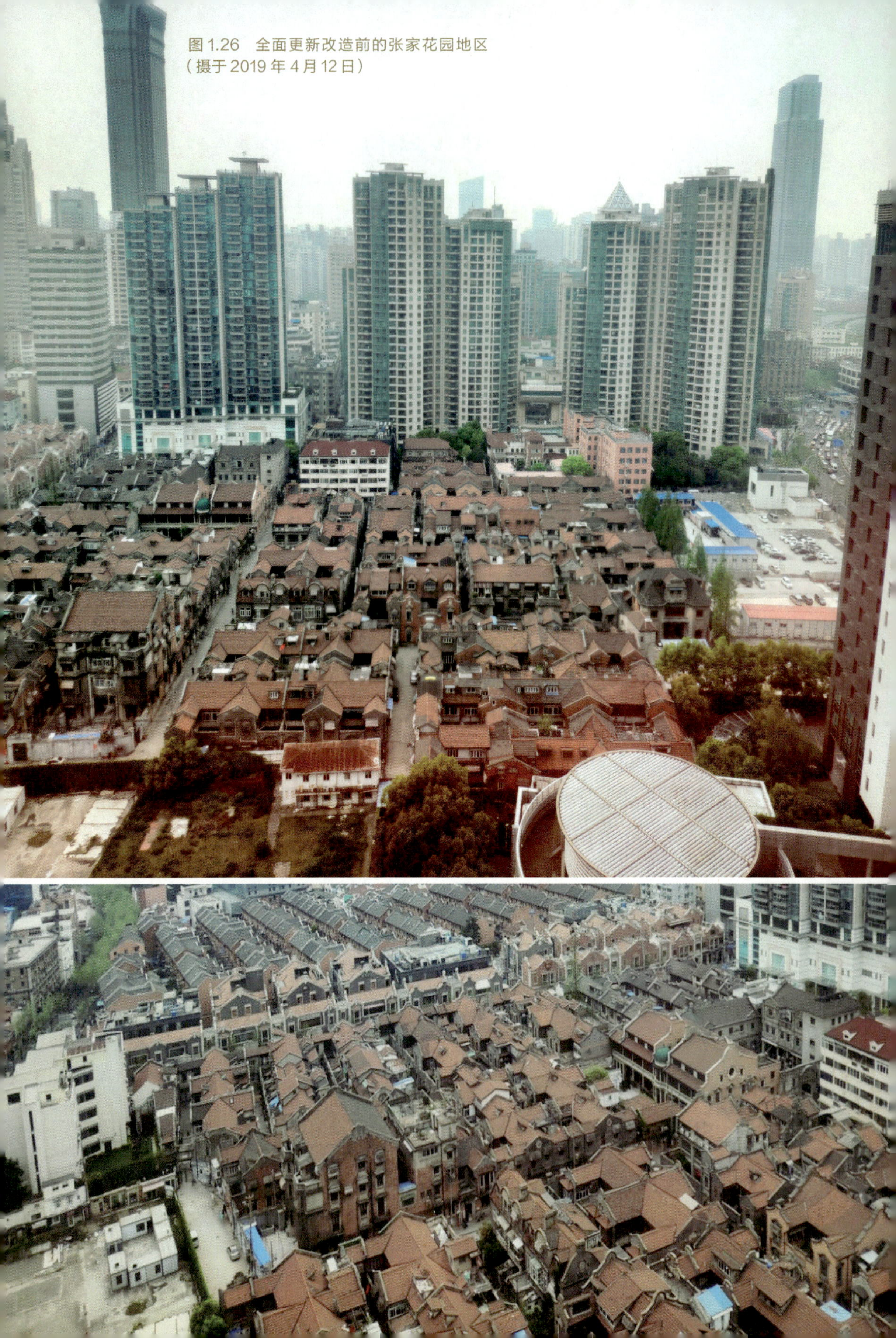

图 1.26　全面更新改造前的张家花园地区
（摄于 2019 年 4 月 12 日）

提升征收效能

張園
乔迁大喜
新居新房新景
新运新福新
此路不通
更新 RE-NEW
静安置业
sproutworks

多元驱动下的上生所地区更新发展与机制思考

上生所项目发展背景及其多元驱动

上海近年来的城市发展正面临重要转折点，传统增长方式下的空间、环境、设施配套等长期积累的矛盾和问题突出，城市旧区更新中的新与旧、公与私、本土与全球等多元冲突由此更为凸显了出来，借由新型产业的楔入、资源价值的发掘及资本与权力的作用等，不断激发和重塑上海现实的旧区更新发展。新时期上海建设“全球城市”的目标得以明确，中心城区则是构成了未来上海迈向全球城市的核心功能承载区。在上述多元冲突的激发下，上海中心城区的更新建设正与城市文脉与发展印记、公共空间及慢行网络、重大事件与社会活动举办等更为紧密联系在一起，不断彰显自身的价值导向和发展资本，更趋重视历史风貌的保护与利用，强化一个地区的文化体验与整体氛围，并将政策法规及规划设计手段作为重要的“调控器”，来作用于旧城的更新发展、满足社会发展的多元需求——这些持续推进的更新行动及导向，也为长宁区这样的建成区带来了新的发展契机。

长宁区是上海核心城市功能的重要空间载体，是高品质、多样化的现代化城区，体现上海一流城市建设风貌和生活居住水平的国际精品城区。一方面，“十三五”规划中长宁区着重推进虹桥国际贸易中心、中山公园商业中心、虹桥临空经济园区三大功能区协调发展，推动三大功能区的功能提升和相互融合；另一方面，长宁区正处于深度转型的关键时期，其具备良好的发展基础和优势，存量土地也已经到了天花板，面临诸多困难和挑战，如何通过产业转型推动城市空间功能更新，从而激发区域整体更新发展成为当前发展的迫切需求（表 1.1）。

上海生物制药研究所（以下简称“上生所”）项目位于长宁区东部，处于新华路、衡山—复兴和新华路三个历史文化风貌区的中间区域，临近中山公园商业中心，北临延安路—世纪大道城市发展轴，南近徐家汇市级副中心，区位条件良好。项目所在街坊为大宁区新华社区 D1 街坊，街坊规划范围为北至延安西路、东至番禺路、西临规划安西路、南至牛桥浜路，总用地面积约 11.3 hm^2（图 1.27）。街坊南北长约 400 m，东西宽约 280 m，整体路网密度偏低，距离临近的轨道交通站点直线距离均约 1 000 m，有一定距离，但北部延安西路上布局 BRT 中运量公交番禺路站点、公交较为便利。基地内部和周边聚集了大量的历史保护建筑、历史文化底蕴深厚（图 1.28，图 1.29）。该区域也属于原上海历史城区的核心地块，构成城市高密度开发区域。

表 1.1　上生所区域整体更新的多元因素驱动

因　素	产业转型	历史文化	公共要素	城市触媒
驱动维度	产业转型推动城市空间功能更新	历史文化价值影响区位选择模式	公私博弈影响区域更新发展模式	城市触媒引发地区联动发展格局
现实问题	资源约束紧迫，传统服务业亟须转型升级，亟待培育新的增长点	特色及资源发掘不足，有重要历史文化价值的传统建筑保护力度有待加强，综合环境有待整体提升	城市建设格局基本形成，新增土地资源越来越少，配置公共要素内容越来越难，存在不同程度的缺口	具有良好潜力的区域发展存在建筑布局、周边场地、综合环境上的不尽如人意，亟须强化触媒元素的介入与激发
空间表现与行动	战略性新兴产业和生产性服务业、新都市主要生活区等的空间集聚，彰显城市空间在产业转型下的功能调整，引领存量土地盘活、结构布局优化、推进区域整体转型	历史文化潜移默化地影响社会经济发展与人们的行为选择，影响区位价值、关联土地极差，借由底蕴深厚和特色风貌地段吸引城市功能良性聚集及高强度的投资及活动	充分考虑了市民的需求，进行资源整合和功能叠加，公益优先，弥补短板，增加公共服务设施，增加公共开放空间，提升综合环境的品质，并积极鼓励和引导社会力量参与，协调多元利益	推进地区整体评估，聚焦城市更新的潜力项目，整合区域资源，增强创新活力，形成社会生活的催化剂、区域复兴的引擎，促使城市持续、渐进发展

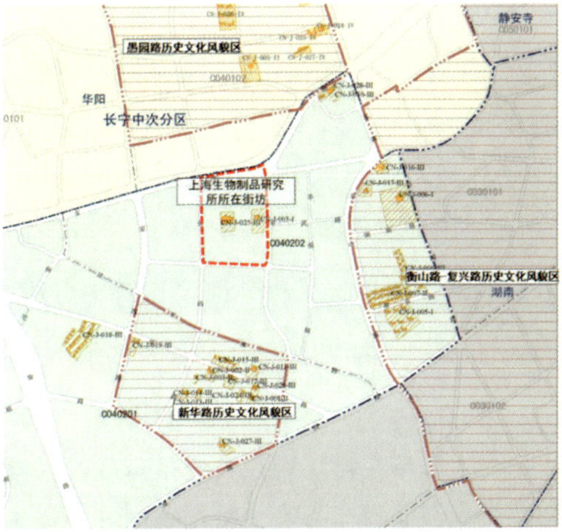

图 1.27　上生所项目总体区位解析

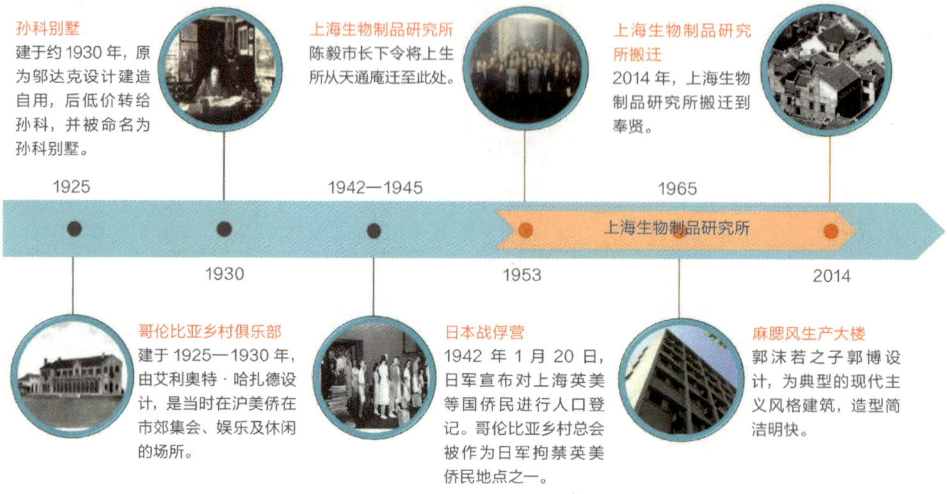

图 1.28　上生所地区的历史发展演进

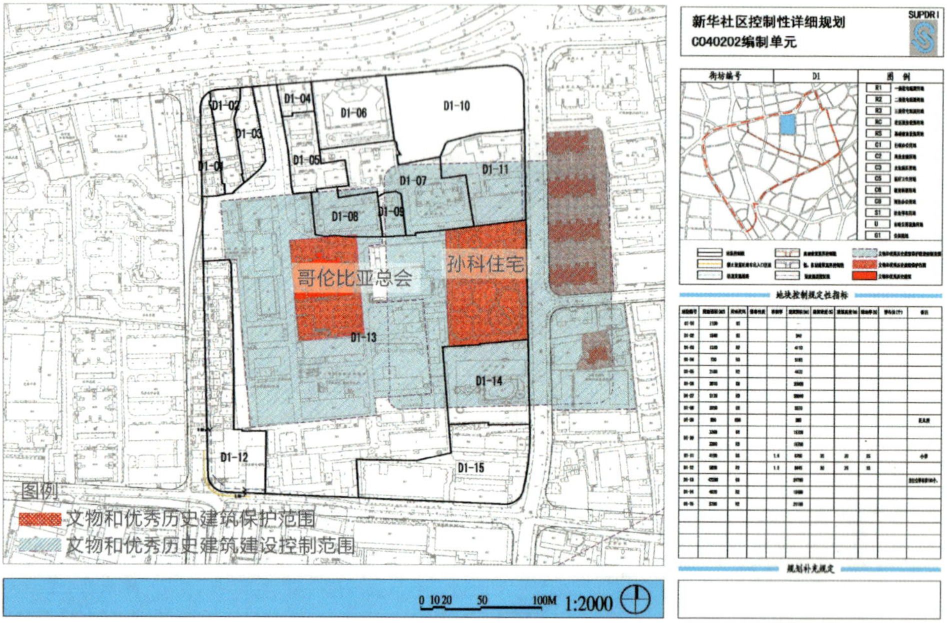

图 1.29　上生所地区内的优秀历史建筑保护要求

上生所所在街坊内，共分布有 3 幢民国时期的历史建筑。其中，位于街坊中心区域的原哥伦比亚总会为上海市第三批优秀历史建筑，保护类别为三类保护，可以说是 20 世纪 20、30 年代上海西区侨民居住区——哥伦比亚住宅圈的起始点和重要构成，是近代上海外侨居住生活的重要例证，也是抗战期间日军野蛮侵略行径在上海的重要实证地，诸多外侨回忆录也记载了这段历史和该建筑。同时，它也是 20 年代初西班牙传教风格建筑在上海的实例，建筑外立面和空间格局基本保存完整，具有较高的建筑艺术价值。哥伦比亚总会附属健身房与游泳池也是西班牙传教风格，北立面略具巴洛克风格，山花、线脚、花窗精美，在材料、工艺技术方面均具有一定价值（图 1.30，表 1.2）。

图 1.30 19 世纪 30 年代哥伦比亚总会照片

表 1.2 哥伦比亚总会现状建筑评估表

部位	平面示意	现状照片	保护内容	部位	平面示意	现状照片	保护内容
南立面	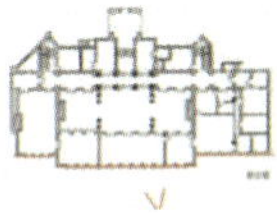		外墙、山花、外门窗、阳台、螺旋柱等特色装饰	公共走道（105）	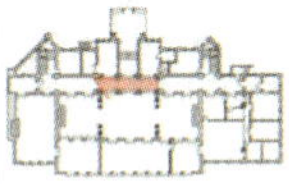		平面格局、门窗、柱式、拱券顶、地面材质及其他特色装饰
东立面	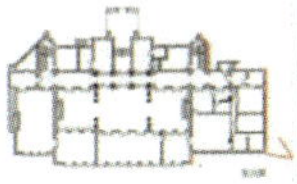		外墙、外门窗、特色装饰等	楼梯间	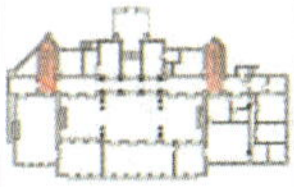		平面格局、踏面材质、铸铁栏杆、门窗及其他特色装饰
北立面	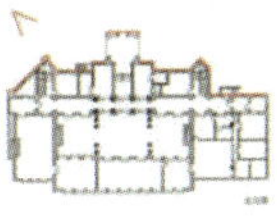		外墙、外门窗、螺旋柱等特色装饰等	一层大厅（110）	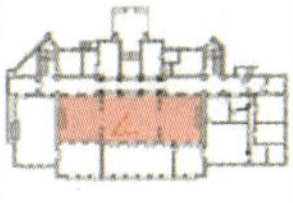		门窗、螺旋柱、壁炉、木地板、木梁及其他特色装饰
西立面			外墙、外门窗、特色装饰等	南门廊（101–103）	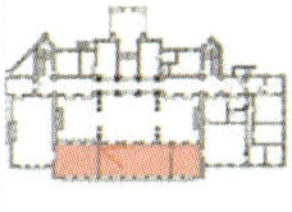		房间格局、门窗、地面材质及其他特色装饰
北入口门廊	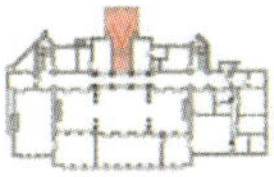		入口门廊、螺旋柱式、入口空间、外门、铸铁栏杆等特色装饰	东南房间（108、109）	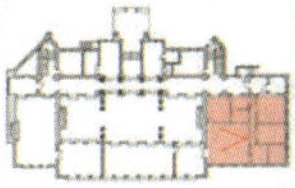		门窗、木护壁、天花线脚、地面材质及其他特色装饰

处于街坊东部区域的孙科别墅，则是 20 世纪 30 年代初期上海西班牙式花园住宅的代表，被列为上海市第一批优秀历史建筑、上海市文物保护单位。孙科别墅约建于 1930 年，原为著名建筑师邬达克设计建造自用，后低价转给孙科（孙中山先生之子），并被命名为孙科别墅，是邬达克花园住宅类的代表作，且外立面和空间格局保存完整，富有较高的艺术价值。孙科别墅构成民国孙、宋、蒋等家族在上海的物质见证，具有不可替代的历史价值；也是近代名人故居中重要一例，具有极高的社会情感价值（图 1.31）。

1945 年抗战胜利后，这一地区作为国民政府中央防疫处上海分处、善后救济总署保管委员会生物学试验所等机构用地。1953 年，陈毅市长下令将原来位于上海天通庵路的华东人民制药公司上海生物学厂迁至此处，改名为上海生物制品研究所。此后，街坊内又陆续建设了十来栋工业建筑，其中麻腮风生产大楼是典型代表，为郭沫若之子郭博设计，属于典型的现代主义风格建筑，造型简洁明快。2014 年，上海生物制品研究所搬迁到奉贤，2016 年 6 月将原来的地块整体租赁给万科进行更新开发。

图 1.31　孙科别墅现状照片（2017）

2017 年初，由上海市委办公厅牵头，市规划和国土资源管理局（简称“规土局”）、市住房和城乡建设管理委员会（简称“住建委”）等部门共同开展了上海中心城区 50 年以上历史建筑的全面普查工作，以对整个城区历史建筑资源家底进行摸底，为实施有效保护奠定基础。根据《长宁区历史建筑普查信息汇总图》所示，上生所所在街坊内共计有 12 处 50 年以上的历史建筑，总建筑面积达到 2 万多 m^2，其中包括哥伦比亚总会、孙科住宅、麻腮风大楼、工程部大楼、研发财务楼、健身房、游泳池等，具有一定的保留价值（图 1.32）。

街坊在最新一轮规划设计研究之前，从整体风貌来看，基本延续了 20 世纪 70 年代的肌理和格局，既有 20 世纪 30 年代远东第一大城市、东方巴黎时期的辉煌记忆，又有工业时期的建筑风格与特点，具有极高的历史、艺术、社会和情感价值。然而，由于上生所生产功能的外迁，内部的历史建筑缺乏保护与修缮，使得街坊在 2016 年规划启动时总体形象欠佳；同时，由于上生所原是以生产研究功能为主的科研用地，是封闭式的科研园区，因此四周围墙高耸，基本与外围是一个隔离的状态（图 1.33）。

图 1.32　上生所项目基地内现状建筑情况（2017）

孙科住宅，1930 年　档案楼，1984 年　物资采购楼，1984 年　安管部，1979 年

哥伦比亚总会，1923 年　研发大楼，1979 年　配电间，1965 年　培养基车间，1965 年

健身房，1924 年　大食堂，1979 年　麻腮风大楼，1965 年　试剂楼，1976 年

游泳池，1924 年　新分包装大楼，1991 年　八大楼附属机房，1965 年　分装间，1953 年

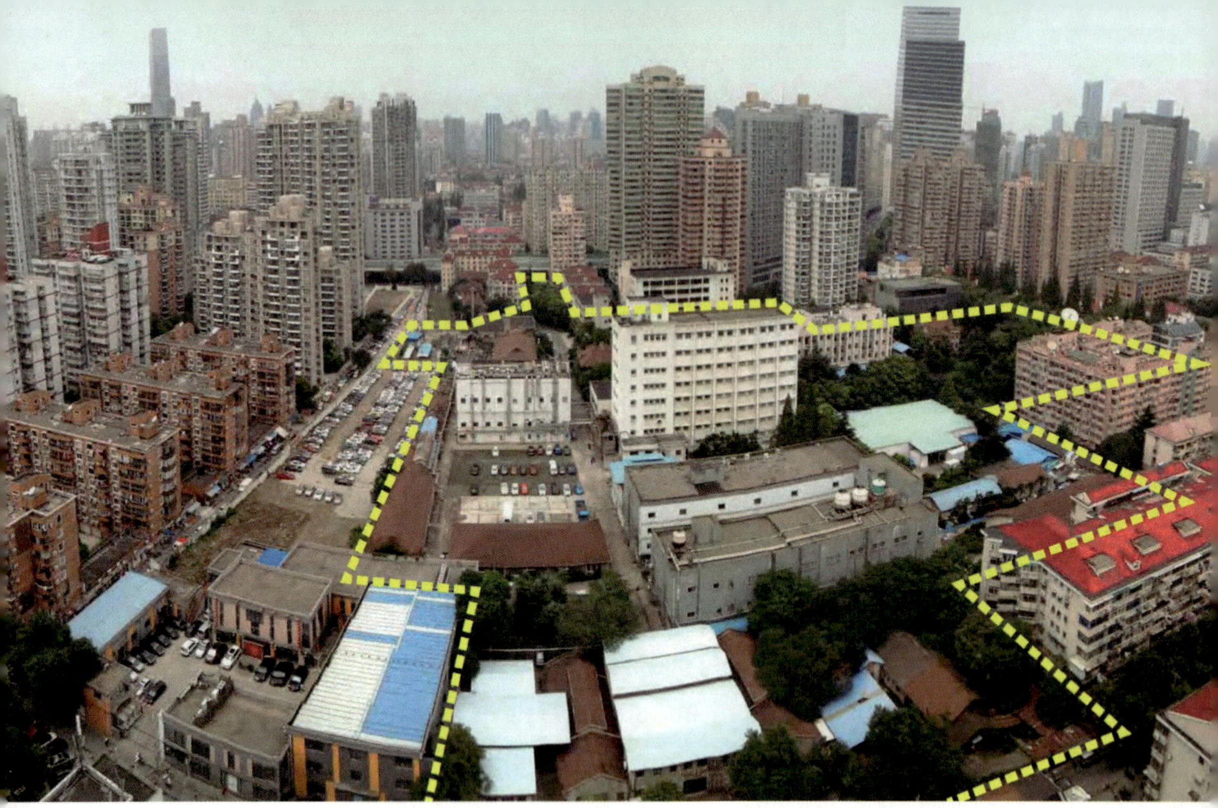

图 1.33　上生所地区现状鸟瞰图（2016）

与此同时，可以发现街坊东侧的番禺路两侧已经有幸福里、邬达克纪念馆等成功的更新项目，加之上生所自身独特的历史文化“基因”，良好的区位优势资源，可以说，无论是内部功能转型诉求还是外部更新政策驱动，都将进一步推动地块的整体更新与发展。由此，如何结合更新政策，充分挖掘上生所的历史人文价值、保护建筑及工业遗产建筑价值；如何通过更新和再生优化城市土地利用、科学盘活资产，同时在城市更新过程中植入符合时代需要的新功能，营造更好的生活环境，建成可进入、可体验的开放式人文街区，形成有温度的更新，成为核心命题，也构成新一轮规划设计研究启动聚焦的关键所在。一方面，让这些建筑能够更好、更长久地保存下去。另一方面，也是希望它能融入当代人的生活。

在新的发展形势与机遇下，项目试图通过对历史文化的传承与挖掘，结合城市更新、相关发展战略和政策，进行整体规划与系统评估，综合考察上述多元因素的合力驱动，研究街坊发展定位、功能主导、历史风貌、城市形态、建筑评价和公共要素落实等具体化的更新内容，试图结合“保护更新、公共优先、特色强化、要素协商”的关键运作方面，合理确定规划控制要素，提出街坊改造的重要调整建议，凸显出特色街区在当代的一种功能再构、复兴发展，这些变化与人们的生活方式和环境特征的改变紧密关联，事实上回应了城市中新与旧、公与私等核心冲突如何更有效地消弭，也体现出目前上海旧城更新机制上的紧密联系实践与动态开放的特点。

以“留”为主，旧有转化为创新的动力

回看上海新天地项目，其改造前的1950户居民在改造后全部外迁（当时户均拆迁补偿仅为20万元）（焦怡雪，2003），使得这一区域成为典型的商业旅游型街区，“其2 hm^2 面积其实担当了52 hm^2 地区的‘会所’功能”（王伟强，2006）。对比来看，今天上海关联历史风貌的街区改造，不再是大拆大建，而是强调保护更新：将旧有的肌理格局、历史建筑与文化累积等，转化为创新的动力；新的发展在空间上应与旧的空间和尺度协调，新的项目在功能上与周边功能形成互动，从而促进这个地区的活力。

相应的，上生所项目对街坊现状建筑逐栋进行了调研评估，结合上海最新的历史建筑普查工作要求，基本保留50年以上的历史保护建筑。在此基础上，对于建筑质量较好，并具有一定工业类风貌特色建筑进行最大程度的保留。结合历史建筑的评价价值体系，确定3处保留历史建筑（哥伦比亚总会、孙科别墅、哥伦比亚俱乐部附属健身房和游泳池）、3处保留工业建筑（大食堂、研发大楼、麻腮风大楼）、10处建议保留工业建筑，并对每种类型的建筑提出了有针对性的改造措施建议。对历史保护建筑改造措施以留为主，通过外部最大程度保留原有外立面、内部空间格局以修缮为主等措施，精心保护历史文脉，用心留存文化记忆。结合这些历史建筑的修缮、功能转化与综合利用（图1.34），构筑文化创意、商业休闲、商务办公等的多元功能业态与创新产业支撑，激发地区的创意活力生活。

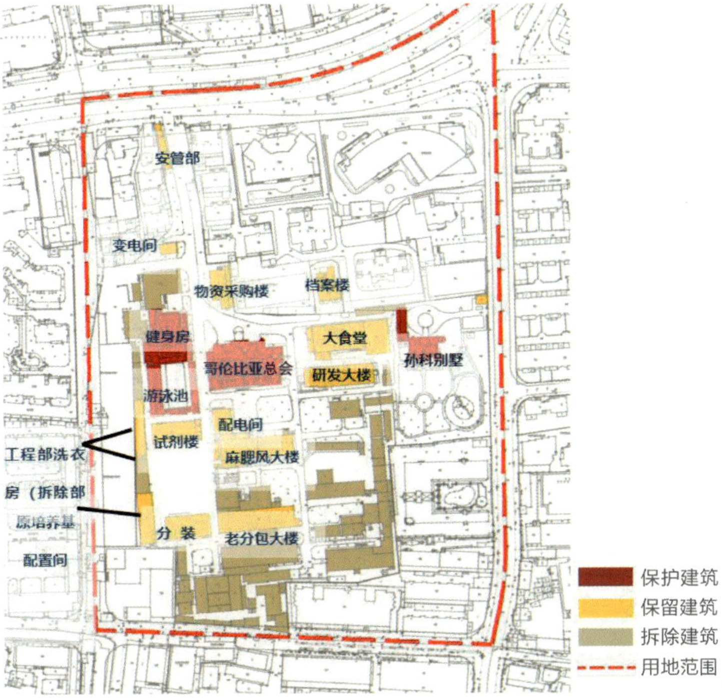

图1.34 上生所地区既有建筑保留与拆除建议

关于保护建筑孙科别墅，通过对孙科南侧花园的历史资料的搜集分析，结合对现状植物、构筑物的详细勘察，以及恢复其历史风貌，恢复初始南侧大草坪格局，修缮复原花园中平台、喷泉，整治后期搭建构筑物，真实、完整地保护历史建筑及其文化环境。孙科花园与园区场地现状被围墙分割；园区整体景观方案中拆除花园围墙，并设置连接园区广场与花园的人行通道，改善割裂的现状，利于园区人文环境的沟通与交融（图1.35）。哥伦比亚总会的改造，则是通过最大程度保留原有外立面，对影响建筑风貌的附加物进行整治；同时，结合景观设计，整理北立面遮挡建筑的杂树，展现历史风貌，清除西立面等处的爬藤植物和外露管线，还原风貌的同时也保护建筑饰面（图1.36）。哥伦比亚总会附属健身房、游泳池建筑改造更是与开放空间结合起来考虑，改造后特色显著（图1.37）。

花园修缮设计方案

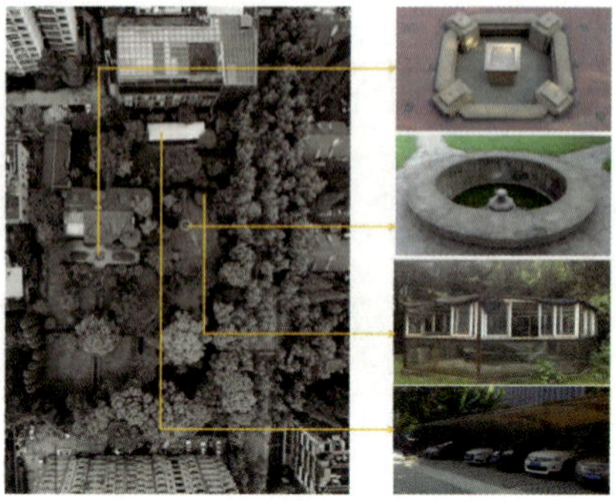

构筑物调整

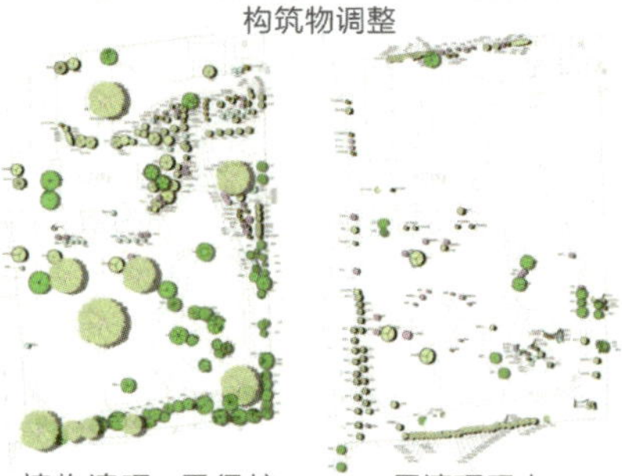

植物清理：需保护、保留乔木　　需清理乔木

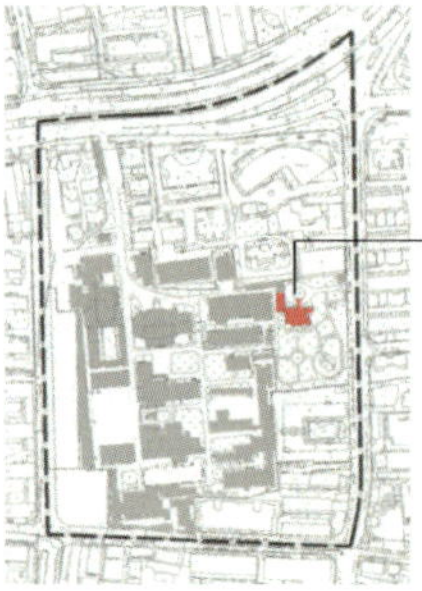

建筑名称	保护建议
孙科住宅	外部：最大程度保留原有外立面，对影响建筑风貌的附加物进行整治 内部：保护修缮南北入口门廊，餐厅阳台等重点空间的空间格局 其他：在保护建筑风貌的前提下对结构进行必要加固，增设必要设备提升建筑安全性及舒适性

图1.35　孙科住宅保留改造方式

建筑名称	保护建议
哥伦比亚总会	外部：最大程度保留原有外立面，对影响建筑风貌的附加物进行整治。 内部：保护修缮门廊等特色房间内装饰；恢复大厅内壁炉的使用功能。 其他：增设空调、自动喷水防火系统等设备，提升建筑安全性及使用舒适性

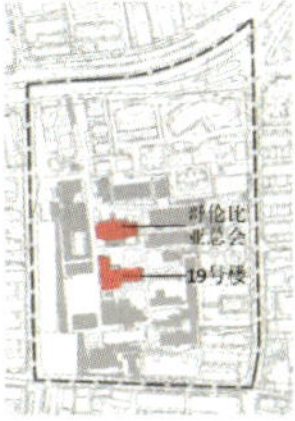

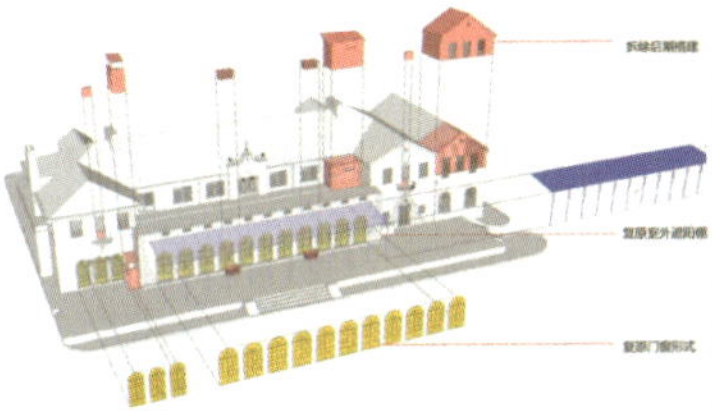

图 1.36 哥伦比亚总会建筑修缮利用及改造后实景照片

图 1.37 哥伦比亚总会附属健身房、游泳池建筑改造方式及实景照片

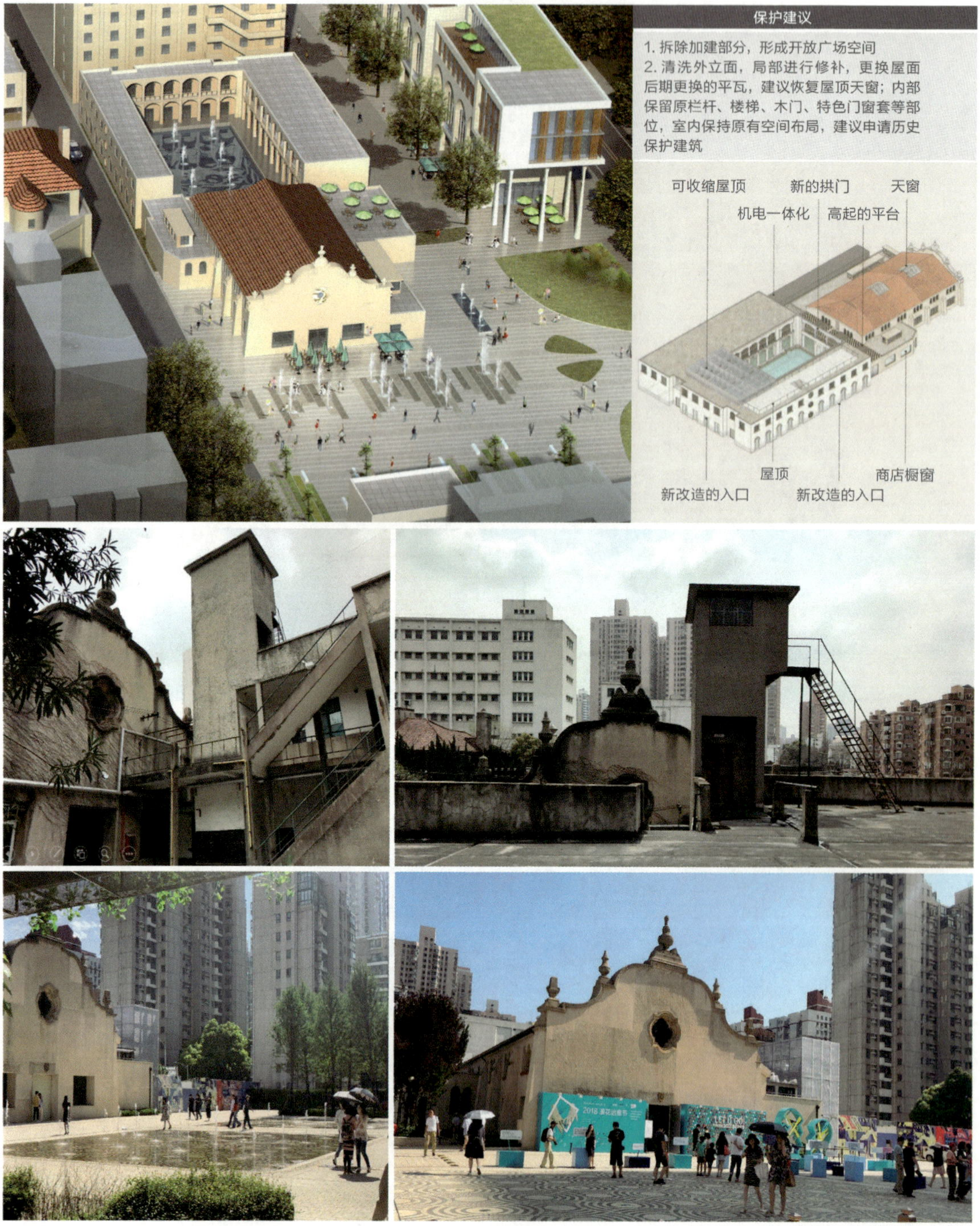

与此同时，由于街坊中大量的历史建筑均为低层或多层，还有 3 处历史保护建筑，区域内新建建筑高度需要与保护建筑的高度相互协调。因此，更新方案提出新建的建筑原则上高度不超过场地中的既有建筑高度，34.8 m、8 层高的麻腮风大楼依然作为用地中建筑的制高点，新建建筑控制在 3 ~ 6 层，保持区域内以多层建筑为主的空间格局(图 1.38)。

建筑体量上，由于地块内大量建筑是 50 年以上的建筑，可利用来建造新建的地块面积有限，为了更好地控制与引导新建建筑，在控规图则中增加了附加图则，对新建建筑的范围进行了控制。建议建筑以中小体量为主，采用建筑体量切割、错动、底层架空等方式消解建筑体量感，使新建建筑更好地融入基地环境 (图 1.39)。通过建筑高度和体量控制，使新的建设延续建筑特质，并与整体风貌与空间关系相协调，促成整体保护更新的实现。

图 1.38　上生所地区整体空间关系示意及改造前后的麻腮风大楼

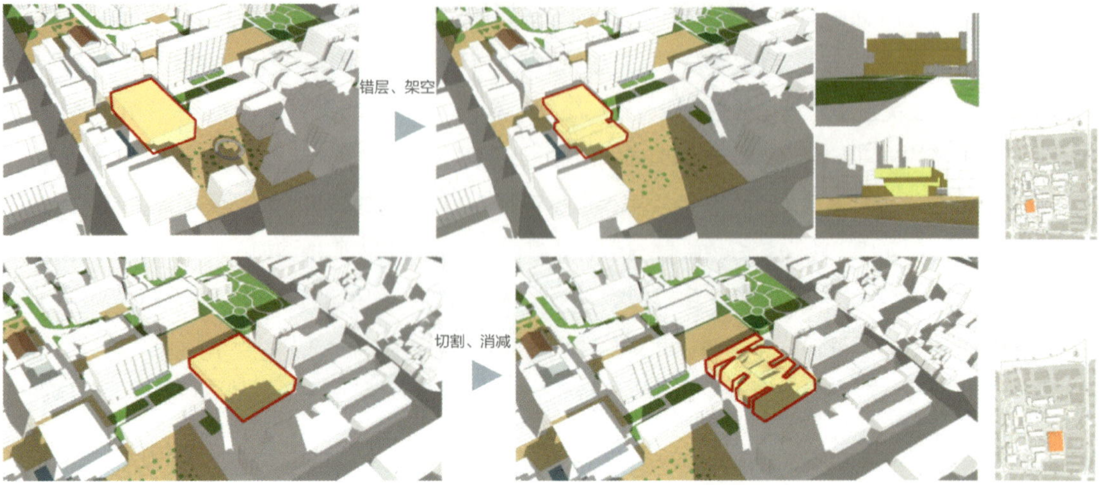

图 1.39　建筑高度与体量规划控制与引导

在立面控制及色彩和设计引导上，哥伦比亚总会附属建筑健身房及游泳池的窗墙比基本为 1：1，为控制新建建筑视觉上与既有建筑协调，立面上避免过多使用玻璃材质，控制玻璃的比例在 1：1 左右。建议新建建筑用色尽量从既有建筑的用色中提取，建筑主题色系以象牙灰和米黄为主（图 1.40）。

此外，在建筑要素方面，建议与既有建筑空间关系紧密的新建建筑可从既有建筑中提取设计元素，经过简化处理后加以应用，取得新建建筑与既有建筑的视觉协调。如提取游泳池的柱廊空间元素，简化后使用在新建建筑中，形成新的柱廊灰空间，空间结构与保护建筑呼应（图 1.41）。

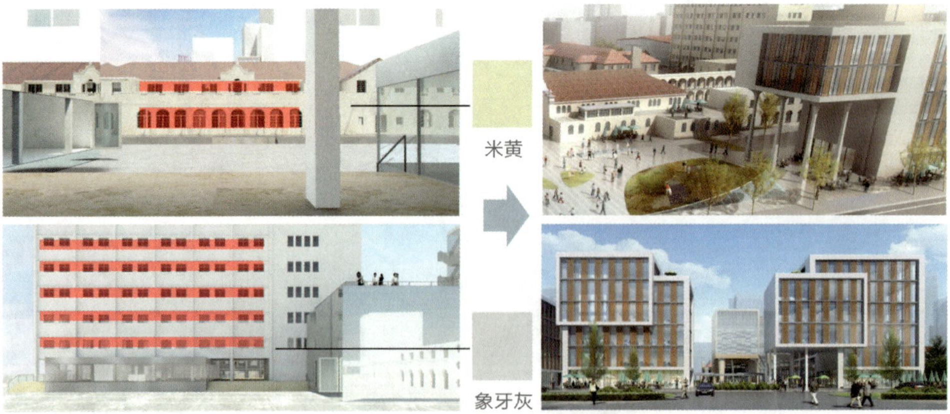

现状建筑窗墙比及色彩分析　　新建建筑窗墙比控制

图 1.40　建筑立面与色彩规划控制与引导

现状建筑要素

新建建筑要素协调示意

图 1.41　建筑要素控制与引导

特色强化，文化资源价值挖潜激发

上海中心城区汇聚着大量的历史和文化元素，它们营造出特有的场所感和认同感构成城市魅力和活力的重要部分。如今文化被认为是一种全球性的财富资源，一种传递财富利益和营造地区精神的方式（Comedia，2003），文化资源的独特性可以振兴城市中心的经济发展，并创造更多的就业岗位，因此文化在城市更新过程中的作用不可估量。2017 年 3 月 30 日，长宁区发布《长宁区 2017—2021 年城市更新总体方案》，成为上海首个城市更新总体方案，强调既有建筑与街区的改造提升，以更好保护城市历史文脉，创造优质的发展空间，促进经济空间与文化空间、生活空间、生态空间有机统一，而东部区域发展尤其着眼于文化功能，聚焦历史风貌区的保护和利用。

上生所地区的保护更新将文化功能、历史风貌资源价值的发掘与利用放到了首位，力求延续街区的历史发展脉络，以及其构成联系周边风貌区的重要区域的特质，进一步明确街坊内风貌区建设控制范围，结合历史场域的恢复、基地空间梳理，在西、南、东形成 3 处绿地广场空间，并结合街区肌理脉络形成的内部公共通道和开敞空间（图 1.42，图 1.43），试图促成这样的场所氛围与环境特色：人们可以在此强烈地感受到文化记忆及历史的存在，在尺度宜人、舒适安全、丰富有趣的街巷中行走，享受着可以体验并参与进来的历史性公共空间。尤其，西侧主入口的改造，试图通过拆除哥伦比亚总会的游泳池建筑搭建部分（图 1.44），将特色的历史建筑主立面充分地展现出来，并与新的公共广场空间、沿街界面充分结合起来，发挥历史建筑的最大公共价值。

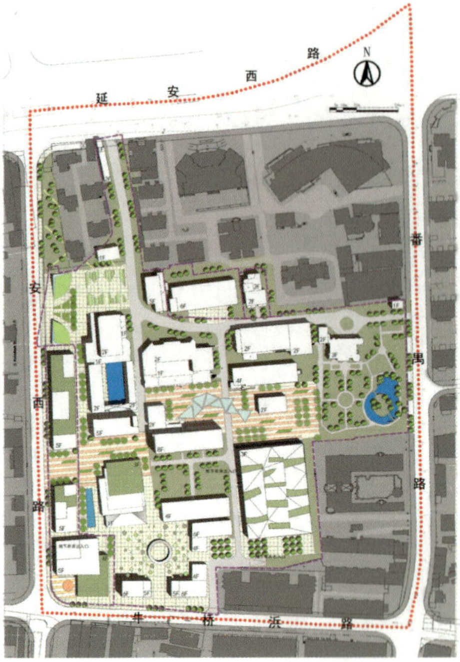

图 1.42　方案平面示意

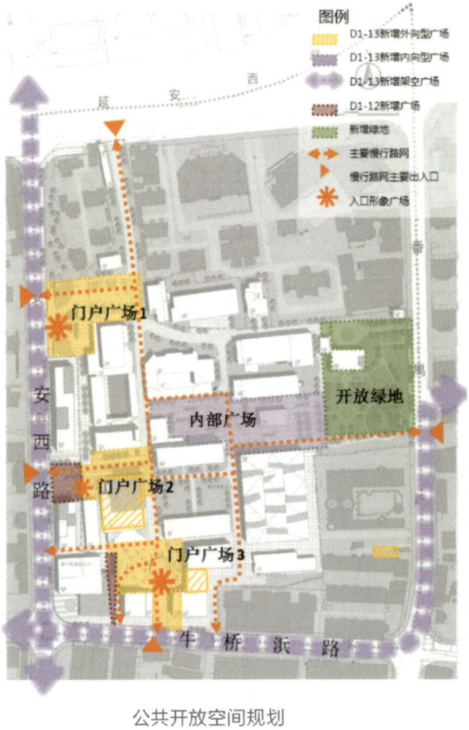

公共开放空间规划

门户广场 1 改建前

门户广场 1 改建后

内部广场改建前

内部广场改建后

门户广场 3 规划示意效果

图 1.43　公共开放空间分析

图 1.44 西侧主广场改造示意

公共优先，政府引导联动调控格局

公共意涵囊括了公共及开放空间、公共空间资源、社会公正及公共保障住房的多元化视角，公共优先也是城市设计一贯的发展目标和重要指向，并在今天结合社会行动与举措中利益与责任的边界限定，朝向一种政府引导下的中国式公众参与的扩大及实现可能。上海旧区更新中对于项目实施过程中的公共要素保障与底线管控正日益强化，尤其是在规划评估阶段的“顶层设计”楔入，政府主动介入、统筹调控，将公共要素的确定作为项目开展的必要条件与实施重心，力求让市民和原产权人等通过这一过程共同受益，这样也更有利于后期的更新愿景的达成。

就长宁区而言，随着新增土地资源越来越少，配置公共要素内容越来越难，存在不同程度的缺口，其城区发展在部分群众的居住环境、建筑环境品质上存在短板，一些领域的公共服务能级仍需提升。相应的，上生所项目新增公共服务配套设施，贡献公共开放空间，强化公共活动界面（图 1.45）——在优先保障公共利益的前提下，政府主导进行整体规划评估，结合当下城市更新政策关联的激励机制落实可能，与央企、民企所形成的共同体进行谈判与协调，力求促成三方共赢的创新发展格局。

图 1.45 上生所地区公共界面的强化

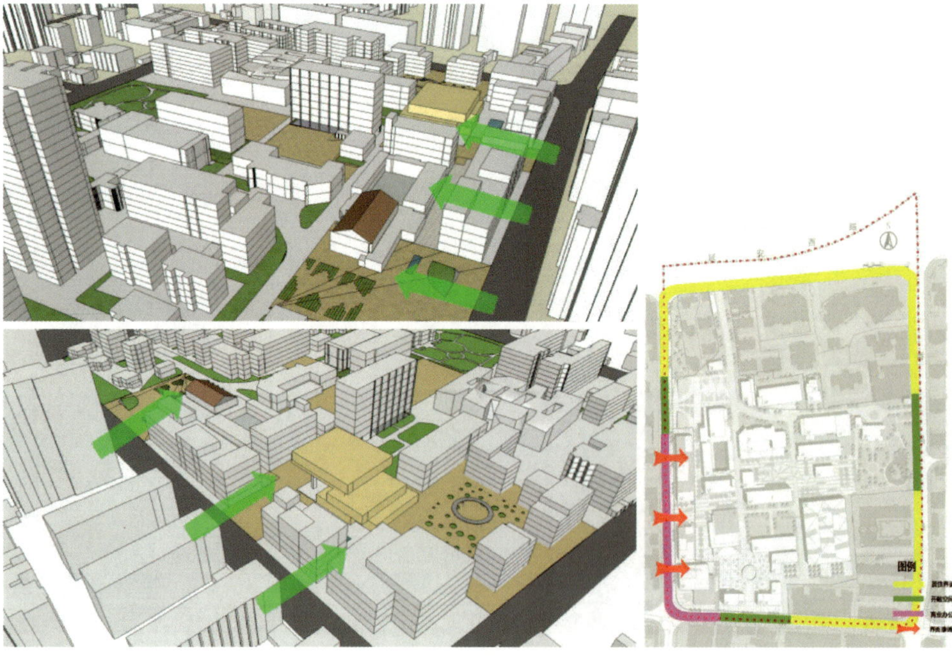

要素协商，多元化社会资本的引入

可以发现，顺利推进可行的实施方案，离不开各级政府、非政府组织、私人个体、的参与，甚至是密切合作。而对开发过程的管理、指导和控制也可以通过兼顾集体利益与开发者利益的方式得到实现；公共部门的任务也绝不仅仅是“控制”与“引导”设计和开发，它可以借由引入社会资本，利用各种法定与非法定职能，把握核心发展要素内容，比如，针对上海更新项目中公共要素清单列项，协调设施短板如何补足、如何优先安排近期实施性强的更新空间资源，以及更新空间用地性质、开发规模、风貌保护等具体要求，来进行多方协调、影响城市品质、建构地区特质，社会主体也得以在政府鼓励下进入公共服务领域，并借由公共资源的渗透进一步促进公益服务的提供——上生所项目的整体运作正是这一方式的明显体现。

这里，社会资本就像一种黏合剂，凝聚了社会风俗、习惯和关系的财富，构成一个为了组织的相互利益而采取的集体行动，并往往在一个地区的开发中体现为一种“软件基础设施”，其中暗阖了开放包容、亲密融合、责任与归属感等社会行动意涵。多元化的社会资本楔入，也使得空间与社会文化、公共资源、权力、资本等核心领域的相互影响更为紧密，促使社会主体与本土城市更新进程中的社会、经济、文化和制度背景更加关联，产生良性互动。但需要极力避免的情况是，如 21 世纪初的多伦路社区改造中，虽然架构了具有“政府导向、企业实施”的开发机制，试图通过引入社会资本促进改造实施（上海多伦路文化名人街管委会，2010），然而其实施运作中则出现了企业投资中断、社会资本引入乏力的现象，因此也导致社区开发因资金不足而搁置。为了避免类似问题发生，上生所项目的后续推进中，也应注重完善约束机制，应关注项目未来运营保障、企业监管等方面可能出现的掣肘因素。

上生所地区控规局部调整已于 2018 年初报批通过。这一区域被命名为“上生 · 新所”，自 2018 年 5 月底向公众开放以来，引来不少市民在此拍照打卡。同时，由文创各界知名人士组建了“上生 · 新所”文创委员会，参与上生所的长远规划和发展，并通过多种艺术文化和学术活动，如 2018 浪花治愈节于 6 月在“上生 · 新所”正式启幕，上生所的区域影响力不断提升，焕发了新的活力 (图 1.46)。

图 1.46　建设发展中的上生所地区鸟瞰
（2018 年 3 月，刘文毅摄）

上海中心城区的旧区更新思路：结合三个案例的综合考察

上海中心城区的更新政策与引导

面对多元冲突下的转型压力，中国传统增量规划的思维亟须转变，城市更新发展成为现阶段提高土地利用效率、优化城市空间布局、推动产业转型升级、改善居住综合环境的重要选择[1]。就上海而言，自20世纪80年代以来，上海的城市职能、产业结构及更新方式都在不断发生着变化（表1.3）。朝向当前发展阶段的全球城市建设目标，新一

表1.3　20世纪80年代以来上海中心城区城市更新发展

时间	城市职能	中心区产业结构	更新内容	运作模式		
				资金来源	实施主体	运作方式
20世纪80年代	综合生产型工业城市	工业、居住混合	改建棚户区和危房	政府筹措为主	政府主导下的区行政单位	计划经济体制下，政府指令性任务
20世纪90年代	“四个中心”“一条龙”	“退二进三”第三产业为主	房地产开发，改善居住环境	利用土地级差效应，引外资缓解资金压力	政府主导，企业运作	计划经济向市场经济转变下，大规模地推倒重建，企业不参与，居民易地安置
2000—2009年	“世界城市”战略	现代服务行业+创意产业	房地产开发与工业遗产保护结合	进一步吸引外资	政府扶持、企业运作、市民参与	市场经济下大规模与小规模渐进式开发并存，考虑一定量居民回迁
2010年至今	“全球城市”的发展目标	服务业集聚，个性化需求，技术与产业创新	特色战略功能区；历史文化保护与传承	多元化社会资本的引入	政府、企业、公众共同参与	有机更新，提质增效，小规模渐进式；加强区域评估、实施计划和全生命周期管理相结合

1 2016年2月，《中共中央国务院关于进一步加强城市规划建设管理工作的若干意见》出台，提出“有序实施城市修补和有机更新，解决老城区环境品质下降、空间秩序混乱、历史文化遗产损毁等问题”“通过维护加固老建筑、改造利用旧厂房、完善基础设施等措施，恢复老城区功能和活力”；2016年6月，亚太经济合作组织（APEC）城镇化高层论坛围绕“城镇化与包容性增长”主题，发布了《APEC城镇化高层论坛2016宁波倡议》，提出“鼓励城市更新和改造”。

轮《上海市城市总体规划(2015—2040)纲要》中率先提出要转变城市发展理念，促进城市发展从传统的增量扩张向存量提升转型；2015年《上海市城市更新实施办法》颁布，提出实行区域评估、强化公共要素及促成实施计划等管理制度；2016年以来，围绕四大行动计划，主要集中在中心城区内选取更新试点项目（表1.4），系统展开更新工作；为了进一步加强历史风貌的保护，2017年初又开始全面推展50年以上历史建筑普查工作；等等。上海当前正全面推进城市更新实践与探索，凸显出一种先进理念、转型诉求下的创新发展路径探索。

表1.4 2016—2017年上海城市更新试点项目情况

序号	区域	城市更新项目名称	城市更新维度
1	普陀	曹杨新村社区复兴，万里社区活力再造	共享社区计划
2	浦东	塘桥社区微更新，新上海商业城（八佰伴）更新	
3	长宁	长宁区天山社区老旧住区更新	
4	闵行	上海戏剧学院改造	
5	浦东	张江科学城科创社区更新	创新园区计划
6	静安	环上大影视产业社区建设	
7	闵行	紫竹高新区双创环境营造	
8	黄浦	外滩社区160街坊空间开放风貌重现，南东街道微更新	魅力风貌计划
9	徐汇	衡复风貌区“1+1+4”保护性整治，环上音音乐文化特色区	
10	杨浦	长白社区228街坊“两万户”保护更新，杨树浦电厂更新	
11	静安	安康苑改造	
12	长宁	上海生物制品研究所改造，番禺路沿线城市更新	
13	虹口	虹口区多伦路1号地块项目	
14	浦东、黄浦	黄浦江两岸慢行休闲系统	休闲网络计划
15	静安、长宁	苏州河岸线休闲系统	
16	徐汇	万体馆开放健身休闲空间	

三个案例的冲突楔入与特征解析

“城市是一个社会产物，是不同的社会利益和价值之间的冲突所导致的结果”（曼纽尔·卡斯特，2006）。城市发展在资源特征、产业模式、文化导向等诸多因素的复合影响下，似乎在提供着一种共同生存与发展的空间，实质却也包容着诸多矛盾。其中，新旧冲突、公私冲突、全球与本土的碰撞这三个主要的冲突方面，在上海中心城区的城市更新实践中尤为明显（表1.5），促使我们不断寻求城市问题的解决和发展困境的突破。

表 1.5 主要冲突关联内容

冲突领域	冲突表现		
	编号	主题	关键要素内容构成
新旧冲突	1	城市年轮的断裂	• “建设性破坏” • “再格式化”泛滥 • 城市空间布局和民众生活条件的“碎片化”
	2	空间的极化生产	• 大规模拆迁改造活动所激发形成的居住分异 • 社会空间极化现象正日益明显
	3	场所社会性的遗失	• 城市空间物质外观与社会功能的分离 • 缺乏人性考量与社会指标考察
	4	公共空间的“失落”	• 公共空间存在被逐步边缘化和私有化的危险 • 公共空间建设的功利性与形式化，文化内涵及环境品质薄弱
公私冲突	5	公权的扩张与滥用	• 政府企业化，公共政策制定的非程序化，公权活动的非法制化 • 市民社会、非政府组织的力量微弱
	6	公私关系的失衡	• 公私利益冲突日趋明显，社会关系恶化 • 缺乏完善的市场化运作体系和制度化的权利保障体系
	7	“空间正义”的缺失	• 现实中的社会分化实际造成了不平等和不公正，空间生产和空间资源配置中存在社会正义缺失的现象
	8	住房保障及公共服务不健全	• 涉及公共住房建设，公共设施、基础设施的合理配置与有效供给，社会公共服务网络建设，城市环境安全建设与犯罪预防多个方面
全球与本土碰撞	9	空间极度“资本化”	• 全球资本导向一系列巨型工程及产业集聚 • 偏向资本及权力的“需求”
	10	城市空间趋于同质	• 城市空间缺少特点与文化，“无性格城市”日益增多
	11	重大事件的触媒效应	• 国际体系下重大事件乘数效应的两面性 • “底波率”现象
	12	全球化视域下的治理模式变革	• 各利益团体共同参与城市空间的塑造 • 在中国现实语境下审视全球治理的场域，现实性变革与转型存在一系列制约与分歧

借助比较研究来考察不同时期、不同层面、不同领域的现实状况与表现，有利于探寻冲突形成的内在原因，总结和制定冲突的转化方向、调适对策。这里将结合前文具体介绍的 2015 年底启动的张家花园项目、长宁区 2017 年更新试点上生所项目，以及

2016年杨浦区更新试点长白社区228街坊“两万户”[1]改造（以下简称““两万户’改造”）项目，进行综合考察与分析，审视其间所具有的冲突应答，以进一步提炼有益的策略导向和重要考量。

三个城市更新案例均关涉三个主要的冲突领域，在对象特征、区域评估、理念重心、主要调整要素、运作进程等主要方面（表1.6），各有异同，包含不同的技术视阈，但也内含多角度、多层次的关联维度，都在更新模式中更多地融入了对于历史文化、公共与特色的关注，以及对于多元参与、管控与调节的考量，强化有针对性的、多样和复合的技术落实，其中既体现出当前城市更新发展的核心价值所在，反映出针对主要冲突方面的策略导向与管控路径，也启发着城市更新思路的拓展与机制探索。

三个城市更新案例的策略提炼

第一，历史遗产成片保护。在上海旧区改造进程中，城市遗产保护与文化复兴举措在现实的冲突推进中不断强化，从发展建设中的忽略轻视向有针对性地研究强化的发展转变。随着保护对象在广度和深度上不断发展，上海新一轮的城市更新行动举措，包括张家花园项目、“两万户”改造及苏州河一河两岸地区城市设计等实践内容，都对历史遗产给予了更多的尊重，更加注重历史区域的规模价值，以保有街巷格局、肌理特质、尺度感受，避免旧有改造模式中突出的“再格式化”和对城市发展年轮的不可逆转的破坏。

第二，历史建筑转化利用。上海一直以来都十分注重对于历史建筑的保护，而功能重塑可以说是历史建筑及街区保护再利用成功与否的关键所在。从本质上来看，各种历史环境与历史建筑的衰败，往往是源于其功能与城市发展需求的不相适应。通过物质方面的更新——维修、改善、功能置换或再开发，以及保留现有功能但使它的运作更为有效或更有利等，可以促进一个维护良好且富有吸引力的公共领域的形成，从长远来看，更是一种经济活动的振兴和社会功能内涵的建构与利用。

在上生所改造案例中，哥伦比亚总会、孙科别墅等风貌佳、历史悠久，而结合长宁区历史建筑普查信息汇总及对街坊现状建筑的逐栋调研，规划提出对10多处50年以上的历史建筑进行保留，以及保留街坊内工业时期的特色建筑，进行后续改造利用。以历

1 1952年4月，为表彰先进产业工人，并为其解决住房问题，上海市政府设立上海市工人住宅建筑委员会，在全市统筹兴建两万户工人住宅。“两万户”是一个有着时代特征的建筑群，是了解中华人民共和国成立初期中国工人生活的一扇窗口。“两万户”住区具有独特的建造和布局形式。住宅为砖木结构，每幢房有两个公用厨房和两个公用厕所，上下两层各5间房，住10户人家。“两万户”建筑多行列式排布，井字形路网，每一二百户住房排列成组，中间有5亩空地，为绿化和活动场所，房屋前后间距为房高1～1.5倍。

表 1.6 三个城市更新案例的特征解析

项	目	张家花园	上生所改造	两万户改造
对象特征	区位	处于中心城区核心地段、南京西路历史文化风貌区，是中央活动区的重要构成	位于城市发展轴线上，长宁区内环内核心区位，人文历史资源优越，开发潜力大	中华人民共和国成立初期典型的工人新村，构成杨浦区中部提升的重要载体之一
	评估	• 涉及成片的里弄、公房及厂房建筑等多种类型，历史空间格局和城市肌理保存完好，整体价值较高。处于三线换乘核心，交通条件优越 • 存在公共开放空间设置、公共界面与历史特色发掘、区域核心形象塑造等方面的不足	• 历史风貌突出，代表了工业时期城市的发展轨迹，拥有孙科别墅、哥伦比亚总会、郭博设计的麻腮风生产大楼等历史建筑 • 距离轨交站点有一定距离，路网密度偏低；公共服务设施配置不足；上生所基本已搬出，缺乏保护与修缮，总体形象欠佳	• 现状 12 栋两层“两万户”住宅建筑位于街坊的中央，历史格局保留较为完好，但房屋质量、基础设施、环境卫生都较为破败 • 区域发展也面临着基础设施差、配套缺失、功能不完善等诸多问题
理念重心	目标定位	打造上海建设国际化大都市中心城区的新亮点，形成最具标志性区域	打造集商办文化等功能为一体的高品质活力街区，城市更新地标	打造杨浦区中部地区开放式的特色街坊，形成长白社区的公共中心
	规划引导	• 强化历史文化价值，延续核心区域历史风貌 • 提升发展能级，加强功能集聚与文化引领，强化传统建筑艺术与生活展示 • 增加公共开放空间与公共服务设施，提升区域环境品质；完善地区慢行网络，形成开放式步行历史街区 • 高效集约利用土地，优化建筑高度，形成标志节点；全区容量统筹平衡	• 尊重历史文脉，增加保留特色工业历史建筑，新建筑高度和体量与历史建筑相协调，强化文化特色 • 构筑多元功能，文化与特色商业融合，增加文创主题活动，城市艺术展览，促进创意生活，形成活力社区 • 结合人流活动路径，增拓公共空间，加强重要联系性街道的公共功能：形成开放式街区，并与外围的绿地广场相衔接	• 保留 12 栋“两万户”建筑的风貌及整体格局，通过建筑修缮和功能置换，留下城市记忆、重塑地区活力 • 引入商业、办公、文化等复合功能，并充分考虑周边居民的实际需求，配设社区公共服务、公共开放空间，提升地区的整体服务水平和空间环境品质 • 适当降低地区开发规模，剩余建筑量在全区范围内统筹转移平衡
调整要素		用地性质，建筑面积及容积率，建筑高度，混合用地建筑面积配比，社区公共服务设施，历史风貌保护，公共空间与慢行系统等	用地性质，建筑面积及容积率，建筑高度，社区公共服务设施，历史风貌保护，公共开放空间与慢行系统等	用地性质，建筑面积，公共服务设施、历史风貌保护、生态环境、公共空间与慢行系统、基础设施和城市安全等
	原有功能	商业、办公、居住、公共服务	科研教育、居住	居住、商业、公共服务
	调整后功能	商业、办公、文化、居住、公共服务	商业、办公、文化、居住、公共服务	居住、商业、办公、公共服务、文化
动作情况	进程	2015 年启动，多次开展评估会进行意见征询，2017 年初进行规委审议；即将上报控规审批	2017 年初启动，控规评估报告完成；已被选为 2017 年更新示范项目	2015 年 4 月启动，9 月设立试点工作推进组；2016 年选为更新示范项目，2016 年底控规审批通过
	角色	政府主导，搭建平台，多元参与	政企合作，政府优先保障公共利益，央企、民企利益共享	政府主动介入，落实全生命周期管理；多方参与，共建共享

史建筑为载体，项目力求实现文化与特色商业功能的建构与融合，推行文创主题活动、城市艺术展览等，并尽可能与公共空间有机结合——建筑或街区的有形价值和无形价值得到了提升，公共空间的文化内涵得以提升，场所的社会功能也丰富了起来。

第三，功能业态的复合多元。基于全球城市建设目标的确立，上海城市功能亟须进一步提升，进行优势资源整合与短板提升，提升业态的复合性和多元性，激发区域活力，创造便捷生活。“两万户”改造项目正是紧密结合地区发展的功能需求，充分利用“两万户”的建筑空间，以及周边大学等教育科研资源，强调引入商业、办公、文化等复合功能，并与社区服务紧密结合，形成富有特色的新的生活空间。恰如莱昂·克里尔所提出的城市重建概念，可以在城市生活的组织上，尝试将城市的居住、工作、交通、游憩等功能集合起来，形成多样的城市经验及由日常生活过程中形成的人际关系网，来使街区真正成为城市生活的完整有机单元。

第四，延续风貌与生活方式。街区更新发展离不开生活的传承，应复苏丰富的街区生活、留存重要的城市风貌，以及使新的建设在塑造特色的同时，更好地满足当下人们的生活需求。

“两万户”改造项目亦如此。作为典型的工人新村，这一地区是目前全市唯一完整的“两万户”街坊，承载着非常重要的城市记忆，其目前的更新方案保留了典型的“两万户”的空间格局（图 1.47，图 1.48），很好地延续了街坊风貌与特色——在新旧更迭演进中，强化识别那些在实践活动中最具特色的、重要的物质环境承载。在中心公共空间的改建中满足功能性、开放性的同时，保留地块内的大树等，以留存原有城市记忆与意象，也为这一地区未来社会网络和生活方式的预留提供了可能。

第五，重点提升公共要素。当大拆大建式的城市开发演变成地理景观的生产和社区高端化的过程，当城市记忆的失落、历史文脉的阻断及城市发展潜能的丧失等连直接的经济利益都难以掩盖，城市建设中的政策法规界定开始更为强势地凸显社会考量与公众利益取向，对公共保障、就业平衡等社会属性日趋关注，针对公共设施与公共功能的建设也不断加强。上海把公共服务完善作为城市更新的重要要求，将公共要素的“补缺”作为适用更新政策的前提，在相关政策中提出需要区域评估，重点完善包含城市功能、公共服务设施、风貌保护、生态环境、慢行系统、开放空间和基础设施城市安全七个公共要素类型。三个案例虽然发展年代、历史风貌保护程度、区位特征等各异，但都明确针对公共要素的多项内容提出具体要求，提出结合慢行活动网络增加公共广场与绿地、合理配置公共服务设施、加强历史风貌保护等。

第六，全区域评估与统筹。过于偏重空间的物质形态与功能安排、制度依据性不强，就无法对多维冲突问题作出有力回答。当前上海城市更新的前提是增加公共要素，公共利益优先，面向社会实际提供有益的政策支撑，且实践中也需要对可开发的部分进行平

图 1.47　“两万户”的建筑空间特色与利用模式

图 1.48　杨浦长白社区 228 街坊“两万户”保护更新方案及效果图

衡与协调——事实上，考虑到建筑量转移所带来的人口、配套设施、交通上的承载力变化，上海市区规划部门对于跨社区的建筑量转移都极为谨慎，尤其与风貌区、重要功能区等相关联的时候[1]。借由区域评估，规划可以更为有效地确定地区更新需求、明确适用更新政策的范围和要求。

本书研究的张家花园和“两万户”改造项目案例，都不同程度地借助全区层面的整体评估、建筑方案比选、规划调整等阶段及手段，在厘清更新控制的核心要素的前提下，在建筑量上进行了全区域的统筹安排。张家花园项目在保持地区整体风貌及确保地铁安全的基础上，街坊内新增商务商业、社区公共服务等建筑面积，使建筑容量在全区范围内平衡。“两万户”项目，明确整体保留 12 栋“两万户”建筑，整体街坊开发规模减半。市区规划部门提出可通过充分论证同意将住宅建筑量转移至其他社区，并对可能带来的人口、设施、交通的变化进行评估，在规划阶段对相关设施予以补足。

第七，积极调动多方参与。十一届三中全会后，我国政府职能开始转变（万勇，2006），市场经济转轨过程中开始着眼市场主体的引入并进行合理引导，并日益增多地强化为市民和社会服务职能。相应地，城市更新实践更加积极地推进市场及产权主体、社会公众的多元参与，以平衡多方利益、促进城市发展的共建共享。上海在今天通过“上下结合”的操作规程，结合区域评估、过程协商，在项目推进过程中依法征求市、区县相关管理部门、不同的利益方和社会公众的意见，并鼓励开发主体、专业人士和公众参与控规编制和项目实施过程。

三个更新案例均涉及控规局部调整，尽管市场开发的需求不同、利益主体不一，但均在公共导向、严守底线的基础上，体现了“自上而下”与“自下而上”相结合的要素协商与平台搭建，并在过程中贯穿了专家征询及公众参与等。其中，“两万户”改造项目，是市区两级政府联动下的主动介入，着眼历史建筑的保护性开发，落实全生命周期管理，并在这一过程中寻求政策支撑，多方参与来共同推进——无论是前期的区域评估过程中，通过座谈、发放问卷等形式对周边居民的需求进行调研，还是多次听取市区两级政府意见，市、区、街道合作召开论坛，进行规划公示，以及众多媒体进行广泛的宣传等。在张家花园项目中，作为既有产权主体的企业，从项目运作开始就参与了发展目标、功能引导等的研究与讨论。上生所改造则综合规划、土地政策，结合具体项目的操作和过程协调，有效调动了存量资源原产权人的积极性。

第八，预留弹性及附加管控。城市更新发展过程中的一些弹性法令工具的使用，为

1　2016 年底出台的《上海市历史风貌成片保护分级分类管理办法》中明确提出：“涉及新增保护及保留历史建筑的街坊，若控规确定容积率因新增保护及保留历史建筑而本地块内无法落实的，可结合城市设计，在一定范围内实施容积率转移，但容积率不得转移至一级保护范围内。”

冲突问题的解决提供了有益的缓冲和调节的作用、预留了发展的弹性空间。美、日、英等国均不同程度具有弹性的法令工具，如开发权转移、计划单元整体开发、特定专用区管制等，以及英国的社区设计指导和日本的建筑规定、地区开发制度等。

上海当前的政策引导和规划编制[1]，在维护公共利益、坚守开发总量红线的前提下，日趋注重引导政策条款、指标设置及管理程序等为发展预留空间；与市场衔接也更加紧密，包括过程中多方参与协调片区发展框架、土地使用、业态设置等重要内容，紧密结合不同的发展机遇点，开展多方案设计比选与研究，并落实于与附加图则的控制要求，诸如公共通道、广场、绿线退界等空间底线控制。张家花园项目即为政府主导进行保护性征收，新增公共设施、文化功能等的前提下，结合项目实施需要，在新一轮规划调整中保留一定比例居住功能，为地区的动态更新预留发展弹性，并在规划中对保护性开发地块，提出空间形态协调、容量和高度控制，以及增加公共空间等方面的附加要求。

新的更新导向及其内在联系

总结来看，张家花园项目的特点与价值集中体现在重视历史文化特色、强调整体保护、统筹多元复合的社会发展需求，以及重视更新过程中的统筹平衡、动态协调；上生所改造项目强调历史建筑的转化利用、整体规划评估，同时结合存量工业用地转型、城市更新等相关政策，促进地区的更新发展；“两万户”改造项目则着眼保护性开发，延续城市特色风貌、留存城市记忆，同时，提升老旧社区的品质，完善配套设施，激发社区活力。其中所共同体现出的朝向冲突应对的城市功能、形态和结构本土整合的策略应答与安排，以及对于实践运作过程中所表现出的主要特征、内在联系、变革导向的分析，本质上可以启发一种结合规划设计实践建构的旧区更新机制思考。

与此同时，尽管上海在旧城改造与实施建设方面已列于全国前端，但不可否认还存在需要改善及加强的地方，未来上海还亟须在保护更新的方式和机制、激励及扶持政策等方面进一步探索，以更加有针对性地研究强化本土发展转变，提高对生活质量、公共利益考量的权重，促进对城市历史积淀和文化价值的发掘，制定更加合理有效、有利社会公平的行动规则，在城市变革与转型发展中促进实现持续的文化积累与创新朝向更趋可持续的保护更新发展。

---

1 2008年《城乡规划法》颁布实施，2011年开始，上海建立了“四位一体”（法规、标准、规程、规范）的控规编制管理体系，同时确立了重点地区城市设计制度，提出进行附加图则管控等精细化的管理建设保障，目前上海中心城的控规已基本达到全覆盖。

表 1.7 上海城市更新实践策略冲突应对的预设评价

主要的冲突方面		张家花园	上生所改造	“两万户”改造
维度	内容	1，2，3，4，5，6，7，8	2，3，4，5，7，8	2，3，4，5，6，7
新旧冲突	城市年轮的断裂	√	√	√
	空间的极化生产	√	√	–
	场所社会性的遗失	√	√	√
	公共空间的“失落”	√	√	√
公私冲突	公权的扩张与滥用	√	√	√
	公私关系的失衡	√	√	√
	“空间正义”的缺失	√	√	√
	住房保障及公共服务不健全	√	√	√
全球与本土碰撞	空间极度“资本化”	√	√	–
	城市空间趋于同质	√	√	√
	重大事件的触媒效应	√	–	–
	全球化视域下的治理模式变革	√	√	√

表中策略项为：1. 历史遗产成片保护；2. 历史建筑转化利用；3. 功能业态的复合多元；4. 延续风貌与生活方式；5. 重点提升公共要素；6. 全区域评估与统筹；7. 积极调动多方参与；8. 预留弹性及附加管控。

Emma 2019.8.1

第二部分
滨水复兴

“城市的发展与生长是一个渐进的过程。当城市临水而筑、因水而生，孕育文化、营造繁华，滨水区得以成为人们所关注的焦点，并从城市肌理中强调了出来，构成视觉精彩、活力迸发的城市组成部分，也构成城市设计与城市更新的重要内容。当前的城市滨水区往往由大量已建成区域构成，因此其更新发展更强调与已有空间关系、风貌特色的协调，以渐进的、多元融合的方式来延续滨水区文脉、塑造特色空间、落实项目实施——苏州河、黄浦江两岸地区的发展复兴都凸显了这一点。”

美丽的桥
2019.8.11 Emma

功能·空间·环境：城市滨水区案例

城市滨水区的价值与更新思路要点

城市的滨水区，与街道、广场、公园及主要的公共建筑物一起，往往构成一个城市精彩的、吸引人的重要组成部分，关系到城市风貌、门户功能、生态发展等多个重要方面，见证着经济的发展机遇与科技的变革，承载着实现多种交通功能模式、城市的发展、开放的用地、海岸线的稳定及公众的参与等多重目标（城市土地研究学会，2007）。因此，今天的滨水区越来越在城市发展中占有主导的地位，依托在城市发展战略与机遇过程中其自身所表现出的独特价值、弹性和适应能力，促成更科学合理地配置资源、建立秩序、营造氛围，进而带动周边地区的发展，促进形成城市新的特色，提升城市竞争力。

滨水区的重建或更新，从根本上，在于探寻城市重建的推动力，或是滨水区存在的目的和理由。从功能的角度，美国学者安·布里和迪克·里贝（Ann Breen & Dick Rigby，1996）把城市滨水区开发从用途上归纳为商贸、娱乐休闲、文化教育与环境、历史、居住和工交港口设施六大类。干哲新（1998）将城市滨水区建设划分为开发、保护和再开发三种类型。张庭伟等（2002）则按照与滨水区相连的城市土地使用功能区的不同，将滨水区划分为以下六种类型：与市中心区相连的多功能滨水区、旧工业区改建的滨水区、与居住区相连的滨水区、新开发的滨水区、旅游休憩的滨水区、生态保护性的滨水区（图 2.1）。

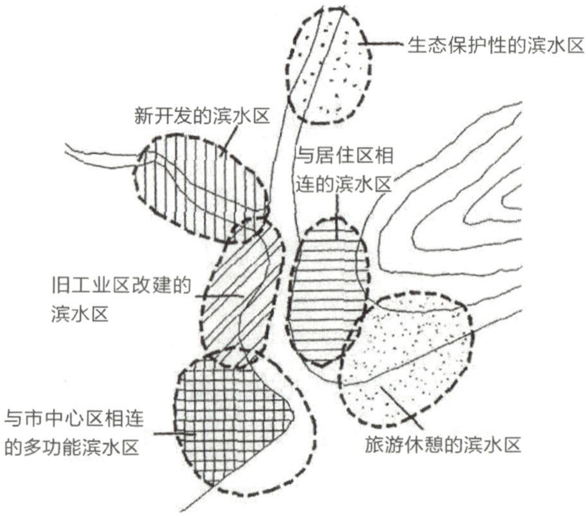

图 2.1　滨水地区的分类

结合世界上好的滨水区的重建和发展类型来看，商业、文化、休闲、娱乐功能等，都可以对一个滨水区的构建产生很好的支撑。例如，巴尔的摩市因城市开发，创造出节日市场这一形式，以特别的消费环境吸引游客；法兰克福的莱茵河畔，分布着精美的河滨公园、林荫道、铁桥、跳蚤市场等，博物馆成群，景色秀丽，赋予了这座城市独特的魅力（图 2.2）；巴黎的塞纳河和城市互相依存，两岸分布着难以计数的巴黎城市文化遗产，这些文化遗产与绿地、河流、慢行融为一体（图 2.3）；利物浦码头区以文化休闲设施的建设为先导，形成了利物浦市的一个文化时尚活动中心（图 2.4）；伦敦码头区的改建则以“再建一个 CBD、分解中心城 CBD 的压力为目标，同时体现出对公共空间的尊重”（孙施文等，2004）（图 2.5）；莫斯科借由城市中心空旷区域改建后的景观公园，并为城市创造了由美术馆、博物馆、雕塑、波浪长椅、喷泉、人行道和自行车道等构成完美的公共活动场所和艺术景观，全年为市民提供服务，吸引了大量人流，为城市创造了新的活力（图 2.6）；等等。

图 2.2　法兰克福城市中心莱茵河畔

图 2.3　巴黎塞纳河畔的历史建筑和艺术设施

图 2.4　利物浦河畔历史与现代交融的文化时尚中心

图 2.5　伦敦码头区高密度建设下的滨水空间利用

图 2.6　莫斯科城市中心滨水景观公园及其丰富的文化、休闲、活动设施与场所

本书中重点介绍伦敦、芝加哥的滨水区更新案例，同时涉及新加坡、丹麦、德国的滨水区更新，这些案例提供了如何借由先进的规划设计举措，来促进形成好的、富有活力的滨水区建设的思路：其一，独特价值的发掘。在新旧协调的过程中，体现地区特征的城市要素应得到谨慎分析，以尊重城市历史发展轨迹，并为未来的建构提供基石。其二，理念与特色营造。滨水区必须具有活力和吸引力，这可以通过良好的定位、具有吸引力的建设项目、增加滨水公共空间、维护本土生活格局等举措来促成。其三，弹性和适应能力。无论是通过总体架构和微观布局、着眼外部环境和内部功能构成，应使得滨水区的建构具有更好地应对变化的形势与可能。其四，资源的辐射带动。在更大的空间范围内调配城市发展资源，有效发挥滨水区的资源优势，使其更多地为公众所使用，促进城市发展目标的落实，并催生新的发展机遇（表 2.1）。

伦敦泰晤士河战略及其特色滨水区建设

泰晤士河是伦敦的母亲河，伦敦的发展基于泰晤士河，并把泰晤士河作为城市关注的重心，在城市发展过程中十分重视两岸的均衡发展，借由特色的公共空间设计及城市片区的特别构建，形成了一系列重要的城市生活场所。1994 年，伦敦市政府委托欧亚那事务所进行泰晤士河战略的研究，承担泰晤士河的详细分析、准备总体设计原则等任务，并推荐规划条例草案，以促进泰晤士河沿岸高质量的设计及园林绿化。欧亚那以一种实践的方式，将城市设计的一些理论化概念整合在一起。具体的分析包括泰晤士河沿岸的建设历史、开发决策、河流管理及规划文脉，为改进泰晤士河沿岸 48 km 环境而提出一系列建议，包括应该给予清晰视觉标注的节点（图 2.7，图 2.8）。

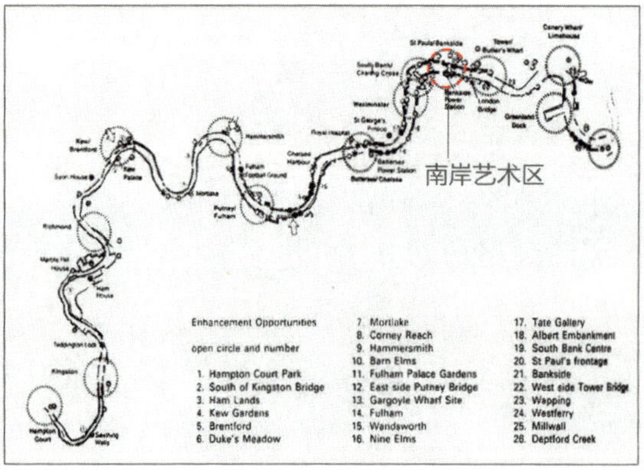

欧亚那事务所的泰晤士河战略

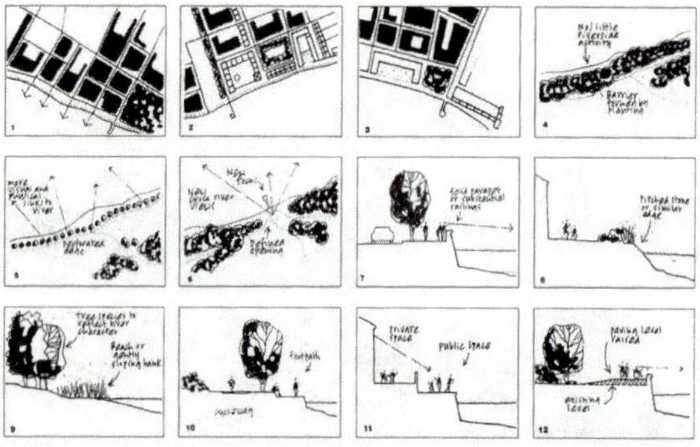

1.渗透性的布局；2.创造一种和河流的积极关系；3.加强河流边界的形式；4.篱笆式的栽植；5.打孔式的边界；6.活动性的点；7.城市区域的石质墙；8.碎石水体边界；9.自然边界处理手法；10.自行车和步行路线的排列；11.公共与私有空间的分隔；12.为观景而抬高的散步道

泰晤士河战略中的详细设计概念

图 2.7　英国泰晤士河战略

表 2.1 国内外主要城市滨水区更新发展的冲突应对举措

滨水地区		冲突境遇	冲突应对举措
法国	巴黎塞纳河左岸地区	工业化时代结束带来左岸地区的衰败，仓库、码头和厂房逐渐被弃置	1990 年开始整体改造建设，促进形成文化、教育、办公、居住等多功能融合的、富有新引力和活力的综合片区，使失去土地效用的城市空间重新得到充分利用，并保护城市历史景观、鼓励休闲亲水活动，也构成了巴黎城市中心的一次新的扩展
英国	伦敦泰晤士河地区	20 世纪 80 年代，随着滨水地区产业活动的衰落，经济活力开始下降，存在公共服务设施不足、地区形象差、部分居住及娱乐设施破旧等问题	政府最终决定实行以市场为主导的革新性策略来促进该地区的经济发展。1981 年，成立了伦敦港口区发展公司；20 世纪 80 年代末，开始在原废弃的泰晤士河港区基地上建设的全新的国际中央商务区。1995 年，随着伦敦河岸电厂改造为泰特现代馆，伦敦开始实施以社区为主体的合作计划，通过历史建筑保护、绿地及开放空间整治、街景美化等，利用废旧港口码头和古老仓库改造形成新兴的文化旅游区，也使南岸艺术区成为了今天世界上最大的艺术中心所在地
美国	芝加哥河	19 世纪末 20 世纪初，工业的发展在增强经济的同时，使芝加哥滨水地区的城市环境日益恶化，城市发展动力不足	1909 年完成的“芝加哥规划”，对芝加哥滨水区整治改造提出了很好的主张，对芝加哥湖滨地区发展与保护的公共决策起到了重要作用。之后，芝加哥市政府又制定了一系列保障湖滨地区开发与建设的政策措施。1974 年的“芝加哥河沿岸地区规划”则一直未有实际的实施计划来进一步开发。直到 1990 年，市政府推出了“芝加哥河两岸城市设计大纲”规范了芝加哥和两岸的规划与开发，一系列公共空间得到规划与开发，才使芝加哥河逐渐开发成为城市的“橱窗”，城市的生活和工作环境得以不断改善，促进了经济的增长
新加坡	新加坡河地区	由于过度的河道使用及船业泛滥，至 20 世纪 70 年代，新加坡河被严重污染，河岸衰败不堪	1992 年开始，新加坡重建局开始新加坡河滨步道修建工程；1994 年，进一步颁布《新加坡河开发控制性详细规划》，制定了城市更新的策略和方法。如今两岸滨水步道已完全贯通，保留建筑根据规模不同而改造成为餐厅、咖啡厅、酒吧、音乐厅、艺术家工作室等，强化河道的公共活动性及活力；对未开发的空地也进行整体规划，主要用于公园、停车场、露天餐饮和展览馆等的建设。至 1996 年，沿岸已建设成为新加坡中心最重要的旅游景点及文化中心
丹麦	哥本哈根滨水区	随着空运、铁路和公路等交通运输的发展，导致海港码头运输贸易从繁华转向衰败，滨水空间面临转型	20 世纪 80 年代末，哥本哈根政府对海港滨水区的土地综合利用、交通模式、停车场地、开敞空间和活动场地设施进行了整体规划，并由政府联合城市规划、城市设计、道路设计等部门结合投资方、地产商和施工单位一起从设计、投资到施工统一完成，避免重复建设；滨水空间设计中强调尊重城市文脉、历史建筑和当地人的生活习惯，使其逐渐演变成市民休闲空间。哥本哈根政府从 20 世纪 90 年代开始对海港实施减少水体污染和洪水防治的水质改善计划
德国	柏林施普雷河两岸	在两德重新统一以后，大量用地闲置，而施普雷河有景观价值和吸引力的空间，也与繁忙的公路交通、封闭的沿河区域等出现了矛盾	著名的博物馆岛布局于施普雷河畔，滨河地区的文化创意功能集聚和企业分布也在不断增加；两岸布置大量的开放空间和公共活动场地，构成热门的水上及水岸游览区域。2013 年，米特区市政规划颁布了《施普雷河畔散步道可行性研究》，将滨河区纳入了政府统一规划设计。然而，目前滨水地区仍然在一定程度上存在缺乏公共、餐饮和文化设施等问题，可达性和步行的可通过性尚显不足

图 2.8　伦敦泰晤士河鸟瞰图

伦敦南岸艺术区构成泰晤士河战略的重要一环，具有典型的借鉴意义。这一区域占地约 11 hm^2，位于泰晤士河岸黑修士桥到威斯敏斯特桥之间的南岸地区，历史文化要素集聚，艺术人文荟萃，拥有高质量建筑、桥梁及其他建筑物，形成了重要的开放空间区域和高品质的娱乐、休闲、旅游的场所[1]，适宜休闲、漫步、娱乐等，并将泰晤士河两岸紧密地连接在一起，每年都吸引着数以万计的游客和观众到此（图 2.9）。

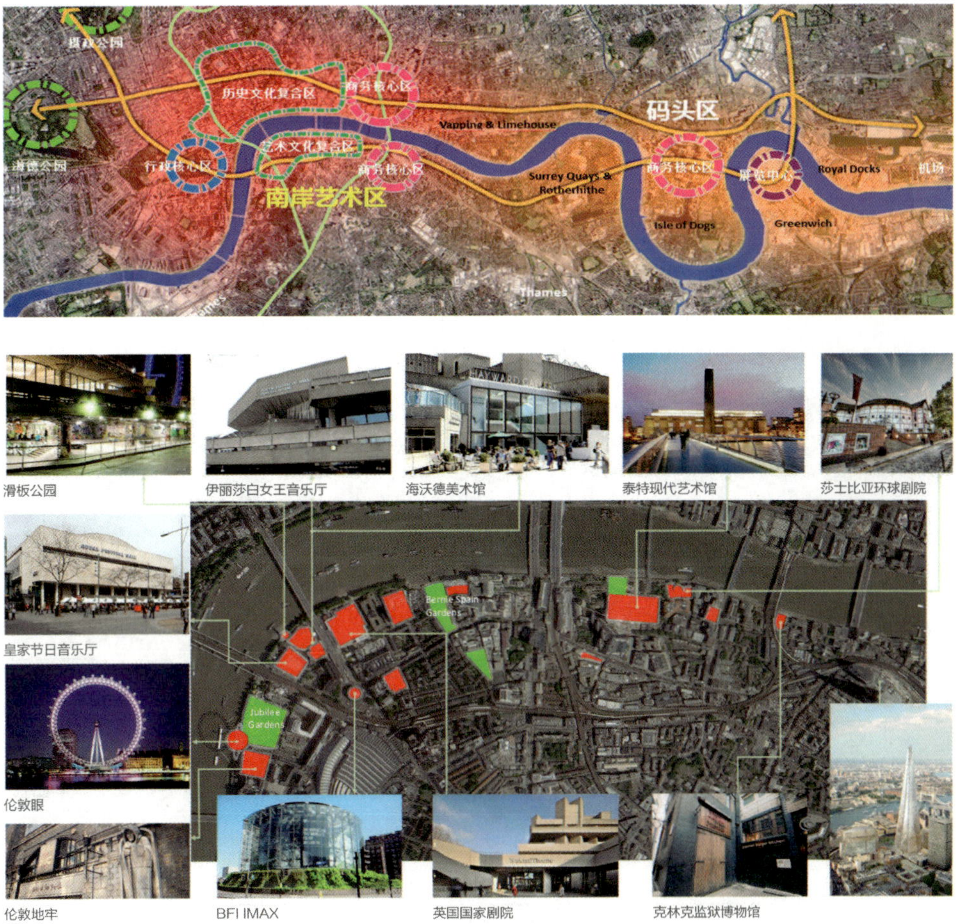

图 2.9　南岸艺术区区位及沿岸历史建筑的分布

1 1995 年，伦敦河岸电厂改造为泰特现代馆。1997 年，新的莎士比亚环球剧场在原环球剧场附近不远处重建。1999 年，“伦敦眼”开幕，“千禧桥”落成。2000 年，达利作品纪念馆开放。2007 年，皇家节日音乐厅经历大修之后，重新对外开放；“海沃德”更名为“海沃德画廊”。2012 年，碎片大厦建成；拥有皇家国家剧院、英国电影协会、Saison 诗歌图书馆，等等。

这一地区借由泰特博物馆这样的老工业建筑的成功改造，提升了整个滨水区的活力，并带动了地区经济的复兴；借由空间后退、滨河道路抬高、设置观景平台等，形成亲水、开敞的滨水空间；形成了与轨交站点无缝衔接的慢行网络，人们可以舒适地通过步行或其他各种交通工具，到达这一区域、感受水滨的魅力；一系列新的公共空间将公共建筑、广场、地铁站等联系起来，突出了城市与滨水的连接，并结合体验式的商业、娱乐、休闲空间的打造，游船、赛事、展览、艺术活动的举办等，吸引人们来此驻足和交往。尤其，重视公共空间的场所性、艺术性、生态性及慢行空间的环境景观。往往利用历史建筑、文化地标强化场所精神，增强场所驻留性；参与性的艺术空间，则彰显了人文内涵；本土植被的种植、渗水铺装等，增加了生态性（图 2.10）。

图 2.10　南岸艺术区好的公共建筑与公共空间、良好的慢行联系

芝加哥河滨河步道计划：实现多元利益

芝加哥河可以说见证了芝加哥城市发展的繁荣、衰落与崛起，全长约 66 km，宽约 60 m，分为南支流、北支流和流经城市中心区的主支流（图 2.11）。19 世纪末 20 世纪初，芝加哥已发展成为美国最大的钢铁中心、制造业基地，但同时工业的发展也使得芝加哥滨水地区的城市环境日益恶化。伯纳（D. Burnham）于 1909 年完成著名的“芝加哥规划”，并对芝加哥滨水区整治改造提出了很好的主张，对芝加哥湖滨地区发展与保护的公共决策起到了重要作用。

图 2.11　芝加哥河的结构与中心区域鸟瞰图

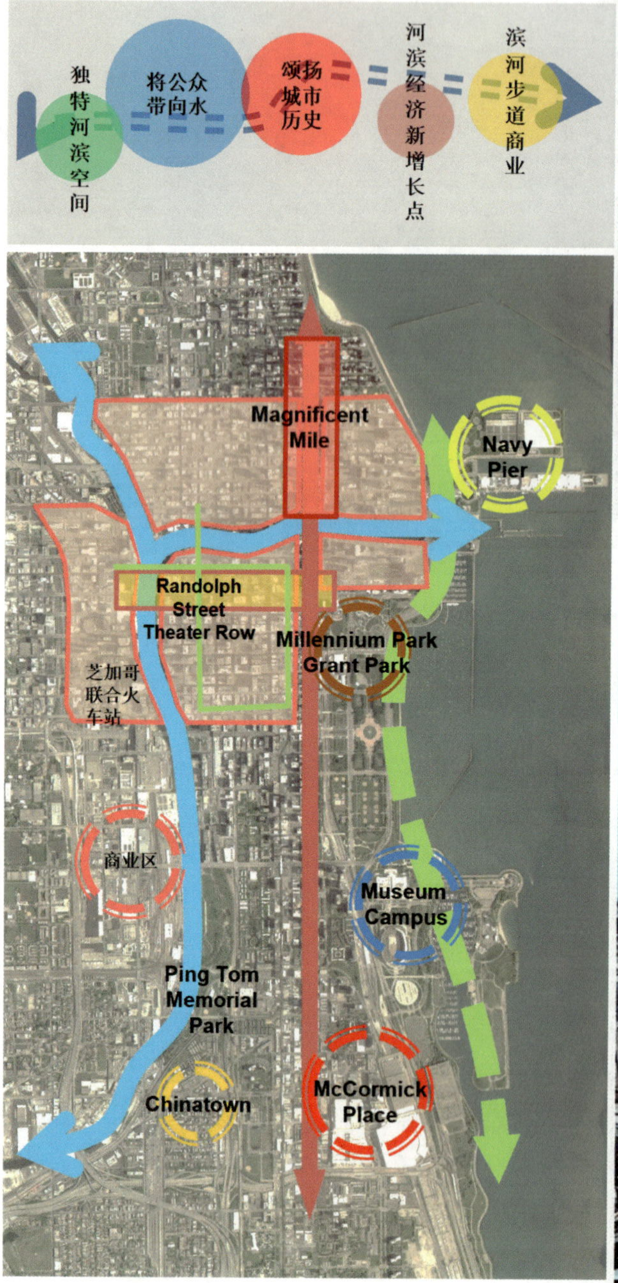

UBS

之后，芝加哥市政府又制定了一系列保障湖滨地区开发与建设的政策措施。然而，由于芝加哥湖滨地区的突出地位，河道作为城市公共空间的作用却被忽视了。1974 年的“芝加哥河沿岸地区规划”，虽然描绘芝加哥河两岸的秀丽景色，但一直未有实际的实施计划来进一步开发。

20 世纪中期，面对城市经济衰退，工业发展带来的水质恶化、生态破坏等，芝加哥河进行了河道整治、工业遗留改造，以改善水质、优化生态环境、提升开放空间可达性和公共性。1990 年，芝加哥市政府推出了“芝加哥河两岸城市设计大纲”规范了芝加哥河两岸的规划与开发，芝加哥河两岸的一系列公共空间得到规划与开发，才使芝加哥河逐渐开发成为城市的“橱窗”。“大纲”涉及芝加哥河流经市中心的 9.6km 的滨水区，是芝加哥市政府、市规划委员会及市民团体之间成功合作的成果结晶，并与已经实施的《芝加哥区划法》协同作用。其中详细规定了“必须”“推荐”的相关内容条款。“必须”的内容包括建筑后退距离、向河道的开口大小、应受到鼓励和不鼓励的功能清单等。“推荐”的内容条款中包括沿河建筑的体量、推荐的滨河界面处理方式、景观建设等。

进入 21 世纪，河流所扮演的角色随着城市功能的多元再次转换，芝加哥积极推进滨河步道计划，芝加哥河成为展示城市特色的橱窗、重要的城市生活场所，重拾城市生态与休闲效益。如今，芝加哥已形成一系列的管理机构、规划与法规大纲及实施办法，以管理和开发城市的公共空间，尤其是湖湾地区及芝加哥河两岸的公共空间，以维持和不断改善城市的生活和工作环境，促进经济的增长。

芝加哥滨河步道，位于芝加哥市中心、商业核心区，起始于芝加哥河南北分流会合处、密歇根湖前，总长约为 2 km 的河道范围内。区域拥有著名旅游景点和地标建筑，交通便利，两侧多为高层商务办公，4 km 范围内有地铁、火车站和高速公路入口。2001 年由芝加哥运输部主导建设，作为威克大道（Wacker Drive）重建项目的延伸；2012 年，设计团队对滨河步道景观进行了重新设计，旨在提升河滨空间的休闲性与生态性，营造开放共享的城市公共亲水空间，为公众提供了新的城市生活场所；在威克大道滨河步道的基础上，打造独立连续步行系统，贯穿城市中心区，串联芝加哥河滨河绿地与密歇根湖湖滨绿带。

这一区域被划分成四个不同的功能区：生态的河道汇流区、功能多元的拱廊区、承载公共活动的市民区、活力的市场区（图 2.12）。威克大道作为重要的构成部分，形成了上下两层步行系统，上层的观景平台，下层的滨河步道。威克大道高度约 6.4 m，作为餐饮、零售等商业空间。下层既有步道向河内扩建，将堤岸式滨水空间改成互动性更强的亲水空间。既有步道与扩建宽度之间通过坡道、台阶的设计协调河流每年将近 2.1 m 垂直高度的洪水流量与亲水关系。

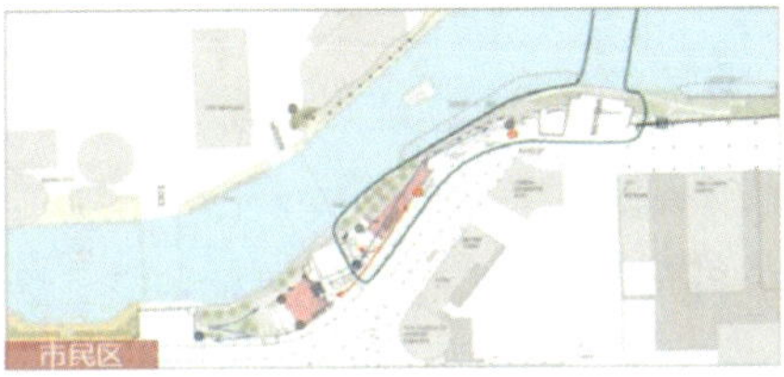

汇聚众多码头和地标建筑群，是游客和旅行者活动的汇集点

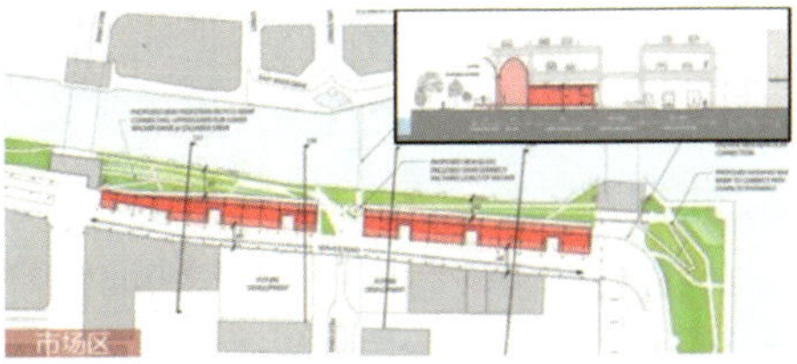

结合东临密歇根湖的优美风景，涵盖了大量滨河商业综合体，以办公区和著名的超豪华居住社区为主

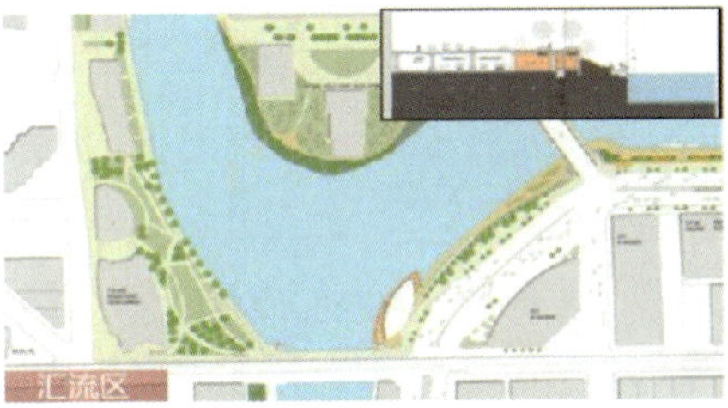

酒店、会议中心、公园等公共功能和城市活动的汇集点

沿河岸拱廊密布咖啡、餐厅和购物功能

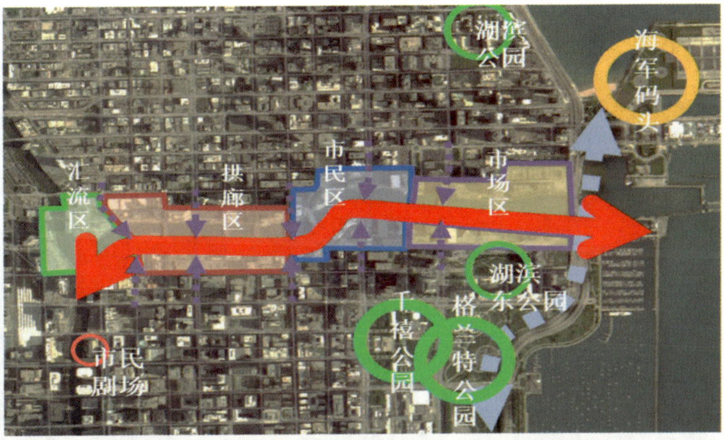

图 2.12　上下分层设计的芝加哥河河岸

在用地和空间、既有建设限制的情况下，威克大道为芝加哥提供了城市中心的开放滨河空间，增强了芝加哥河河滨地带的可达性，形成了连续活跃的滨河步道和商业界面，两岸餐饮、零售、跑步、休闲、皮划艇、娱乐等功能复合；滨河步道串联起芝加哥城市文化的代表桥及桥屋，桥和桥梁作为工业遗存，彰显了城市的时代特征（图 2.13）。城市未来还将在汇流区构建浮岛湿地河流生态系统，打造具有教育意义和休闲意义的空间，净化饮用水，并提供生态栖息地。

图 2.13 芝加哥河主流拱廊区、市民区的滨水景观、艺术雕塑等

聚焦三个维度的设计建构：功能 · 空间 · 环境

伦敦、芝加哥、巴黎等都是具有世界上备受瞩目、特色活力的滨水区的城市，既为我们展现出一个世界级滨水区应当具有的共同特质，也型塑着借由先进的规划设计举措，使城市激发活力、焕发魅力、振兴繁华的模式。结合上述国际上好的滨水区的建设经验，以下三个维度的建构在此凸显出来（表 2.2）。

首先，在功能上，滨水区往往是与城市发展格局密切关联的，并在发展过程中注重导入新的功能和活力元素。两岸往往设置众多的文化与公共设施，强调市民性、公共性，功能多元混合，地区活力彰显。

其次，在空间上，两岸地带往往构成城市的核心空间，重视历史建筑、工业遗迹的保存、改造与利用，岸线亲水多样，慢行交通便捷，公共活动路径联结重要的历史建筑和空间场所。

最后，在环境方面，则更加注重从城市固有的空间结构和所处的建筑环境出发，营造多样性的环境，注重公共空间的场所性与体验性，提升艺术文化氛围，并重视生态环境保护和低碳设计。

表 2.2　三个维度的设计建构原则：结合上海滨水地区构建的启示

维　度	设计原则
功能	• 融入城市发展格局 • 采用合适的机会来加强或导入新的发展和合适的功能 • 顺应当地的文化传统，以文化休闲设施的建设为先导 • 两岸文化与公共设施众多，强调市民性、公共性 • 多元功能混合，促进地区活力
空间	• 两岸地带是城市的核心空间 • 多样性的亲水岸线和良好的可达性 • 重视历史建筑、工业遗迹的保存、改造与利用 • 连续的公共活动系统，连结重要的历史建筑和空间场所 • 限制小汽车，鼓励自行车和步行等慢行交通
环境	• 保护和提高自然和人造环境资产 • 注重公共空间的场所性与体验性，提升艺术文化氛围 • 重视生态环境保护和低碳设计 • 提升当地社区的宜居性

苏州河一河两岸地区城市设计

苏州河一河两岸地区更新发展背景

当城市不断拓展蔓延，或者行政区划的调整，空间尺度、城市功能、腹地关系等不断发生着变化，边缘地带的水体也会成为新的建构中心，激发被低效利用的，甚至失落的空间，由此带动城市一个区域，甚至整体结构的重塑。苏州河一河两岸地区正是如此。苏州河作为上海的标志性河流，与城市的发展相生相系，见证着城市历史发展进程，也承载着区域更新的未来可能。当苏州河一河两岸地区（图 2.14）自 2015 年年底以来的空间发展转变可能——体现为政府主导下[1]的区域功能整体布局、资源统筹配置，以协同产业，提升能级，促进优势互补，增强发展后劲，正是当前中国城市政治经济发展路径在物质空间中的现实投影，将公共资源价值与社会发展需求紧密关联，试图激起更趋创新的区域更新发展及城市设计的实践形式，来朝向城市问题消解与活力激发转变。

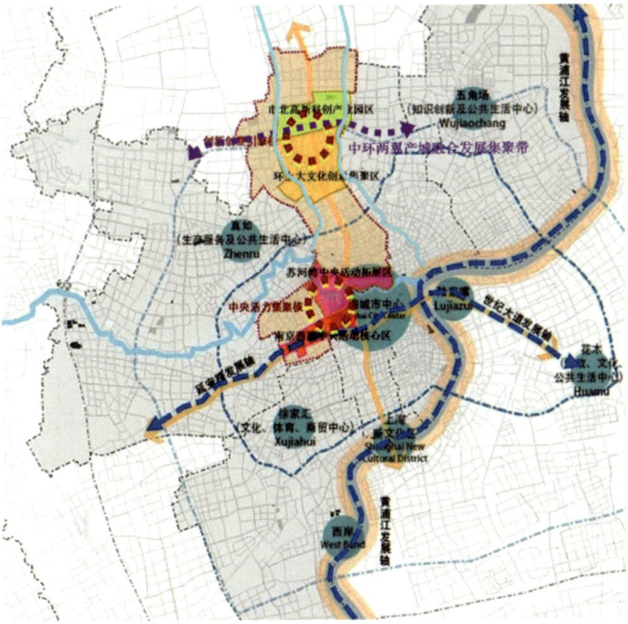

图 2.14　苏州河一河两岸地区区位

1 行政区划适时调整，是适应城市持续健康发展的需要。改革开放以来，上海行政区划经历多次调整。为进一步优化城市布局，使行政区划更好适应城市发展和上海城市总体规划的要求，更好地提升城市功能，促进区域协调可持续发展，上海市委、市政府决定实施闸北、静安两区行政区划调整。2015 年 10 月，国务院给予正式批复。

2015年11月，上海市新静安区成立，原苏州河沿线地区[1]从边缘走向中心，也构成新静安区“一轴三带”空间结构中的重要组成，被寄予为上海中心城区“新地标”的期望。尽管这一地区的发展在当前面临商务能级不足、文化缺乏国际影响力、整体风貌不佳、历史延承不够彰显、两岸联系薄弱、滨水岸线封闭、空间场所缺乏、人文内涵不足等问题，但“撤二建一”后已体现出明显的地区发展价值转换：其一，在发展能级方面，贴近“陆家嘴—外滩”核心CBD、毗邻南西高端商务区和铁路客站门户，具有良好的商务发展前景；其二，在滨水资源方面，新静安区具有了双岸资源，两岸缝合发展有利于资源统筹、协调，也可以吸引更多的人来此活动；其三，两岸合力下的历史人文底蕴更显深厚，具有红色文化、水的文化、桥的文化等，这些都激发了当前以人文价值为引领的城市更新。

一河两岸地区城市设计的行动格局

一河两岸地区城市设计研究工作从新静安区成立之初就同步大力开展，面向这一地区发展中最为突出的问题，强调依托苏州河黄金岸线、整合两岸资源、深化历史文化特色等核心要点（图2.15）。2016年3月，一河两岸地区国际方案征集工作紧接着启动。在静安区规土局积极组织下，遴选美国SASAKI、英国BDP、法国IFADUR三家设计团队参加（表2.3），并邀请了由知名专家组成的顾问团队进行方案评审，成果汇总和规划深化工作亦随后展开。

可以说，一河两岸地区构成上海中央活动区的组成部分、东西向的重要廊道；作为静安区人文休闲创意集聚发展带，构成城市活力再生的关键地带，也是苏州河核心滨水区。总的来看，结合一河两岸地区在城市中的地位及资源特色，借助具体化的设计策略，一年多以来的城市设计实践运作，从始至终都紧紧把握苏州河历史文化之旅的打造，力求促进商务、商业、娱乐、观光、休闲、运动等各种功能交织，滨河与腹地的联动，打造开放、亲水、人文、活力的全天候滨河公共中心，形成滨水活动中枢；促进在苏州河南北两岸形成交互对话和有机串联的高能级文化产业群落，塑造具有标志性的文化艺术设施和开放空间，打造上海的文化艺术地标；6.3 km连续贯通的历史人文滨河休闲带，形成连续的公共活动系统，加强慢行网络的建设，促进亲水近水、活力共享，建设市民休闲地带（图2.16）。

---

1 规划范围为西至江宁路、南至北京西路、北至交通路，总用地面积约440 hm^2。其中，天目路以南的滨河区域总用地面积为356 hm^2，天目路以北的铁路区域总用地面积为84 hm^2。静安区内的苏州河北岸岸线长4.7 km，南岸岸线长1.6 km。

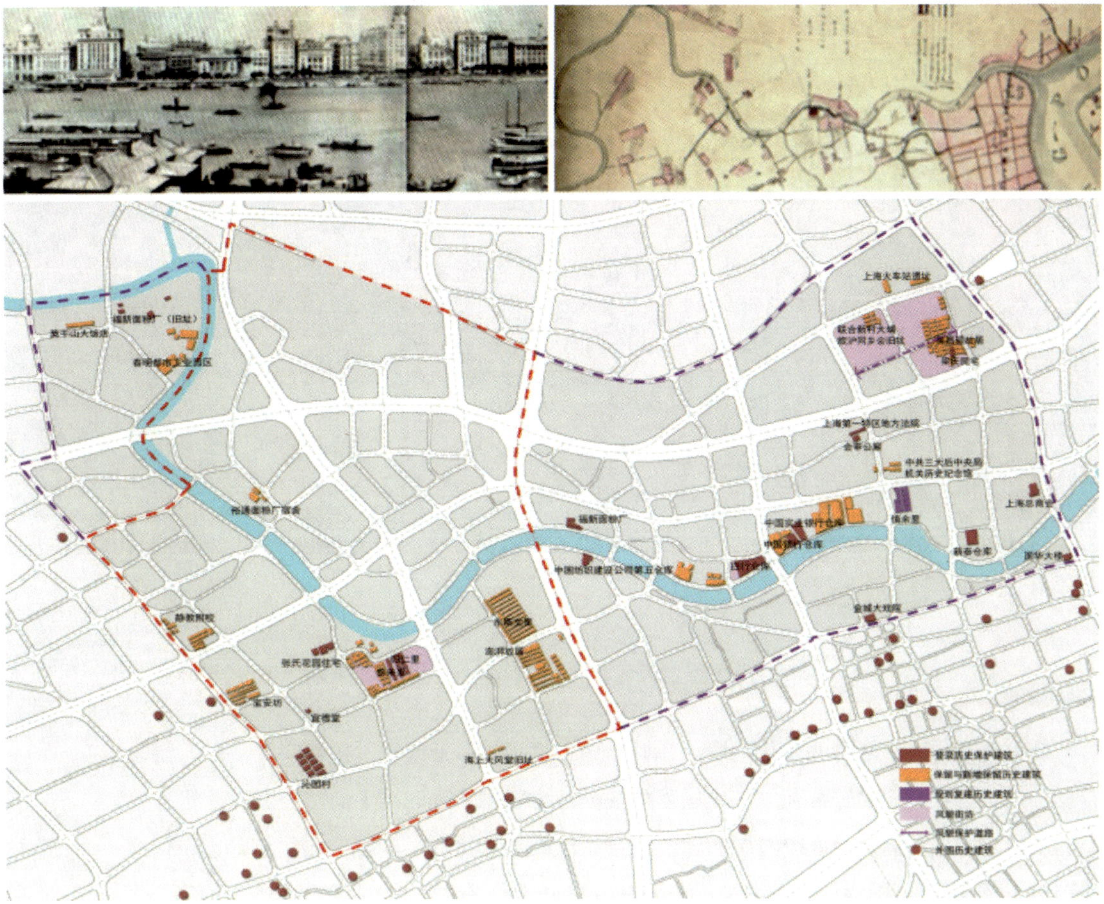

图 2.15　苏州河历史图片和一河两岸地区的历史建筑分布

表 2.3　一河两岸地区国际征集方案及要点

	SASAKI	BDP	IFADUR
定位 功能 空间 环境	• 定位为充满活力的城市文化轴，强调彰显上海历史，建设全新的滨水活力区 • 充分利用滨河空间进行功能业态布局，策划多样的室内外活动，打造具有吸引力的目的地 • 打造连贯的慢行步道系统，串接跨越南北两岸的文化和商业节点；提供连续慢跑道，并促进公交可达 • 重点处理人行与景观的相互关系，创造休闲和生态走廊体系	• 上海市中心独一无二的公共滨水活力中枢，上海的人文新地标 • 以苏州河为媒介，延伸沿岸腹地的价值 • 强调功能复合，打造多样化的活力场所 • 突出文化特色，形成 7 个文化活动节点，提升地区文化艺术氛围 • 彭越浦“呼吸走廊”串接九个活动广场和公园	• 苏州河是城市“面对面的交汇空间”，是上海独特的身份识别性标志 • “慢堤苏河，九场静安”：通过连续通达的 4.5 m 车行道、2.5 m 步行道和宽度变化的自行车道，建立文化、休闲和娱乐活动功能为主的“苏河慢堤”；慢堤两侧界定出大小不一的 9 个城市广场 • 通过岸线和沿岸立面改造汇聚苏州河的吸引力

图 2.16　一河两岸地区的城市设计建构图景

一河两岸地区的城市设计举措：结合三个维度

功能维度：滨水活力的多元激发。在城市更新过程中，延续或发掘富有特色的、留存城市记忆的空间，对于今天城市化进程加快伴随全球化浪潮洗礼下的城市发展，格外具有价值与启迪。面对大城市发展的困境，芬兰建筑师伊利尔·沙里宁很早就提出“有机疏散”理论[1]，试图通过重新建立“日常生活的功能性集中点”，调整城市结构关系，以“外科手术”剔除城市的衰败成分，使其恢复最适宜的用途，保护城市老的、新的使用价值的构想，是一种极为冷静和理智的发展策略。从世界范围来看，在进入后工业化时期后，很多国际上的发达城市面临一个城市功能的转化过程。例如，巴塞罗那沿地中海的滨水区曾被大量工业厂房和铁路设施占据，其后则是借助 1992 年夏季奥运会举办的契机得以重新开发[2]……虽然我们不能单纯依靠某一形态或模式来达成提高效率、空间发展转变及实现美好生活的整合性目标，但城市更新发展过程中好的功能与价值激发，可以说构成了应对当前诸多冲突问题的良好途径。

首先，在一河两岸的转变发展格局中，新形势下的核心滨水空间地位被凸显出来，

1　这一思想最早出现在 1913 年的爱沙尼亚的塔林市和 1918 年的芬兰大赫尔辛基规划方案中，而整个理论体系及原理集中在沙里宁 1943 年出版的巨著《城市：它的发展、衰败与未来》中。

2　1999 年，“对角线大道”延伸至海边，巴塞罗那有史以来最大规模的空间开发由此开始，并在 2001 年终于实现了把对角线大道延伸至海滨的长期规划，而这一超大型工程也成为激发城市复苏和城市更新的催化剂。

强调提高滨水区中心度，形成滨河的公共活动中心，并积极引导公共功能在滨水第一界面集聚——城市设计结合有条件建设的地块，通过功能置换和环境优化，活化岸线功能，保证滨水建筑底层以文化、餐饮、休闲等公共功能为主，增强滨水岸线公共功能集聚度，预计新增公共开放岸线 3.75 km，规划后公共开放岸线的比例从 20% 提升至 60%（图 2.17）。

其次，一河两岸地区城市设计强调混合功能发展模式（图 2.18），以关联生活的多样性、优化城市的基本网络，有利于综合应对文化培育和空间塑造，以及创建多样化的经济实体和提供多层次的就业发展机会。

再次，引入具有影响力的特色功能，如注入文化休闲旅游功能及引入高能级现代服务业。

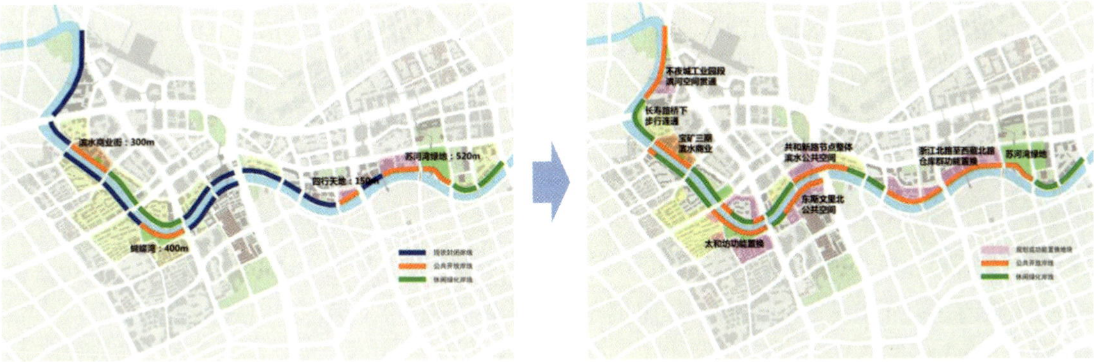

图 2.17 引导公共功能在滨水第一界面集聚

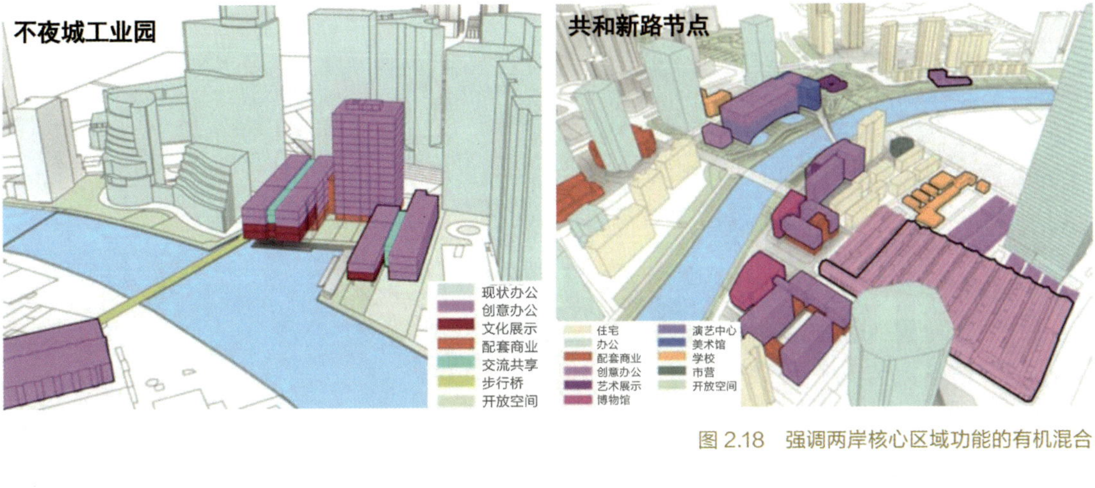

图 2.18 强调两岸核心区域功能的有机混合

空间维度：文化延承的脉络建构。城市中心除了满足市场活动、强化公共功能、集聚资本和人气之外，还应该具有如下特质：同时满足精神和心理上的需要，构成城市标志性的地区，并创造具有强烈城市性格与气氛的、活跃市民社会活动的场所；应体现对于城市原有格局与肌理的尊重，促进土地使用的多样性与互相支持、空间安排的紧凑及步行系统的完善等。

目前阶段，一河两岸地区城市设计与开发建构仍在完善与发展中，但其朝向城市历史遗存保护、优化城市土地利用格局方向转变；突出文化特征，力求形成标志性的开放空间与文化建筑（图 2.19)——可以借由开发项目的带动、激发，形成城市名牌，达成催化效应；强化以滨水步行化为导向的交通组织，组织单行道和步行区，释放滨水空间，强化慢行与公共功能、轨交站点的连接（图 2.20）；建立安全、舒适的两岸慢行连接；加强天际线和建筑高度、滨水界面和开放空间的控制等空间建构举措，则恰恰代表了上海已经转型发展、跻身世界，同时保有自身风貌特色、探索历史文化延承的重要策略。

环境维度：开放共享的场所营造。城市滨水区作为城市独特的环境与资源，构成了城市空间结构的重要组成部分（孙施文等，2004）。2002 年，苏州河两岸建成滨河绿地 10 万 m^2，大大改善了河流水质和环境面貌，从此之后，苏州河的整治改造也与上海整体的环境保护战略紧密地结合在一起，并借由历史延展性不断治理环境、转换功能、形塑生活，在今天发展成为集观光、休闲、文化、商贸等于一体的两岸生活空间，也极具代表性地描绘出滨水空间再构与环境整治对城市转型发展的现实影响。据研究，国外一些发达国家的城市滨水区，地产价值可以达到非滨水地区的 6 倍；滨水空间的价值发掘似乎永无止境。

图 2.19　一河两岸地区文化建筑和开放空间示意

图 2.20 静安区一河两岸地区历史文化与公共设施的活动网络建构

归根究底，一河两岸地区作为城市公共资源价值的提升，是强势的政治话语与社会经济话语共构的成果，但其所体现的利益，在今天上海大力推进城市更新的背景下，更加强调的是城市和公民所共享的空间与场所。比如，增加滨河的开放空间和驻留场所，增加桥梁和码头、研究平桥设计的可能来加强两岸交通联系（图 2.21），抬高滨河道路、提升空间亲水性，以及提出重视桥、堤岸等环境要素的人文内涵展现[1]，建设多样性的岸线来满足人们不同的活动需求（图 2.22），将滨水空间联系并延伸至更远的街坊（图 2.23），也将城市生活更多地纳入滨水空间。

作为城市中心滨水区的一河两岸地区，当前的转型更新发展正积极引入新的功能，并极为重视与腹地的渗透与互动，积极促成公共空间主导、混合功能街区、多元化的活动；同时，强化历史建筑遗存的保护，新的建设应在空间布局和尺度上与旧有产生对话，以及着眼步行化、亲水性、开放共享等核心要素的空间与环境的双重建构，凸显地域特质与文化驱动，提升滨水形象与空间品质，促进区域新旧融合和创新发展。

1 城市设计将苏州河已建桥梁按结构分为梁桥、拱桥、悬索桥和桁架桥，提出规划范围内，共和新路以东的新建跨河桥梁应尽量与周边历史风貌环境相协调，共和新路以西的新建跨河桥梁应体现桥梁形式多样性与时代技术。桥梁除了要结构轻盈，还需要体现人本、艺术、生态等新的导向和技术手段，彰显桥梁的技术美及艺术张力，提升滨河景观品质。

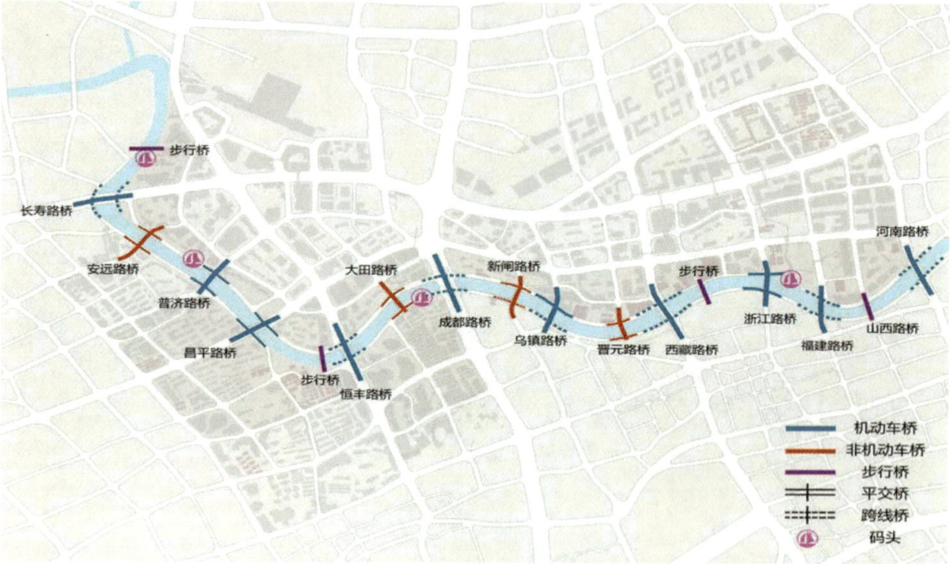

图 2.21　一河两岸地区的桥梁设计构想

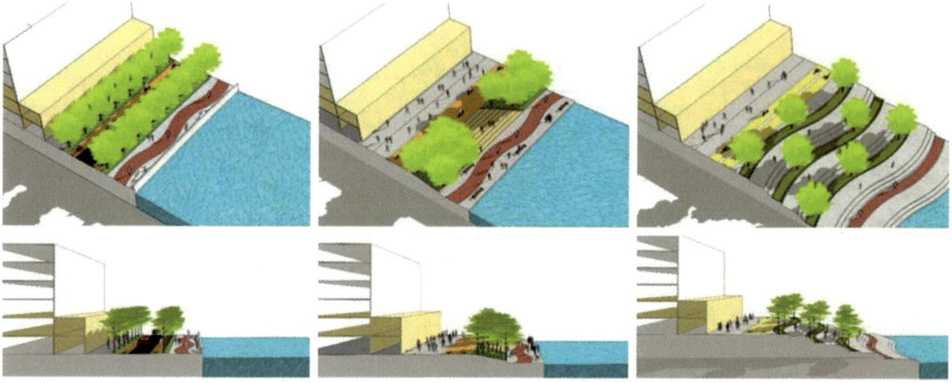

图 2.22　注重多样性的岸线设计

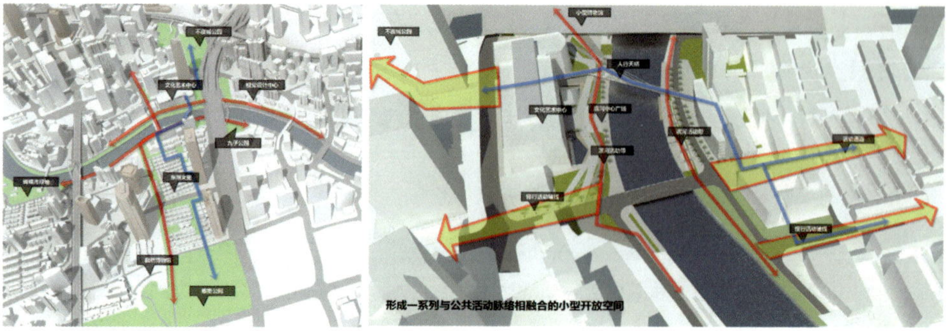

图 2.23　水滨与腹地的联系与互动示意

“一江一河”建构背景下的苏州河两岸地区更新路径

2018 年 10 月，上海市委书记李强在调研“一江一河”沿岸规划建设时，指出要将“一江一河”沿岸打造成代表上海卓越全球城市水平的标杆区域、提升城市能级和核心竞争力的重要承载区、体现上海城市形象的著名地标。“2018 世界城市日 · 上海论坛”，以“卓越城市，魅力水岸”为主题，结合上海城市建设“一江一河”关注的重点问题，对标全球城市重要滨水区域建设开展了中外数十位学者、官员的多方、多主题深入探讨。在这样的背景下，本书在前文关于苏州河两岸地区发展认识与分析的基础上，尝试进一步结合对于苏州河环境综合整治工程各期任务与建设成效的考察，并针对由于滨水空间涉及多部门、多专业的管控要素，经常会遇到一些控制内容交叠、管理分工不清晰的情况，以及 2018 年至今开展的“一江一河”建设规划相关内容等，总结经验，发现问题，尝试探索一条新时代、新要求背景下的两岸更新架构模式。

苏州河滨水地区的规划与实践发展

苏州河沿线是近代上海发展的重要轴线（图 2.24），承载着诸多城市发展的历史信息。上海最早的海港位于吴淞江畔，苏州河内河交通的便捷性与上海主要腹地联系的紧密性，为苏州河沿岸的产业经济发展创造了有利条件，也书写了苏州河水岸经济的辉煌历史，哺育了丰富多彩的苏州河文化。苏州河滨水地区经历了“工商业繁荣—综合治理—产业转型”的变化历程，历史延展性地不断治理环境、转换功能、形塑生活，不断深化更新改造、寻求创新发展举措。在今天城市深化转型发展、面临多元冲突交织的情境下，极具代表性地描绘出滨水地区更新对城市转型发展的现实影响。

借由一系列的规划设计、重大事件、民生热点的群策聚力、创新探索，虽然各个区段面临不同的现实问题，苏州河滨水地区总体而言在今天取得了良好的建设成效，并日益重视结合城市发展的契机，借鉴国内外滨水地区发展的有益经验，打造滨水地区改造的亮点，来构建促进更为长远发展的苏州河战略。现代高耸的住宅林立，成规模的公园和成片的绿化带，由工业遗址改建的博物馆、创意产业园区，以及各类型建设中的商业设施等，成规模的区域改造与扩张中的渐进更新交叠，在今天构筑起了全新的滨水区复兴的现实背景（图 2.25），呈现出城市空间发展的主导意向和特色基底，但仍面临或逃避不开以下三个方面的现实困境。

其一，滨水地区没有真正融入城市，没有与地区功能很好地整合在一起，“近水不见水”，两岸联系性不强，水滨公共活动缺乏、整体活力不足。同时，由于两岸大多分

图 2.24　苏州河滨水地区的更新发展图景（摄影师：刘文毅）

布为已建成建筑，规划协调整合的难度大。

其二，历史资源要素保留得不够，滨水空间意象不鲜明，整体风貌特色有待提升，滨水街区也缺乏脉络延伸，城市文脉没有很好延续。

其三，滨水缺乏吸引人的、让人驻留的开放空间，岸线封闭和片段化、亲水性不足，且空间场所性、文化性、艺术性等不强，环境品质有待提升（图 2.26）。

- 黄浦区：以历史文化风貌、中央商务等功能为主；连续性较好，两侧历史文化建筑较多
- 虹口区：商贸综合、历史文化等功能为主；连续性较好，两侧历史文化建筑较多
- 新静安：金融商办、历史文化创意功能；在不夜城工业园和莫干山 M50 处连续性弱
- 普陀区：综合娱乐、滨水居住功能为主；多处被居住小区隔断（如中远两湾城、半岛花园）
- 长宁区：文化教育、滨水居住功能为主；多处被居住小区和文化教育设施隔断（如华东政法大学城、万华小区等）

图 2.25　苏州河滨水地区用地格局及岸线利用情况

图 2.26　苏州河滨水地区两岸现状景象（2015）

这既源于滨水开发的稀缺性所导致的高度开发，且早期规划建设未能充分关注到滨水地区的公共性、开放性对于城市发展的重大价值，限制了人们自由进出和享有滨水空间的权利，也与不同的行政区各自为政，分段分区规划，相互缺乏协调沟通有关。《上海市城市更新实施办法》发布、上海市第五批优秀历史建筑获批，这些切实地反映出当前落实公共要素、重视历史文化政策与法规的导向，一系列相关规划也不断促进和启发着苏州河滨水地区的现实发展（表 2.4）。

在苏州河环境综合整治取得显著成效的基础上，2018 年初，启动了苏州河中心城段滨水贯通工作。目前，苏州河中心城段两侧合计约 42 km 的岸线中，已贯通约 26.7 km，其中北岸 13.2 km、南岸 13.5 km，总贯通率约 64%。根据计划，到 2020 年将实现中心城段的全线贯通，创建滨水空间连贯、舒适、便捷的步行环境。

同时，各区也逐渐认识到了苏州河水岸资源的稀缺性和公共价值，开展了各类相关规划工作。长宁区自 2009 年启动苏州河长宁段的整体改造，包括拆除沿岸部分楼盘和绿地的围墙、改造及升级 6 座滨江公园、挖掘苏州河沿线历史文脉与近代工业遗迹等，打造富有特色的“苏河印象”。2018 年年底，长宁区 11 km 苏州河健身步道全线贯通，串联起临空 1 号、2 号公园及风铃公园、天原河滨公园、虹桥河滨公园、中山公园等公园绿地。

普陀区则大力开展苏州河旅游主题活动，通过组织旅游专线、水上游船、龙舟赛等，串联沿河主要公共空间节点（如长风公园、梦清园、M50 等），丰富市民滨水活动类型。2018 年，普陀区提出了“苏河十八湾”魅力提升工程，计划到 2020 年基本建成具有国际水准的“苏河十八湾”文化景观带。2015 年，静安区与闸北区行政区合并后，组织了《静安区一河两岸城市设计》，对新静安区内苏州河两岸 159.3 hm^2 范围内的地区、6.3 km 的河道岸线，开展城市设计国际方案征集，以为苏州河两岸整体形象把控、各类公共空间的连接和节点的打造提供有效指引。

为贯彻落实“上海 2035”总体规划，进一步统领黄浦江、苏州河沿岸的建设规划工作，2018 年，上海市规土局组织编制了《黄浦江、苏州河沿岸地区建设规划（2018—2035 年）》。该规划以建设具有全球影响力的世界级滨水区为目标，以两岸用地空间为抓手，通过对功能、空间、风貌、生态、交通等专项的分类指引策略，统筹滨水和腹地一体发展，全面系统性地提出针对“一江一河”规划建设的指导要求。该规划是一项承上启下的地区规划，承接“上海 2035”总体规划的发展定位和发展目标，指导“一江一河”沿岸地区的控制性详细规划和重要项目规划（图 2.27)。

2018 年 10 月，上海市水务局启动《“绿色江河、魅力水岸”行动规划》的编制工作。同样是以“一江一河”为规划对象，不同之处在于以“水”出发点，从水安全、水环境、水资源、水文化四个方面入手，工作重点落在加强江河治理、补齐防洪除涝短板、保护

表 2.4 苏州河滨水地区相关规划内容分析

时 间	规划设计与相关举措
1988 年	上海市政府开始着手治理严重污染的苏州河
1993 年	耗资 16 亿元的苏州河合流污水治理一期工程完成，将 70.57 km 服务范围内原直排污水截流外排，对改善苏州河的水质起到了一定的作用
1996 年	上海市委、市政府进一步提出对苏州河进行环境综合整治，以彻底解决苏州河环境问题
1998—2008 年	根据 2000 年干流基本消除黑臭和 2010 年基本恢复水生态系统的目标，苏州河整治共实施了三期工程（一期 1998—2000 年、二期 2003—2005 年、三期 2006—2008 年）。其中一期工程的实施，使得苏州河终于在 2000 年消除了干流黑臭
2002 年	上海市相关部门批准《苏州河滨河景观规划》作为苏州河沿线开发的管理依据。该规划已经注意到滨水空间的公共属性，将“确保苏州河内环段全线滨河空间对公众开放”作为规划原则之一。规划对沿岸新建筑的高度作出严格控制以形成较好的空间层次；规划严格规定了住宅、公共建筑的建筑容积率，同时增加绿化空间、促进景观绿地与亲水岸线建设联动，以改变当时存在的开发过度、强度过高的问题；规划还试图将历史建筑配合水面、广场、绿地等空间布局进行整合，通过外观改造和内部功能置换，来营造滨水艺术展示区。2002 年，两岸建成滨河绿地 10 万 m^2，大大改善了苏州河的水质和环境面貌
2008 年	结合外滩金融开发推介大会，原黄浦区城市规划管理局组织开展了由多家中外知名设计咨询机构参与的《外滩金融功能深化研究》国际方案征集工作。各家设计咨询机构的研究报告中都对上海市及黄浦区金融产业现状与开发的特点、优势、劣势等进行了分析，并针对外滩金融集聚带的发展方向、功能产业、空间布局、相关政策、运作机制等提出许多建议
2010 年	《外滩金融集聚带建设规划》主要从功能结构、空间形态、服务配套、交通组织、地下空间开发利用、文化内涵传承等六大方面进行系统设计，并就老大楼利用、次新楼改造、重点地块开发建设三个研究专题展开重点深化
	《上海市外滩历史文化风貌区保护规划、黄浦区外滩社区（C010201 单元）控制性详细规划》从系统上主要涉及功能定位、用地布局、道路红线、土地使用、空间形态及公共活动系统等方面，而地块控制指标上主要涉及地块划分、地块编号、用地面积、用地性质、建筑高度、建筑密度、绿地率、备注等方面的调整
2012 年	《回到苏州河——上海市普陀区苏州河段节点概念设计》; 普陀区政府一直重视对苏州河的规划设计，针对其建设现状，在规划中提出不同的控制引导要求，强调以缝补、针灸的方式对沿岸的部分节点提出规划整合的要求，增加趣味空间，以求改观沿岸的通达性、生活性，使苏州河从曾经的城市的“背面”重回城市的“正面”
2014 年	《虹口区南片区（北外滩及扩展区）城市设计》中，苏州河口规划为历史文化区：主要由两大历史文化区域构成，包含优秀历史建筑和一般历史建筑。优秀历史建筑和有文化价值的历史建筑全部保留，结合城市发展的需要，将它们成片地或零星地组织到新的城市环境中，力求有机的“新旧共生”
2015 年	《上海市闸北区天目社区 C070102 单元控制性详细规划（局部调整）》; 2014 年 3 月，闸北区组织开展苏河湾东部地区城市设计工作，并同步开展苏河湾绿地国际方案征集，通过规划的科学引领，明确区域发展目标，彻底摆脱原有面貌。在此成果基础上，对市政府 2011 年 12 月批准的《苏州河滨河地区（闸北段）暨天目社区控制性详细规划》开展局部调整工作，将地区定位为金融左岸、助力支点、核心 CBD 的拓展区。在公共空间控制引导方面，积极鼓励人们增加室外活动，促进人与人之间的交流，进而提高城市活力，并将其作为城市各功能部分之间的联接体。而苏州河岸线构成主要滨水景观活动带，沿岸强调注重历史风貌和桥梁景观的保护利用，在保证防汛堤的高度与连续性要求的前提下，岸线鼓励采用多样形式等
	《静安区城区规划——新静安一河两岸地区城市设计》; “撤二建一”后的新静安区于 2015 年 10 月启动了《静安区城区规划（纲要）》的研究工作。原苏州河沿线地区成为两岸空间缝合和功能整合的核心区域，全区“一轴三带”空间结构中的重要组成，被寄予成为上海中心城区“新地标”的期望，因此一河两岸地区城市设计研究作为纲要研究的核心内容同步展开。研究从全区层面提出了苏州河—彭越浦沿线开放空间与慢行系统全线贯通、接续南北，打造安全、连续、活力空间廊道的概念设想。重点针对一河两岸地区提出了“苏河文化之旅”的核心设计理念，确定了文化引领、功能重塑，两岸缝合、公共开敞，活动连接、慢行成网，人文彰显、环境提升四个设计原则，特别强调了通过抬高滨水道路和降低桥梁梁底标高，实现两者平交，以加强滨河道路亲水性、两岸步行连接的便捷度。着眼深化和细化区域发展的国际方案征集也于 2016 年 5 月积极推展

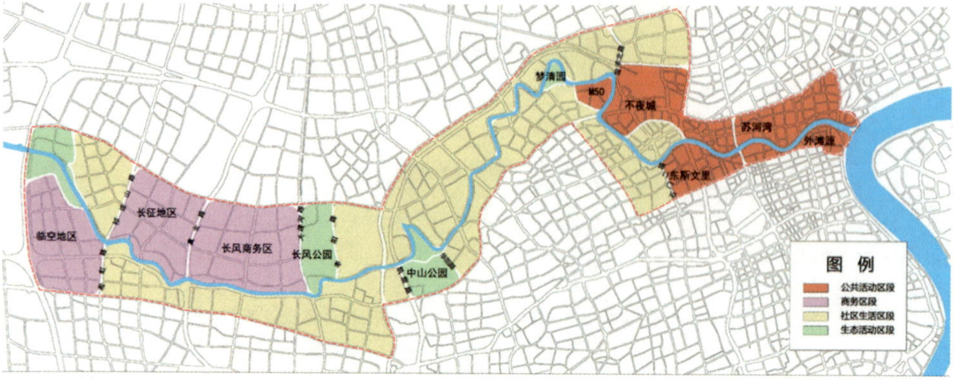

图 2.27　苏州河外环内功能布局图

江河生态环境、增强江河运管能力等内容上，并制定苏州河堤防达标、防汛墙立面整治和苏西水闸、苏州河河口泵站建设等一系列规划行动计划。

通过上述不同类型的实施工程和规划情况的回顾、分析，苏州河的发展变化从水体治理逐步向岸线贯通，再向功能提升、公共开放的方向逐步演化过渡。而与之相对应的，水务、规土、交通、文保、环境等各专项规划之间的整合与衔接、互利与互补，则成了影响规划的科学性、合理性与实施的可行性、有效性的重要环节。

更新模式引导：渐进更新与多维共构

苏州河滨水地区的未来发展，源于土地供给与现实局限等[1]，不可避免地将更多地采取一种渐进的、针灸式的更新方式，来更好地容纳社会、经济、文化和环境长期沉淀的滨水地区空间形态、社会生活与市民需求，以及分解复杂问题、避免大规模改造带来的盲目及破坏。在上海“留改拆”的政策导向下，苏州河南岸位于静安区范围的 72 街坊、73 街坊，其建筑方案及规划控制要求均发生了转变，大片的历史建筑得以保留与改造利用，功能上也将更加适宜与多元（图 2.28）。苏州河北岸的文物保护建筑四行仓库，历经 1 年零 8 个月的改造，于 2015 年 8 月正式对外开放，在今天已成为市民参观、休憩活动的重要和具有特色的公共空间（图 2.29）。

本质来看，滨水区成功的更新与变革，不仅需要对城市的本质、发展目标与水滨的作用进行全方位的思考，而且也需要足够的领导力与承诺，并通过一系列创新的规划构思、设计引导、多种建筑工程的形式及实施管理等，来促进未来滨水地区的持续发展建设、保障公众利益的长期发展。事实上，除了越来越多的政府和社会资本合作模式被鼓

1　2010 年，原闸北区政府全力启动的苏河湾地区的开发。苏河湾地区可以说是浦西中心城区内苏州河滨水地区最后一块可供整体开发的完整地块，到目前已取得显著的建设成效。

72 街坊改造前

72 街坊改造平面示意

72 街坊规划引导方案

72 街坊的更新规划引导成组保留历史建筑并注入文化功能，建筑组群高度关系与苏州河天际线的塑造相协调，精细化地研究道路断面、与历史建筑相关的道路红线实施性问题等，力求综合性地打造沿江宁路的新地标。

73 街坊改造前

73 街坊更新平面图

73 街坊规划引导方案

73 街坊更新结合历史建筑保留、保护的具体要求，综合平衡街坊内建筑量，以最大化地延续南侧地块历史风貌，并强调形成连接苏州河慢行空间的延伸网络，优化区域公共空间体系。

图 2.28　苏州河沿昌平路向西的腹地更新：72 街坊、73 街坊的规划引导

图 2.29　四行仓库地块更新后

励与采取，今天的人们也正日益增多地通过各种合法途径来影响更新进程中的政府决策与公共管理。

与此同时，虽然历年来的环境整治工程和其他规划项目取得了明显成效，但不得不提的是，以往由不同政府机构牵头的项目，由于受限于各自的职能管辖范围，不可避免地存在一定的局限和片面。例如，水务部门主持的前三期环境综合整治工程，以水质提升和防汛安全为根本，但对驳岸形式、防汛墙外观、慢行通道、滨水景观等关注较少，从而形成现状较为普遍的枯燥、单调的岸线样式，隔离了水岸空间的连接，也减弱了大众近水、亲水的心理意愿。同样，规土部门主持的项目着眼点为蓝线范围之外的功能定位和用地布局，受限于土地产权划定等历史和现实因素，造成很多临河地块边界线与河口控制线“无缝相接”，既无足够的安全防护距离，又常常因地块自身的封闭管理而造成滨河断点，滨水公共资源丧失了应有的公共属性。

因此，在“上海 2035”总体规划指导下的苏州河两岸地区更新，参考“多规合一”的思路，必然需要构建一套综合多部门、多专业、多领域的推进模式（表 2.5），既要保障健康的水体生态环境、安全的防洪防汛标准，又要提供连续贯通的滨水步道、充满活力的功能空间、人性化的服务设施等，形成水岸联动、多元开放、历史延续、文化交融、生态安全的可见、可亲、可享、可玩的滨水开放空间。

表 2.5　滨水地区不同主管部门承担的主要工作内容

主管部门	水务部门	规土部门	交通部门	文保部门	环境部门
主要工作块面	• 防汛安全 • 底泥疏浚 • 引清调水 • 泵闸改造 • 海绵城市	• 目标定位 • 总体结构 • 功能区划 • 重要节点 • 行动纲领	• 跨河桥梁 • 公交站点 • 垂河通道 • 游船码头	• 历史保护 • 文化传承 • 地域特色	• 截污治污 • 园林设计 • 植被种类

水务部门以“水”“墙”“闸”为重点研究对象，对苏州河堤防达标、防汛墙立面整治、堤防生态景观化改造、水闸和泵站改建迁移等内容，提出明确的技术标准、措施和年度计划等；并根据苏州河两岸场地条件，提出海绵城市建设目标和指标，落实具体实施策略。

规土部门充分发挥顶层设计和统领把控的职能，承接“上海 2035”总体规划的目标与指标，对标世界级滨水区的规划愿景，从宏观层面确定苏州河的目标定位、总体结构、功能区划、重要节点和行动纲领等内容，统筹其他各专项规划内容与要求。

交通部门主要配合规土部门对滨水交通和近水交通的组织与静态交通的布局等提供专业支撑，包括根据两岸用地功能合理设置跨河桥梁；研究滨水地区步行系统与轨道交通和公交站点的联系，提出滨水贯通通道与街坊内部人行通道共同构建的慢行系统组织和实施方案；结合全市的旅游专项规划和苏州河游线规划，合理布点游船码头等。

文保部门则针对苏州河沿岸大量的旧厂区、仓库、码头等历史遗迹，提出工业遗产、里弄住宅等的有效保护与利用原则，制定保护性开发规划策略，落实建筑保护细则。

环境部门与水务部门协同制定苏州河干流和支流水环境整治方案，实现水质提升的预期目标，维护河道生态稳定。另一方面，结合不同的岸线功能进行详细园林景观设计，保持两岸绿化植被的多样性。

城市滨水区对于城市发展长期的主导地位源于其本身作为非常珍贵的资源，并与城市的发展阶段、格局架构密切相关，构成了城市迎接未来挑战的发展契机。本书提出借由用地功能的更新及利用历史文化与环境特色，强化公共开放与慢行可达，结合自身禀赋探求激发片区活力，可以对周边地区产生强大的带动作用，进而促成一种更为适宜的更新建设模式，这在一定程度上体现了 21 世纪城市滨水地区发展冲突应对的重要策略落点。

苏州河两岸地区更新策略：聚焦生活服务型岸段

通过前文分析，多专业协同下的苏州河两岸地区更新包含了“水、岸、路、地”四个领域。以水岸一体化联动发展为规划原则，可以将四个领域的核心内容归纳概括为五个理念，即安全生态、多元开放、贯通可达、人文互动、绿色宜居。以五个核心理念为两岸更新的价值框架，通过多专业协同的策略支撑，发挥不同专业的引领和管控作用，有利于促成两岸空间不断的优化提升，逐步实现苏州河沿岸建设成为特大城市宜居生活的典型示范区的目标定位(图 2.30)。

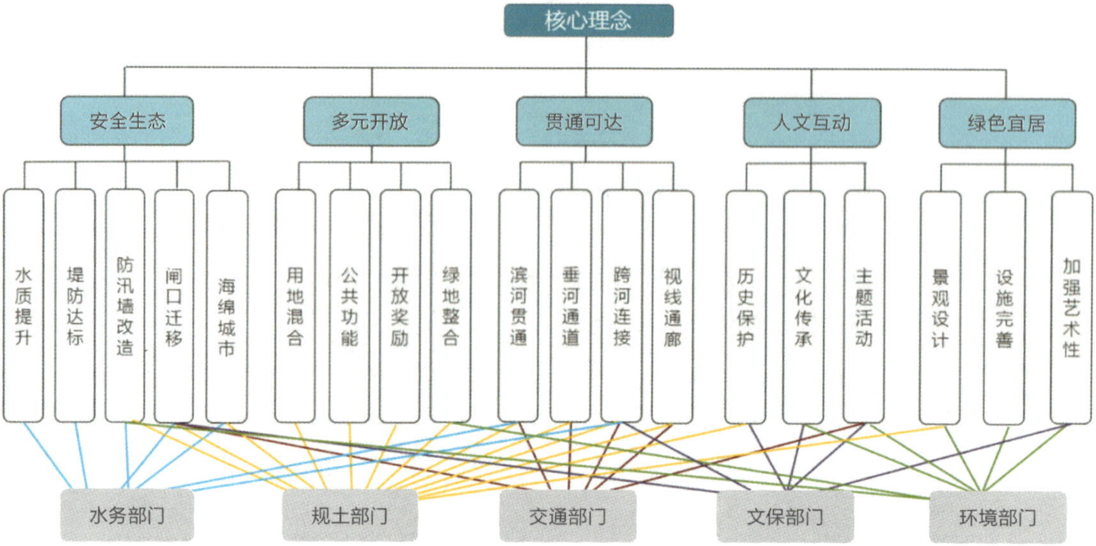

图 2.30　多专业协同下的两岸更新核心理念框架

为了针对性地探讨核心理念在各专业更新策略上的细化内容，本书参考“一江一河”沿岸地区建设规划、河道规划设计导则等相关内容中对岸段类型的划分方式，根据两岸腹地的用地功能不同，将苏州河岸段划分为五种类型，即公共活动型、生活服务型、历史风貌型、商务产业型、生态保育型。生活服务型岸段与人们的生活最为密切相关，下文将以该类型为例，进一步展开分析不同专业的更新策略与协同模式。

苏州河沿岸分布着大量的传统里弄住宅、古镇和现代居住社区，生活服务型岸段是苏州河岸段的最主要类型。该类岸段的活动人群较为稳定，周边生活的原住居民占较大比例：从时间分布上看，早晚、周末和节假日为活动高峰期；从使用情况看，兼具日常活动、体育健身和交通出行等多重功能；从空间贯通情况看，现状沿岸通道普遍狭小，部分岸断被居住小区封闭，沿线贯通率和出行使用率普遍不高。

在总结现状问题的基础上，针对目标服务人群的特点，提出以下生活服务型岸段的更新策略。

生态安全：确保防汛安全达标，维持水体生态稳定。

安全与生态是水岸地带的最基本要求，是决定水岸空间是否具备基本保障和长续发展的前提条件。为协调安全、生态与近水、亲水的需求，建议在满足苏州河两岸防汛防洪要求的前提下，局部结合亲水平台、步道等采用通透性较好的护栏以增加亲水性，同时对防汛墙立面实施涂装等外观美化。当滨水用地纵深较小时，可以采取抬高防汛墙内侧基面标高的做法，使城市和滨水之间形成缓和的过渡（图 2.31）。根据陆域控制宽度和建筑退界距离，在主要公共活动节点采用多级挡墙护岸样式，以提供平台、步道等亲水空间。另一方面，维持水生动植物的生态稳定，分季节对鱼、虾等进行育苗、放养，并可沿岸设置一定数量的垂钓点，增加居民的亲水乐趣。例如，德国杜塞尔多夫市的杜塞河两岸采用生态化驳岸处理方式，岸线缓和过渡，同时通过放养天鹅、水鸭等，既丰富了生物的多样性，又增加了滨水空间的趣味（图 2.32）。

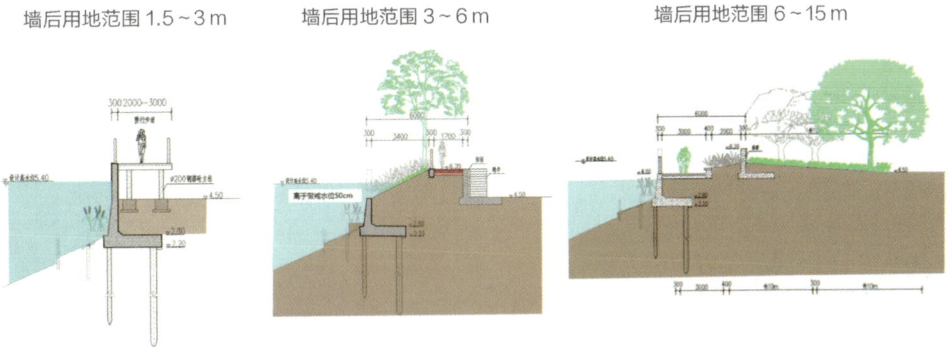

图 2.31　根据墙后用地范围可采取的防汛墙改造方式（单位：mm）

图 2.32　德国杜塞河两岸的生态化驳岸

多元开放：引入多元复合功能，鼓励开放滨河空间。

水岸空间的活力增加需要通过多种功能的复合、场所的开放、各类人群的互动来实现。水体与两岸空间应被作为一个整体，并形成功能复合的区域，作为优质的空间资源辐射周边。不单单是水滨沿线的功能，水滨腹地的纵深渗透正日益得到重视，今天的发展也日益强调从更大的区域考量，借助用地的系统盘整、布局优化，来导入新的发展和合适的功能。例如，静安区苏州河一河两岸地区发展，正是坚持水岸一体化发展理念，通过统筹岸线功能与腹地功能，以逐步置换生活岸段两侧的产业用地（图 2.33）。

此外，当柏林施普雷河自豪地向来自各国的人们展示着其开放且连通的滨水开放空间（图 2.34）；前文提及的伦敦泰晤士河，也是在两岸采取了一系列营造亲水、开敞滨水空间的举措，借助慢行步道建立起水滨新的公共空间与城市的联系……可以说，滨水空间愈加公共开放、享用便捷，就越能集中地为各种目的所利用，可以容纳多类型的公共活动，进而给滨水地区带来新的意义与吸引力。同时，应通过鼓励商业设施、文化设施、体育设施、儿童设施沿河设置，增加不同年龄段人群的活动项目，延长滨水地带的使用时间，增加地区活力和吸引力；通过相应奖励政策促进现状封闭小区后退围墙、开放滨水岸线；鼓励新建小区将集中公共绿地沿河布局，与滨水空间整合，统一设计、实施管理。美国芝加哥河两岸通过第一界面的建筑底层架空及退台式驳岸，打造出活力、开放的亲水空间。

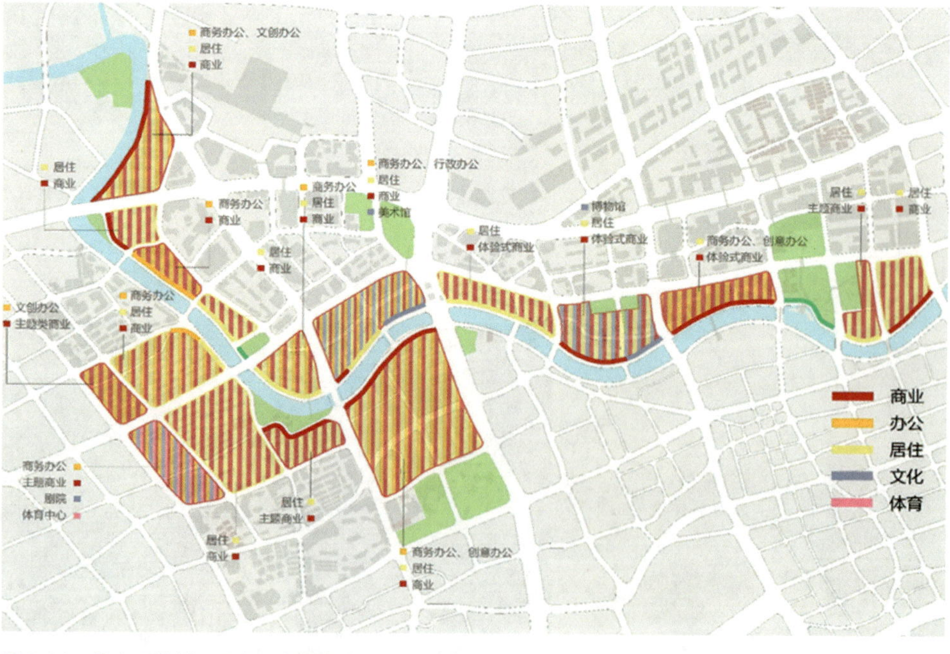

图 2.33 静安区苏州河沿岸混合功能建议

图 2.34　柏林施普雷河两岸的公共活动空间

贯通可达：实现滨河全线贯通，多种通道见水、亲水。

水岸的可达性体现了滨水空间的开放度和公平度，而可达性又反映为滨水贯通性和水岸可到与可视性。滨水贯通性可以根据现状情况，通过改造铺地，设置步行道、慢跑道，骑行道等，或者在保证水利安全的前提下通过栈桥、水上平台等措施来实现。水岸可到性包括加密滨河与腹地的通道密度，公交、轨交站点与滨河通道连接，以及在跨河桥梁间隔较大处增设步行桥等措施（图 2.35）；而水岸的可视性则要求沿河建筑的高度和平面布局应确保对水体的可视角度最大，并尽量避免新建建筑对原有建筑向水面的视线遮挡。

图 2.35　苏州河中心城内贯通目标

人文互动：保护历史遗迹，延续文化特色。

苏州河沿岸分布着大量的里弄住宅和水乡古镇，是上海传统住宅模式和生活方式的展现与缩影。在今天，苏州河口区域的历史风貌依旧浓厚；苏河湾地区的四行仓库已通过人文更新，激发新的活力；东斯文里、慎余里、太和坊等历史建筑和空间如何更新再利用，消极空间如何在新环境中转化等，则构成了能否让人们切实地驻留下来，去感知新旧融合的空间整体的关键所在。例如，可以借由活化利用工业历史遗存，增加滨水沿线的人文空间与活动节点，并留出体验历史环境的连贯的步行空间，延续城市肌理与活动脉络。应大力保护修缮和合理利用沿岸的历史建筑与遗迹，挖掘苏州河沿岸的历史要素，通过防汛墙立面、桥梁护栏、路灯、雕塑等的细节设计，传承弘扬苏州河的人文传统。同时结合龙舟赛、游船活动等，挖掘民俗风情，提升滨河历史、文化、艺术品质，增强居民的社区归属感。

绿色宜居：景观统一设计，优化环境品质。

滨水区应浓缩城市景观，且具备丰富的人文内涵，应实现多重目标与意义，允许场地长时间在价值上产生变化、适应、收获。对比塞纳河、柏林施普雷河两岸，可以明显感受到苏州河两岸景观品质不高、绿色空间和特色风貌不足等。因此，更新上的一个重点在于，如何更好地利用私有区域的景观，并尽可能提升公共区域的环境品质，增强场所性、文化性、艺术性等，并在这一过程中重视生态环境保护和低碳设计，营造绿色生态空间，提升当地社区的宜居性。

除了对空间、交通等宏观层面的把控之外，也不能忽视对沿岸绿化植被、座椅设施等细节的设计和管理，因为这些是人群直接感知接触和日常使用频率最高的项目。景观控制方面可以根据季节变化，选择有代表性的树种、花卉，打造四季更替变化的两岸景观。另一方面，通过精细化设计导则，确保道路铺装、健身设施、路灯、座椅、饮水点、公厕等服务设施满足人性化需求。例如，瑞士布里恩茨湖边设置儿童游乐设施，活跃了滨水空间的使用（图 2.36）。

以上五点更新策略中体现了多专业协同的模式架构，以第一点“安全生态”为例，虽然管控内容以水务专业为主导，但其中的防汛墙改造、闸口迁移等内容，需要规土、交通、文保、环境多专业的协同配合，在统一的目标框架下具体深化落实。由此可见，苏州河两岸地区的更新必然是一种多维架构下的多专业协同模式，通过各专业互扬所长、互补所短，共同打造安全生态、多元开放、贯通可达、人文互动、绿色宜居的滨水岸线空间。实际上，回顾近十年来苏州河沿岸的发展变化，除水体生态环境显著提升外，两岸建设成效并不明显，与建设世界级滨水区的目标还有很大差距。苏州河两岸地区的更新不是一项一蹴而就的事情，在其发展过程中所面临的问题虽然是过程性的，但也需要多方重视和有针对性地逐一解决。在建设卓越的全球城市目标引领下，“一江一河”沿岸建设是一项综合的、复杂的社会工程，需要多个部门、多个学科的共同努力，不仅需要从规划设计的层面制定明确的建设导则，还需要理顺涉及滨水空间发展的方方面面的体制机制，实现苏州河健康、开放、可持续发展。

图 2.36 瑞士布里恩茨湖边的儿童游乐设施

黄浦江两岸地区的复兴发展：从“外滩”到“西岸”

黄浦江核心区南延伸段上新的活力区域：“西岸”

进入21世纪后，随着上海步入新的经济转型阶段，黄浦江两岸的发展也体现出了城市发展变迁进程中的规律，面临再塑功能、重现风貌等关键需求。同时，随着陆家嘴崛起、浦东浦西协同发展的空间格局逐步形成，黄浦江转变成为联通城市两翼的主要动脉，亟须合理地开发利用滨水资源、完善和提高核心滨水区整体功能，以带动社会、经济、环境的共同发展。在《本土策略》一书中，笔者对黄浦江两岸地区发展格局进行了梳理，并对外滩这一代表性的滨水区案例进行了分析。外滩的更新发展可以说彰显了城市复兴的典型意涵，体现出对上海历史文脉的保护和延续，有利于浦江两岸的功能转变、交通优化、环境提升。

与之既有联系又有所不同的是，西岸处于徐汇滨江地区，黄浦江核心区南延伸段的“W”地带，岸线长达11.4 km，曾是上海重要的物流仓储、生产加工基地，见证了近现代民族工业发展，构成黄浦江两岸综合开发的另一个重要组成部分，在今天已发展成为中心城区成功的滨水区域、城市文化新地标。其前期规划研究则于2007年推展开来，作为上海市“十二五”六大重点功能区之一，突出历史文化、公共要素、自然生态的有机融合，坚持公共空间优先、复合多重属性、低影响开发等特色发展，通过一系列重要的规划研究与实践推进，在新时期进一步促进了两岸综合环境的提升，导向了一种促进功能转型、活力激发的创新的滨水区更新发展。作为一种延伸式的考察研究，本书将进一步介绍位于黄埔江南延伸段的西岸地区，结合其发生发展的过程、规划设计举措、相关社会事件与行动的梳理与分析，进行实践思考与统合考察，提取策略共性之处，为城市滨水地区更新发展提供经验借鉴（图2.37，图2.38）。

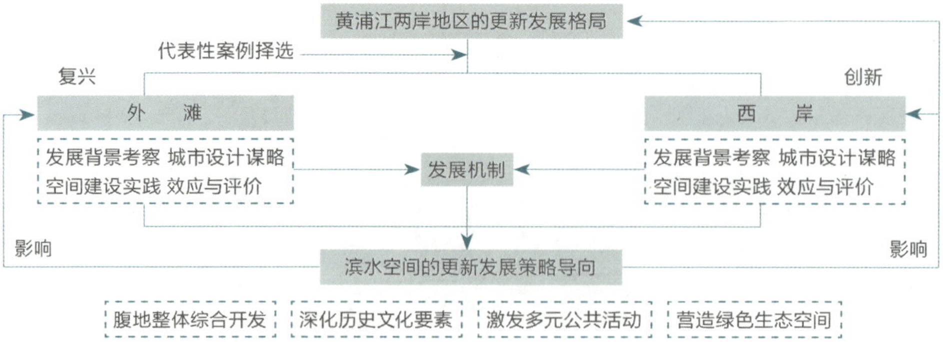

图2.37　演进历程下的比较关联分析路径

图 2.38　西岸鸟瞰图（摄影师：秦战）

西岸地区的创新发展过程与规划设计推进

西岸地区地势开阔、河道纵横，在 20 世纪 30 年代前后就是民族资本工业的集聚地，1949 年之后又有新的发展，曾是城市中以交通运输、物流仓储、生产加工功能为主的重要生产功能区。该地区集聚了龙华机场、上海铁路南浦站、上海飞机制造厂、北票码头、上海水泥厂等（图 2.39），见证了中华百年民族工业历史。然而，20 世纪 90 年代以后这里逐渐成为了被人们遗忘的工业锈带，区域环境面貌老旧，亟待改善。

这一地区的再开发在 2003 年得以提上日程。徐汇滨水区国际方案征集则于 2006 年开展，试图在提升和完善功能、引导空间布局、城市开放空间与公共活动组织等方面提出良好对策。2007 年，徐汇区政府与上海市浦江办签订《共同推进黄浦江沿岸徐汇区段综合开发合作备忘录》，市区联手、以区为主，政府主导、市场运作，以土地收储（图 2.40）、基础设施建设和公共环境建设为切入点，推进西岸的更新建设。2008 年，同济大学承担《工业历史遗存调查》，针对建、构筑物制定了“拆、留、改、迁”分类保护保留措施；同年，借鉴德国汉堡港、英国伦敦南岸等“棕地”复兴成功经验，开展的徐汇滨江开放空间国际方案征集，在英国 PDR、澳大利亚 TOLAND、美国 EDAW 三家设计单位中，优选 PDR 公司“上海 Corniche”方案理念，分级设置防汛墙、抬高路面标高、打造可以驱车看江景的景观大道，规划贯穿南北的有轨电车、景观步道、休闲自行车道、亲水平台，促进水、绿、城融为一体，形成适宜市民活动的各类广场，生态修复也构成了开发过程中的重要一环。2008 年批复的《开放空间专项规划》，则为项目实施提供政策保障，一系列系统性规划工作相继推展。

从 2003 年至今的十多年，秉持“规划先导、文化先行、产业主导”的发展理念，西岸的实践推进既与对岸及相邻的世博区域密切关联，又强调与上海其他滨江区域的差异竞争，区域重要性与功能特色不断提升，已经逐步迈入实践建设的成熟期（图 2.41，图 2.42）。

具体来看，一方面，西岸的发展建设以黄浦江边工业遗址、历史环境为载体，注重历史遗存的保护利用，承载文化功能与艺术活动等，实施公共文化战略，以特色产业的积聚和发展带动区域特色发展。以原上海水泥厂为核心功能区，将上海梦中心打造成国际级动画影视娱乐体验中心，并集聚一批知名文化传媒企业打造西岸传媒港；以原龙华机场跑道改造跑道公园，打造中心城区最优美的林荫大道，构建商务区南北轴线；以保护铁路南浦站肌理和保留十线仓库打造林荫步道，创造商务区内部功能复合的公共活动空间；上海西岸音乐节、西岸建筑与当代艺术双年展和西岸艺术与设计博览会三大系列品牌活动也依托这些历史建筑和场址成功举办；等等（图 2.43）。

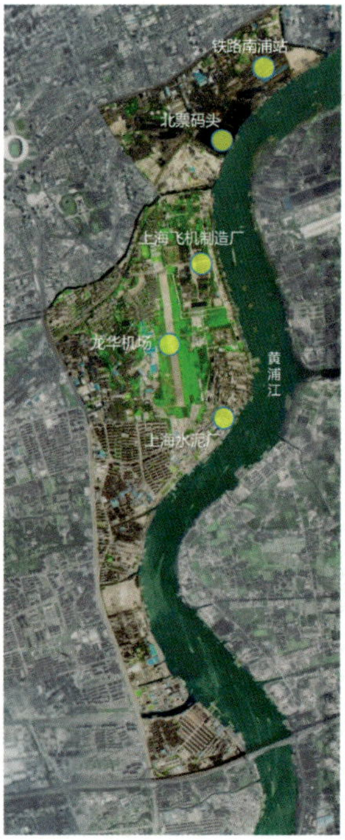

图 2.39　西岸历史遗存

图 2.40　西岸成片土地收储

图 2.41　西岸重点项目布局

另一方面，营造适宜多元活动的亲水空间，形成优美沿江景观，以及结合可持续理念，强调低影响开发，如采用透水路面、细分排水区等手段，促成多样化生态环境的保有。值得一提的是，西岸公共空间的建设被作为其连同腹地成片综合开发的先导，通过动迁单位整体收储，保障先行腾让和公共空间实施，各项建设、运营成本在区域内整体综合平衡，有利于解决载体资源、资金不足或利用率不高等问题，可以构成区域城市更新创新路径的有益探索。

今天的西岸已“还江于民”，历史建筑与新建筑、历史的场址环境与现代的文化活动、生产与生活、景观与生态等，在这里有机融合。西岸已建成活动场地 10 多处，总面积达 2 万 m^2，节假日游客数量达到 3 万人次 / 天，成为了上海市民文化生活的新场所，促成了黄浦江岸线从生产性功能向生活性功能的进一步转型，构成滨水区更新发展的成功典范。

图 2.42　徐汇滨江水绿格局（2016）

图 2.43　西岸丰富的文化艺术生活

一种联系的视角：黄浦江两岸地区复兴的有益思路

第一，腹地整体综合开发，平衡多方利益。当城市空间围绕水来组织，水体向城市腹地“渗透”的纵深空间，将城市肌理延续和强调出来，让更多的市民享有，并见证经济发展的机遇与文化创新的变革，从而构成城市滨水活力区域的组成部分，可以说是完善滨水区功能、提升滨水区形象、提高滨水区的竞争力的重要构成。因此，城市空间结构的优化、浦江两岸的功能转变与城市滨水区两侧腹地的整体综合开发关联日趋紧密，增加整体平衡的腹地厚度、进行土地整体收储和整体开发，从更大的区域进行资金平衡、规划设计统合、精细化运营等，以促成协调和平衡多方利益的实施建设机制，构成了滨水区更新发展的重要引导方向。

第二，深化历史文化要素，延续城市脉络。通过将历史保护与更新利用的措施手段相结合，可以在更新建设中保留保护特色要素、塑造人文内涵，可以既保有历史文化内涵，又满足人们的现代生活需求，有效提升滨水区城市形象、彰显本土特色，并产生积极的社会效应。尽管实际的开发建设过程中也会出现各方利益的激烈博弈，导致城市功能提升、历史文化保护及政府形象建设等目标之间的冲突，但非常明显地，当前城市滨水区正日益远离纯经济的、“布景式”的建设考量，着眼深化历史文化、延续城市脉络的方式发掘，来更好地容纳社会、经济、文化和环境长期沉淀的空间形态、社会生活及市民需求。

第三，激发多元公共活动，复苏滨水生活。上海过去在基础设施方面投入长期偏少，城市公共空间由于过度强调了城市生产功能而供不应求，建成区内普遍存在公共设施能级不够、广场空间不足、公共绿地总量少、覆盖率低等现象，这也激发了当前上海城市更新对公共空间的着重关注——这对于滨水地区尤为重要。当滨水空间愈加公共开放，可达性、亲水性、环境品质提升，就越能集中地为各种目的服务，吸引举办庆祝活动，再与舒适、连贯及景观优越的慢行步道联系起来，可以给滨水区带来新的意义、新的活动及新的认同，使滨水区焕发巨大的吸引力。

第四，营造绿色生态空间，修复生态环境。滨水区建设已然成为未来上海城市宜居环境与生态建设发展的重心。随着城市生态复苏与环境建构的效应日益显现，滨水区更新发展过程中，对于绿色生态空间、多样化生态环境的重视也日益明显，但不局限于提供足够的绿化面积。比如，外滩综合改造更加强调削弱城市建设对自然生态环境的影响，引导绿色健康的生活出行方式；借助棕地利用、生态环境多样化的保有和海绵城市建设等举措，促进城市的可持续发展与更新建设。

总的来看，自 2002 年上海启动黄浦江两岸综合开发以来，在重大事件的激发和发展政策的引导下，通过产业结构调整、土地功能置换、滨江环境整治、建筑更新利用等一系列举措，黄浦江两岸的发展日趋集聚历史人文内涵、承载多重目标，并在价值与意义上产生变化、适应和收获——可以想象，未来黄浦江两岸的外滩、陆家嘴、世博园区、北外滩、前滩和西岸，以及正向复兴岛扩展的杨浦滨江地区（图 2.44）等，这一系列重点区域将形成上海现代服务业的集聚带，构成上海“四个中心”的功能核心，成为有机联系浦东、浦西重要的功能轴线与纽带，伴随其各自深化并相互关联的保护更新建设，有力地支撑上海未来的发展。

图 2.44 更新发展中的黄浦江两岸地区：陆家嘴绿地、1862 老船厂、杨浦滨江地区（2019）

▲陆家嘴绿地、1862 老船厂周边区域

▼杨浦滨江地区

第三部分
文化承续

“城市更新是一种将城市中已经不适应现代化城市社会生活的地区做必要的、有计划的改建活动，有地域文化的感知与发掘，有历史建筑的保护与实践发展，也要有街区更新、沿街立面改造、功能业态升级等，其在今天具有了更广泛的社会、文化与经济复兴的意义。与之相联系地，城市设计也将面对更加复杂多元的综合性课题，需要将设计置于一个地段所处周围地域的背景中去分析、构思，发掘一个地区的历史文化、空间特色来实现对城市更新的有机重构。世界的多样性正是在城市的多样性中得到集中展示，城市则在文化延承、多元融合中寻求和谐发展，寻求历史文化与空间的连续性。”

“文化”的认知语境与发展型构

人们在具体场所中所做的选择往往同时受到“社会”和“文化”的双重影响。这里，“社会”可以被看作是某些占据一定疆域能够自我维系的人类集群，他们以一种系统的方式交往，拥有自己或多或少的特色文化和制度；文化则体现为一种“独特的生活方式，它不仅通过艺术和知识，还通过制度和日常行为表达了一定的意义和价值观”(雷蒙·威廉斯，1961)。由此基本认知，本书通过对城市设计关于环境认知、城市意象、城市文脉、场所理论与场所营造，以及本土文化的价值及其发展型构进行总括式的分析考察，试图将与城市空间可持续发展建构相联结的社会文化视域的策略思路集结起来，以为寻求城市问题的解决和本土实践思路的突破提供一定的启发。

环境认知

英国地理学家威廉·柯克于1951年在批判了传统地理学中的人地关系决定论思想的同时，根据心理学理论，建立了新的空间认识模式。他认为人们所能看见的现象环境只有通过人对其的感知及评价，才能决定人在环境中的行为。美国地理学家大卫·温格塔尔认为，现象环境通过文化、个人经历及想象的作用而形成行为环境，在行为环境中才可能形成个体行为。

认知关注的则远不只是观看或感知城市环境，它还涉及对刺激更复杂的处理或理解。伊特尔森(1978)区分了有关认知的认识性、情感性、解释性、判断性这四个方面[1]。不同于简单的生物过程，认知还与社会和文化的“习得”有关。尽管每个人的感知可能是相似的，但是人们怎样过滤、反应、组织和评价这些感知却不相同。对于环境认知的差异取决于诸如此类的因素：年龄、性别、种族、生活方式、在某个地区居住时间的长短，以及个人生活和成长所处的物质、社会和文化环境。这也是为何我们在当前的城市设计实践推进中，越来越多地对于生活在城市更新区域里的人群的情况及其诉求进行详细的了解，来更好地进行城市发展相关决策的原因之一。

1970年，英国皇家建筑师学会在一份报告中指出，城市设计基本上是三度空间设计，

1　它们是同时起作用的：①认识性的，包括思考、组织和保留信息，本质上，它使我们理解环境；②情感性的，包括我们的情绪，它可以影响我们对环境的认知，同样对环境的认知也影响我们的情绪；③解释性的，包含源自环境的意义和联想，在理解信息的时候，我们把记忆作为与新刺激进行比较的出发点；④判断性的，包含了价值和偏爱及对“好、坏”的判断。

位于柏林博物馆岛的柏林老博物馆：爱奥尼圆柱与壁柱支撑的前廊赋予建筑纪念碑般的庄重感

罗马梵蒂冈圣彼得广场周围如同张开巨大手臂的多利安柱式的圆柱，气势恢宏，富有纪念感与历史感

图 3.1　古代柱式给人们"庄严"的感觉

但也必须对非视觉环境（如噪声、气味及危险感与安全感等）进行处理。这些将构成一个地区的特性，即实体和人们活动的安排将决定这一环境的主要特征。美国学者阿摩斯 · 拉普卜特从文化人类学和信息论视角，提出城市设计是作为空间、时间、含义和交往的组织。他认为城市形态塑造应该依据心理的、行为的、社会文化的及其他类似的准则，应强调有形的、经验的城市设计，而不是二度的理性规划。

事实上，所有的城市环境都包括符号、意义和价值。对"符号"及其意义的研究以"符号语言学"或"符号学"为人所知。安伯托 · 艾柯(1968）解释：符号学"研究所有的文化现象，将它们看作符号的系统"。世界充满了"符号"，被解释和理解为社会功能、文化和意识形态。符号往往被区分为不同的种类：其一，图象符号——与对象有着直接的相似性，如肖像表示被画的人；其二，索引符号——与对象有着材质上的联系，如烟预示火；其三，象征符号——与对象的关系更加任意，本质上经社会和文化系统建立，如古典柱式表示"庄严"(图 3.1）。非言语符号的意义产生于社会和文化传统，解释起来则往往具有很大的灵活性。意义随着社会的改变而改变。建成环境的意义随着社会价值观的发展而改变，以适应变化中的社会经济组织模式和生活模式。

城市的演变过程是一种渐进的、阶段性的发展过程，不同的时代给城市环境留下了不同的"痕迹"和"烙印"，表现出不同的形态和风貌，从而使城市表现出千差万别、生动丰富的个体特征。建筑与环境的象征性角色是社会和环境之间关系的关键部分，传达政治、经济、权力与文化信息等。当今城市的建成环境的象征内容是多层级的，并且常常模棱两可，但所有的人工环境都象征着制造和改变环境的权力（图 3.2，图 3.3）。

图 3.2　巴黎的埃菲尔铁塔[1]

图 3.3　巴黎卢浮宫及玻璃金字塔[2]

城市意象

“环境”可以被看作是一种精神建构，一种环境意象，由每个人各自不同地创造和评价。意象则是个人经验和价值观过滤环境刺激因素这一过程的结果。勒·柯布西耶的现代运动曾经对城市设计造成了极大的影响，带来了高层建筑、城镇中心的重建，以及对历史及当地社区的傲慢。20 世纪 60 年代以后形成了一套相当完整的城市设计理论，并在英国、西欧及北美的一些城市得到实践。这一理论的基本点就是承认在城市设计中人的尺度的必要性，通过保留城市地标、渐进的城市更新、尊重地方建筑形式、风格及材料，满足历史社区的需要；重视围隔的重要性，尽管有不同的解释；通过混合使用和规划来实现一个地区人们的安全感；等等。

通过重新定义“城市”，“文化”开始被重新包含到这一关联性中。“城市”作为文化的“容器”来表现世界真实的和感性的变化。城市设计理论和文化人类学试图解释城市和文化的这一关系，理解城市和文化的交汇，其含义胜过功能。意识中的城市、认知地图、图式语言等概念，成为认识城市的意象、评价好的城市形态及城市空间结构的一套方法论。博尔丁在 1956 年前就提出，所有的行为都依赖于意象，而意象可定义为个人全部积聚的、组织起来的、关于自己和世界的知识——主观的知识，同时也存在着许多公共的意象，即广泛共享的意象。此后，有关意象的研究在有关“集体记忆”的历史生成学方面得到延续，在阿尔多·罗西等人的论著中获得了空间意义上的转换，并通过

1　埃菲尔铁塔是为迎接在巴黎召开的世界博览会而于 1889 年建成的。耸立在巴黎市区塞纳河畔的战神广场上，高 320 m，是现代巴黎的标志和象征。

2　位于法国巴黎市中心的塞纳河北岸的卢浮宫是巴黎城市的代表和象征。贝聿铭于 1985 为巴黎卢浮宫博物馆设计的“玻璃金字塔”曾引起了广泛的争议，还有人说它破坏了卢浮宫博物馆的古典风格。但在“玻璃金字塔”建成的二十多年之后，它又成为成了巴黎最吸引人的环境之一，还成为巴黎象征体系的一部分。

诺伯格－舒尔茨的阐释融合进存在空间论，从而在城市空间形态的形式分析和生成机制分析方面获得了统一。

对于凯文·林奇（1960）来说，环境意象是一个双向过程的结果，在这一过程中，环境表达区别和联系，观察者则从其中选择、组织、赋予自己所见以意义。同样地，约翰·蒙哥马利(1998）区分了“特征”和“意象”，前者是场所的真实面目，后者则是这一特征和每个人的环境感受和环境印象的结合。林奇对“可意象性”的定义：“有形物体蕴含的、对于任何观察者都很可能唤起强烈意象的特性。”他认为“有效的”环境意象需要三个特征。

个性：物体与其他事物的区别，作为一个独立的实体（如一扇门）。

结构：物体与观察者及其他物体的空间关联（如门的位置）。

意义：物体对于观察者的意义（实用的和/或情感的，如门作为出入的洞口）。

林奇对城市意象的揭示为后人提供了实际运用的途径，他以图解的方式表达人们对于城市环境的认知。这种非常有用的方法而且也是以后被广泛使用的方法，称为“心智地图”(mental map)。林奇对波士顿、泽西城和洛杉矶等城市进行了周密的研究、分析后，对城市中构成视觉印象的要点，如开端空间、绿化配置、道路中的动感、视觉对比等做了精辟的论述。经过研究他总结出人们对于城市意象的认知模式往往具有类似的构成要素，通过路径、边界、区域、节点和地标等五个要素构成共同的城市意象（图3.4）。

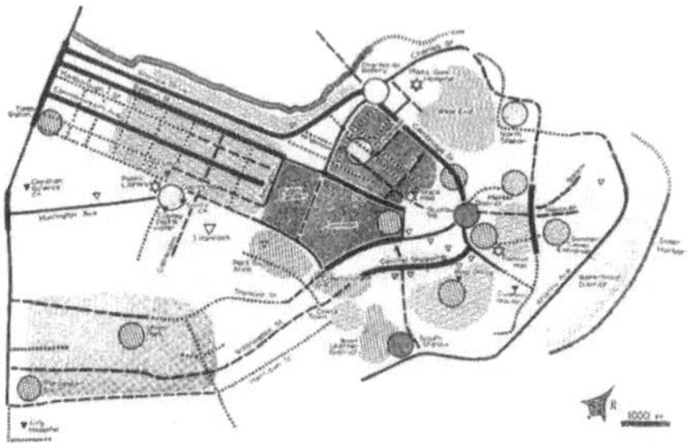

波士顿

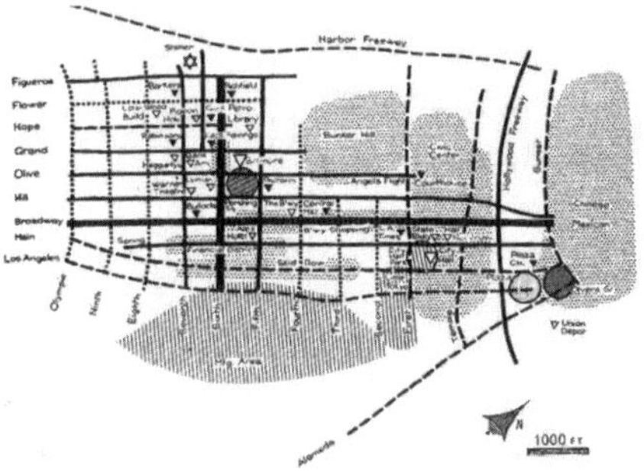

洛杉矶

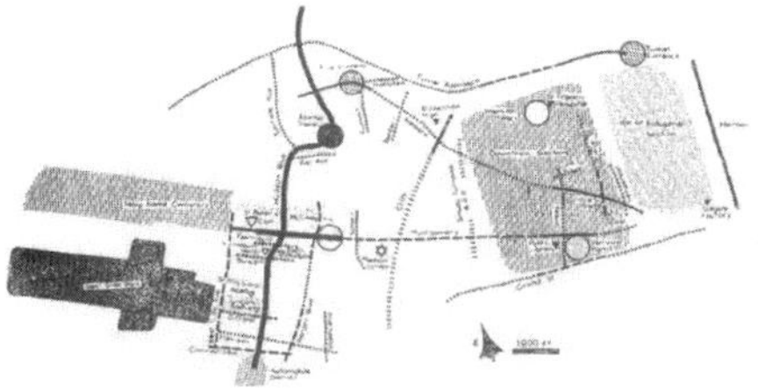

泽西城

图3.4　林奇的波士顿、泽西城、洛杉矶城市意象

通过鉴别在城市环境中建筑和其他元素被感知的四种方式，阿普尔亚德（1970）扩展了林奇的工作：通过它们的可意象性或形式特征、通过人们在城市周围活动时的可见性、通过作为活动场景的角色、通过建筑的社会意义。阿摩斯·拉普卜特则提出，心智地图是一系列的心理转换，通过这些转换，人们学习、储存、回忆关于空间环境的构成部分、相对位置、距离方向和总体结构等信息的编码与解码。每一个人构造心智地图时，并不是只考虑具体的物质空间的形式要素。象征体系、涵义、社会文化及无形因素、活动和形式的和谐、文脉、潜在的或显在的活动习惯、清洁、安全、不同类型的人等，都会在此过程中发挥作用。另外，阿普尔亚德的二维地图运用标志表达对象特征（图 3.5）等。心智地图这种非常有用的方法如今得到了越来越广泛的使用（图 3.6）。

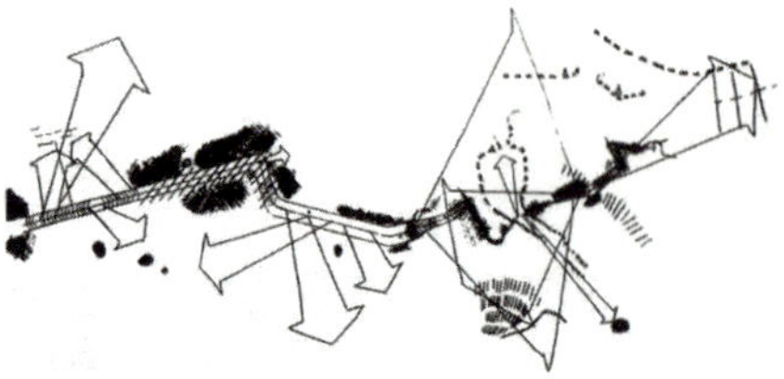

用标志来强调运动、围合、景观、领域、河流和城市发展

用标志来诠释道路特征

图 3.5　阿普尔亚德的二维地图运用标志表达对象特征

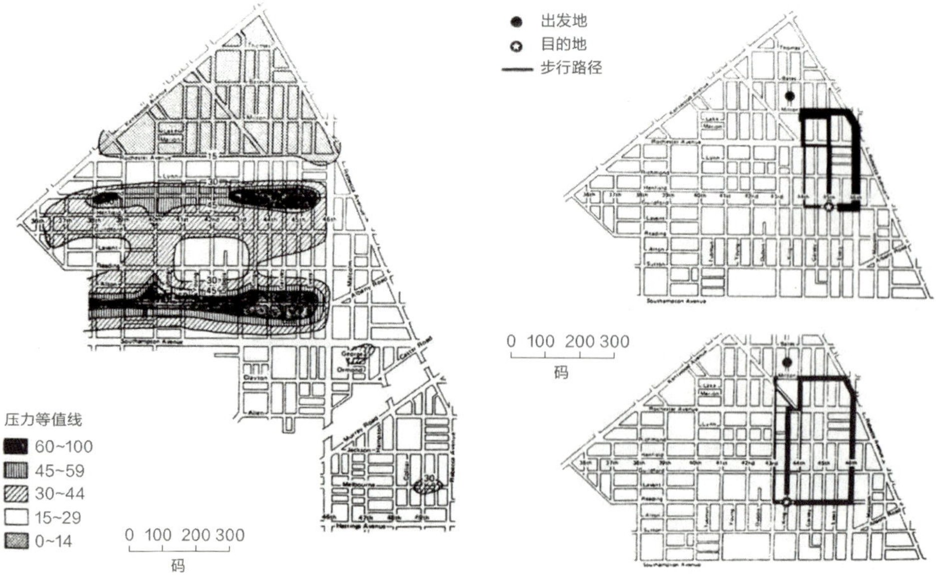

图 3.6　人们根据对城市街区的安全状况的意象来决定路径的选择

城市文脉

凯文·林奇在《城市意象》一书中引入市民的心理因素，并在《基地规划》一书中提出一套涉及社会、文化、心理、自然和物质形体等文脉要素的基地分析方法。简·雅各布斯关注街道、步行道和公园的社会功能，强调其作为居民日常活动的"容器"和社会交往的场所。伦佐·皮亚诺提出"人文城市"模式。"十次小组"（Team10）关心的是人与自然的关系，他们的公式是"人 + 自然 + 人对自然的观念"，并建立起住宅—街道—地区—城市的纵向场所层次结构，以代替原有雅典宪章横向的功能结构，并认为城市设计涉及空间的环境个性、场所感和可识别性，城市社会中存在人类结合的不同层次。他们提出的"门阶哲学"特别强调了城市设计中以人为主体的微观层次；强调"文脉"的概念，大大拓宽了城市设计发展的理论视野。Team10 成员史密斯夫妇则综合 Team10 的设想，提出了"簇集城市"的理想形态，这种形态分主干和枝丫两部分，各枝丫必须经由簇集过程才有整体结构的完整性（图 3.7）。

1977 年，阿摩斯·拉普卜特出版《城市形态的人文方面》一书。他认为，环境可以定义为有机体、组群抑或被研究系统由外向内施加的条件和影响。而这种环境是多重的，包括社会、文化和物质诸方面。城市设计所能驾驭的（为人提供场所的）物质环境的变化与其他人文领域之间的变化（如社会、心理、宗教、习俗等）存在一种关联性。同时，城市形体环境的本质在于空间的组织方式，而不是表层的形状、材料等物质方面，而文化、心理、礼仪、宗教信仰和生活方式在其中扮演了重要角色（图 3.8）。尤尔根·哈贝马斯（1976）指出 20 世纪 60 年代开始弥漫的变化曾经掀起了行为和思考方式的骚动，并影响城市景观的塑造，伴随着"正统的危机"而引发了"范例的变迁"。这一时期见证了人们对过去时代魅力意义的追寻，并呼唤多元文化、多重标准、多效的价值观。南·艾琳（1996）认为在这范例的变迁中，"城市"及"文化"被重新审视；鲍尔（1985）指出必须重视城市的多元文化，城市文化被认为是可持续的城市更新中的一个重要概念。

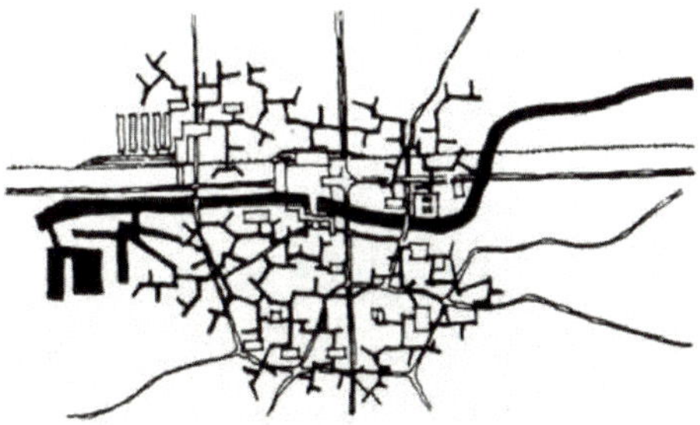

图 3.7　"簇集城市"的设想

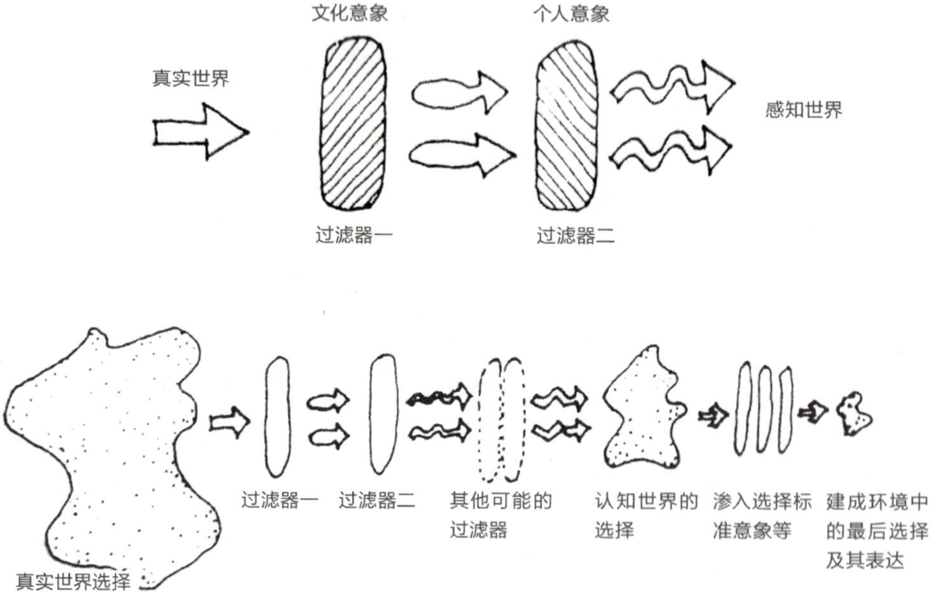

图 3.8　阿摩斯·拉普卜特的城市设计概念及城市意象产生过程

“城市文脉”也已成为城市更新及重建的重要课题。城市复兴中的一种方式是重新将已废弃的仓库作为住宅或办公使用。莎伦·佐金指出自动化的增加和人力劳动的减少引发了“对旧的机械装置的艺术崇拜”，正如艺术家们用废旧的工业部件来构成他们的机械装置。因此，与“租金差额”理论不同，这种方式的城市复兴是一种个人生活方式的选择，而并非资本的流动。城市设计应更多地关心各构成要素之间及其与隐形规则之间的联系，而不是要素本身。空间组织的意义和规则及相应的行为才是本质，设计本身则可看做是人类对某种理想环境的“赋形表达”。设计无论大小，都有多种方案选择的可能性，都是一个根据不同规则排出不合适方案的过程（王建国，2004）。

场所建构

我们通常所强调的场所，实际上总是与“场所精神”（genius loci）联系在一起的。诺伯格－舒尔茨（1980）在《场所精神：迈向建筑现象学》一书中指出了存在空间的核心在于场所。人要定居下来，他必须能体验环境是充满意义的。爱德华·雷尔夫（1976）在其著作《场所与无场所》中指出，不管如何“无定形”和“难以感觉”，无论我们何时感受或认识空间，都会产生与“场所”概念的联系。场所是从生活经验中提炼出来的意义的本质中心。大卫·坎特（1977）曾经从爱德华·雷尔夫的工作得出这样的结论：场所是“活动”加上“物质属性”加上“概念”共同作用的结果。约翰·庞特（1991）和约翰·蒙哥马利（1998）则在坎特和雷尔夫的理论基础上，把场所感的构成放到城市设计思想里面（图 3.9）。这些图表说明了城市设计活动是怎样建立和增强场所感的。

“场所”概念常强调“归属”感与场地的情感联系。场所可以用“植根”和对特定场地的联系或特性的有意识感知来理解。在通常的意义上，场所是从文化上加以限定的；场所的性质不是由建筑物，而是由实践决定的；场所是人与环境相互作用的产物，是空

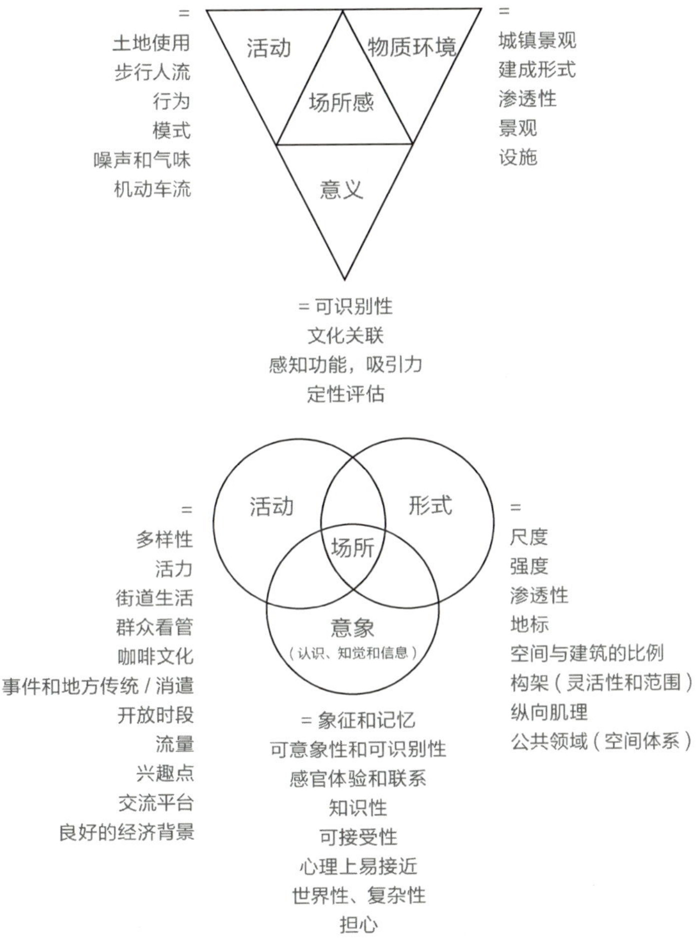

图 3.9　城市设计思想中的场所感[1]

1 约翰 · 庞特 (1991) 和约翰 · 蒙哥马利 (1998) 的图表，说明了城市设计活动如何能够创造和增强潜在的场所感。

间、事件、意义的统一。而空间要变得有人气和有生气，就必须在一个有吸引力和安全的环境中能提供人们想要的东西。“公共空间计划”说明了四个塑造成功场所的关键：舒适和形象、通道和联系、使用和活动、社交性（表 3.1）。

在场所的概念中，空间、事件、意义三者是不可分割的整体。社会学家安东尼·吉登斯揭示了场所对于人类活动之间的相互关系：“场所是指利用空间来为互动提供各种场景，反过来，互动的场景又是限定互动的情境性的重要因素。场所的构成……处在与周围世界物质性质的关系之中的身体及其流动与沟通的媒介。”因此，场所既是社会活动开展的地方，同时也规定了社会活动的内容与形式。另外，借助城市事件——节庆、会展、赛事等来加强场所的构建，也是塑造场所特性的一种有效手段和良好经验（表 3.2，图 3.10 ~图 3.13）。

表 3.1　成功场所的关键特性

关键特性	无形品质		措　施
舒适和意象	安全	可坐憩	犯罪统计
	吸引力	适宜步行	卫生评价
	历史	绿化	建筑条件
	魅力	清洁	环境数据
	精神性	—	—
到达与联接	可读性	亲近	交通数据
	适宜步行	连通性	形式上的分离
	可靠性	便利	公共交通用途
	连续性	可达性	步行活动
	—	—	停车模式
使用与活动	真实	活动	不动产价值
	可持续性	有效性	租金水平
	专门	庆典	土地使用模式
	独特性	活力	零售
	支付能力	本土性	本地商业所有权
	趣味	“自产”品质	—
社交性	合作	闲谈	街道生活
	睦邻	多样性	社交网络
	管理员	讲故事	晚间使用
	自豪	友好	使用志愿者
	受欢迎的	交互性	女人、小孩和老人的数量

表 3.2　城市事件的类型

城市事件类型	包含内容	吸引力（●很有吸引力、○一般吸引力、—无吸引力）				实　例
		居住者（潜在居住者）	游客（度假）	游客（商务）	投资者	
政治类	具有政治目标的国事或外交活动	○	○	●	●	北京 1999 年国庆典礼，上海 APEC 会议，博鳌亚洲论坛
经济类	从直接的经济活动之中延伸出的相关活动	—	—	●	●	达沃斯论坛，国际峰会，广交会
文化类	以文化活动为核心的主题活动	●	●	○	●	音乐节、电影节、艺术节、旅游节、选美比赛
体育类	以城市为举办主题的赛会式体育竞赛或表演	○	○	○	●	奥运会、亚运会、世界杯足球赛、NBA 全明星周末赛
综合类	具有以上全部或部分特征的综合性城市事件	○ / ●	○ / ●	○ / ●	●	申办奥运会，申办世博会

图 3.10　青岛奥帆基地
（2008，借助举办 2008 北京奥运会的帆船比赛，青岛结合奥帆基地构建了新的城市特色场所）

图 3.11　萨拉戈萨水博会（2008）

图 3.12　香港迪士尼乐园（2013）[1]

1 迪士尼公园由沃尔特 · 迪士尼创建。他把动画片所运用的色彩、刺激、魔幻等表现手法与游乐园的功能结合，1955 年推出世界上第一个现代意义上的主题公园——洛杉矶迪士尼乐园。图为 2005 年建成的香港迪士尼乐园。迪士尼乐园就属于典型的虚构场所。虽然对虚构场所有许多批评，但它们为城市设计和公众场所的创造提供了机会。因此，引发了像肤浅、无主见、缺乏真实性等大量城市设计的议题。

图 3.13　上海世博会（2010）

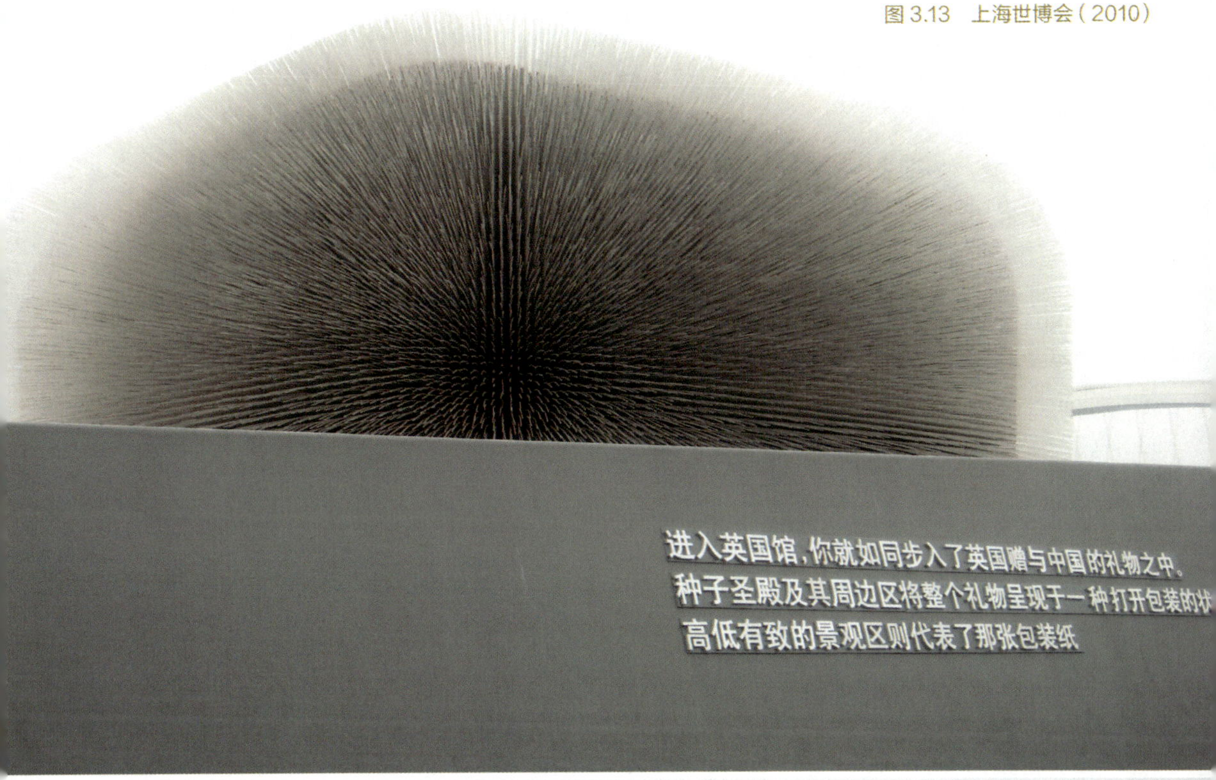

城市设计师应整合包括社会在内的各种元素，塑造一个整体环境，创造场所，在文化涵构、使用者需求与欲望之间，寻求一个最佳方案。一个成功的场所设计，通常将其对社会及实质环境的干扰程度减至最低，避免进行激烈的变革。尽管场所理论学者持有共同的价值观，但在理论的发展上有不同的研究方向。最具代表的有拉尔夫 · 厄斯金认为保存邻里的独特空间品质比创造社区与周围城市的连续性和和谐更为重要；阿摩斯 · 拉普卜特一直致力于将建成环境与人类的活动相结合；新古典主义以正统的设计手法连接新建筑与既有环境，如阿尔多 · 罗西提出的城市空间的类型学；林奇研究个体在城市中形成的心智地图的形成方式和过程；斯坦福 · 安德森则探讨街道的生态体系；戈登库伦探索人类在空间运动次序中的体验；诺伯格 · 舒尔茨的“存在空间”是林奇“城市意象”和库伦空间观的延续与整合；卢西恩 · 克罗尔则允许业主自己设计等。这些都代表了场所理论的一些主要设计方法。

一处成功的公共空间往往以人气旺盛为特点，通常具有生气和活力，并处于不断自我强化的进程。城市场所是作为社会产物而存在的，它承载着历史和未来。只有当我们承认这一点时，才有可能认识到过程对规划、建设及维持城市场地结构的重要性。对于如何创造优秀的城市场所，波特兰就为我们提供了经典的实例（图 3.14）。

巴塞罗那的公共空间营造也十分杰出（图 3.15）。巴塞罗那是西班牙最大的海港和文化古城，经历了 2 000 多年的漫长发展，公元 10 世纪前，先后被罗马和法兰西占领和控制，18 世纪以后，以其独特的加泰罗尼亚的独立精神创造出举世瞩目城市。而自 20 世纪 90 年代起，巴塞罗那已由工业城市逐步转型为服务型城市，并迎来创意经济时代。随历史积淀形成了城市的空间层次，巴塞罗那的总体格局主要体现四种尺度：其一，古罗马与中世纪历史文明的积淀的“老城区”（Ciutat Vella），即小尺度格局；其二，19 世纪经典理性规划成果的“扩展区”，即现代城市整齐划一的方格网格局；其三，1959 年经济自治后，城市急速扩展中形成的城市外围地带，即特征模糊的不规则肌理；其四，当代都市化进程中，组成“巴塞罗那都市圈”的新兴都市组团，即松散自由的空间形态。

巴塞罗那的历史城区，除教堂之外的一般建筑尺度相近，民居建筑体量小，城市肌理密实。1976 年巴塞罗那自治后，为了迅速改变城市衰败的面貌，新城市规划组织 GMP 提出了“公共空间设计从城市规划落实到微观整治”的主张，并被称为城市针灸疗法，强调在不同尺度的区域内穿插不同规模的公共空间，解决不同层次需要。具体实施的首要目标是见缝插针将废弃的工业用地置换为复合活动的城市公共空间用地，为城市居民生活提供空间环境；随着“扩展区”不合理的地块密度进行了有效疏解，20 世纪 90 年代后，地块内的公共空间小环境亦得到了改善的可能。“扩展区”在今天已成为最具有巴塞罗那城市气质的区域。

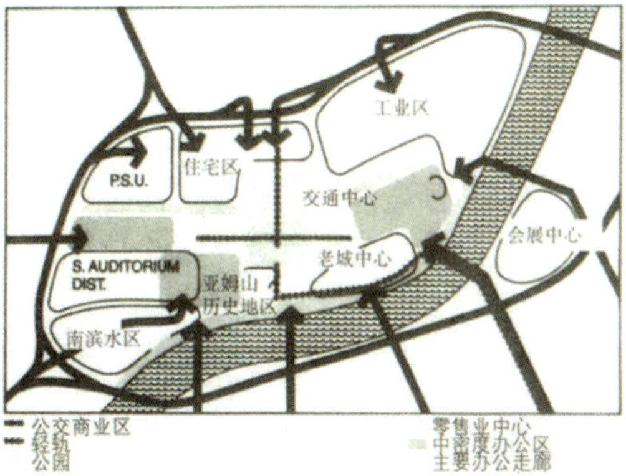

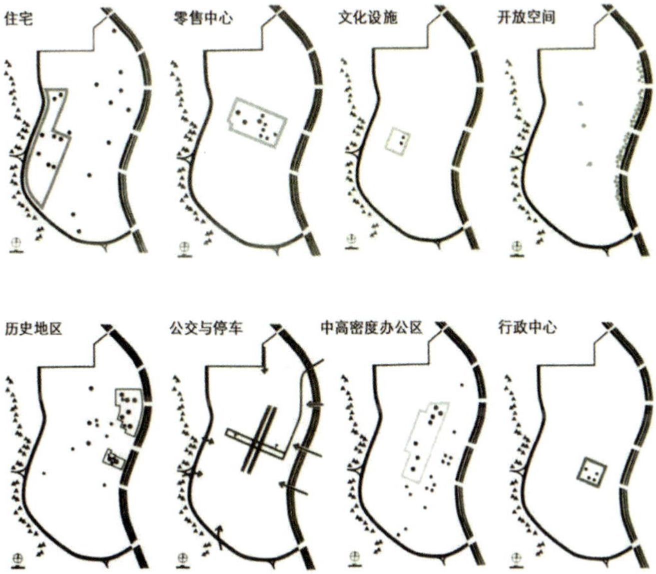

1972 年波特兰中心城市规划概念简图及深入表示具体土地利用概念的平面图

波特兰以公共系统组织的城市中心商业区（在波特兰，公交商业街既是一个有效的交通系统元素，也是一个优良的公共空间）

波特兰先锋议会广场改造前后

波特兰市中心区公共与私人开发的结合

图 3.14 1972 年波特兰城市中心区规划[1]

---

1 1972 年波特兰城市中心区规划促使我们拓展了对优秀的城市“场所”的理解。波特兰城市中心区规划制定了一系列公共改善措施：①公共交通，11 个街区的公共商业区被轻轨串连起来，并不时有老式电车穿插其间。②公共开放空间，波特兰中心区的开发注意到了维持并创造新的公共空间的重要性，这既鼓励了私人开发，又有利于创造适合人居住的城市。其中，位于城市中央的先锋议会广场是一个砖铺的大广场，从周围的建筑和街道轻易到达。③海港边的公园，历史上威拉米特河与城市之间被一条 6 车道海港快车道分隔开，但现在则被汤姆 · 迈克考尔滨水公园所代替；④公共艺术，许多喷泉、草木以及诙谐的公共艺术品不仅是普通市民陶醉其间，也深受艺术批评家的欣赏；⑤特色建筑，从保护思想出发保留了一些历史建筑，同时一些新的建筑物，如波特兰司法大楼，也成为全国著名的建筑；⑥住宅，波特兰市中心区复兴的一个关键策略是在中心区各处大胆实施新建以及修复住宅的计划，保护或新建了各种各样的住宅。

1972 年波特兰城市中心区规划以其包容性规划设计思想，空间对于新情况的灵活适应性，以及从可达性角度对公共交通、停车、滨水区和公共空间等相关问题的重新诠释而受到 1989 年鲁迪 · 布如纳奖评审委员会的认可。委员会指出了规划成功的三个相互关联的关键因素：包容性的规划过程、灵活的适应性、公众可达的概念。每一个对场所成功而言必不可少的人都应被纳入规划过程当中。

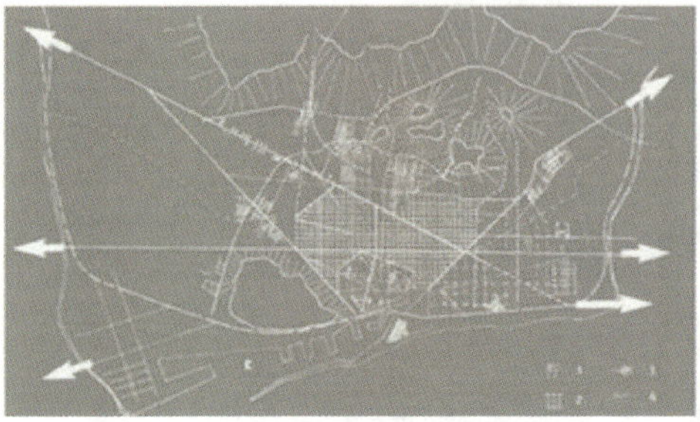

巴塞罗那总体格局的四种尺度

让 · 努维尔设计的巴塞罗那阿格巴摩天大楼

高迪设计的圣家族大教堂

历史城区的城市母体

扩展区的城市母体

城市中的标志物

加泰罗尼亚宫前的喷泉与广场

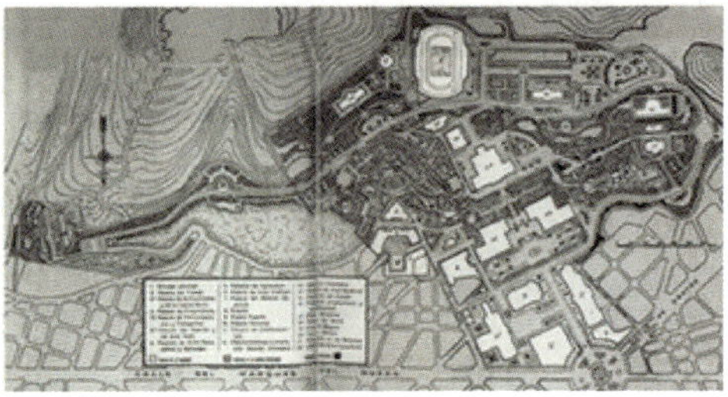

1929 年巴塞罗那第二次的世界博览会（EXPO）

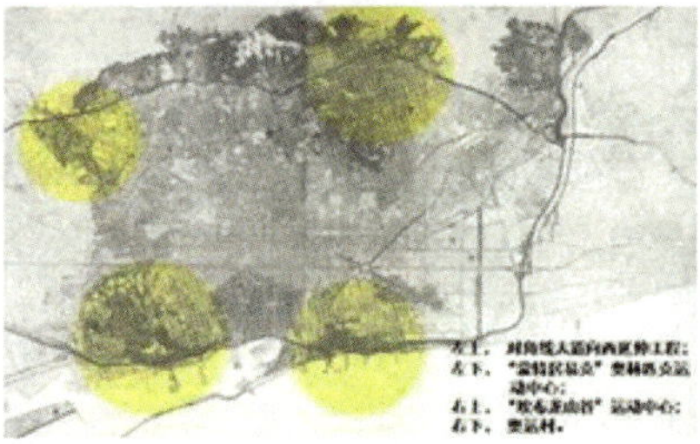

振奋城市精神的 1992 年夏季奥运会：“四个奥林匹克区”的重点规划

“世界文化广场”总平面及活动与空间构成

巴塞罗那国际会展中心

巴塞罗那的海滨

图 3.15 巴塞罗那的公共空间营造

城市外围地带区域内集中了大量的普通民宅，街廓的形态杂乱而单调，更缺乏最基本的生活设施。相应地城市公共空间设计将这一区域居民的日常生活要素鲜明化为不同的空间主题。一方面为区域居民提供了氛围亲切的公共客厅，一方面吸引中心城区的市民参与到外围地带的日常生活中，逐渐建立了城市外围地带与城市中心的联系。此外，巴塞罗那通过举办大型活动推动城市空间建设的发展模式也取得了巨大的成功。尤其，滨海区域亲水空间的改造取得了很大地影响，并带给众人最难忘的体验。

“对角线大道”在 1999 年延伸至海边，揭开了巴塞罗那有史以来最大规模的空间开发的序幕。以一系列新建大型滨海广场、公园、步道为平台，围绕着不同的文化主题，从春季到秋季半年内不断地穿插各种艺术展、音乐会、民俗表演和人物对话。在更广大的城市区域，城市中既有的各类文化空间也被全面激活，共同营造活动的氛围。“世界文化广场”不仅带来场址内的空间更新，更成为连接不同城市区域的活动点，全面激活了整个城市。这正应和了乔纳森 · 巴奈特在自己每一本城市设计相关的著作中反复强调的：“每个城市设计项目都应放在比该项目高一层次的空间背景中去审视”（1984，1988，2000）。

本土文化的价值及其设计关联

城市设计思想中注重对传统文化的理解、尊重与把握，这主要表现在城市设计手法中对原有的社会文化元素的有机组合，以及在城市设计操作中对其形成机制的促成。通过塑造建成环境，城市设计师影响着人类行为和社会生活的模式。

人对城市空间环境的行为活动一直是城市设计关注的重要问题。人类行为本质上是“境遇性的”：人类行为嵌入在物质的，同时也是社会的、文化的、感知的情境之中。人的行为是在实际环境中发生的，特定地段的空间形式、要素布局及形象特征会吸引和诱导特有的功能、用途和活动，而人们的心理有可能需求适合于自己要求的不同的环境，行为也趋向于设置在最能满足其要求的空间环境中。因此，只有将活动行为安排在最符合其功能的合适场所，才能创造良好的城市环境，环境因此就具有了场所意义。值得强调的是，与社会平等相对应，人人都具有选择权。而这种选择权存在的前提是社会可能的提供。越是繁荣、富于活力的城市给人们选择的机会越多。良好的城市设计，可以通过提倡城市生活、城市经济、开发与发展模式、城市空间形式等设计要素的多样性，来适应社会人群的多样选择需要。

到了 20 世纪 90 年代以后，文化在西方城市发展、城市生活中的重要性则得到了充分认同，文化成为现代社会重要的价值导向和发展资本，也越来越多地被看做是城市可持续发展建构的重要一环。玛格米特 · S · 阿切尔 (1996) 在理论上将文化提升到了一个极高的位置：文化获得了自主的地位，文化与结构间是相互独立的系统。城市文化学者们认为城市文化是由物质文化、功能文化和制度文化这三种文化所融会、渗透，并经过自身的长期沉积而形成的，由城市居民的行为方式所反映出的一系列行为规范和准则，以及他们所具有的价值观念、行为心理、审美趣味等城市的精神文化。皮埃尔·布尔迪厄则在《教育社会学研究与理论手册》（1988）中，第一次完整提出文化资本理论，指出文化资本通常具有三种形式：嵌入形式、对象化的形式和制度化的形式。琼·哈瓦奇斯（2001）在《可持续发展的第四极：公共规划中文化的本质作用》中提出，支撑城市社会发展共有四极：创造财富的经济极、分配财富的社会极、关注环境责任的生态极、不可缺少的文化极。凯斯·那斯在《文化作为可持续发展的第四极》（2006）中，将文化置于可持续发展框架的中心。罗杰·泽特等（2006）在《发展中世界可持续城市的设计》一书中，关注依托历史重建城市特性、历史地区保护与重建进程中的本土社区建构、价值导向的历史遗产与可持续开发等文化建构主题，探讨了城市历史性和传统区域对于社会和经济变革的独特影响。另外，Joery Knieling 等（2009）则在《欧洲的规划文化：解读城市和区域规划中的文化现象》一书中强调，在理解和实践城市和区域的规划开发上的不同，在于覆盖众多国家和区域的变化显著的制度设置和文化根植（约翰·弗里德曼 2005；欧洲共同体委员会，1997）。

随着全球范围内国家、区域城市间竞争的加剧，从文化层面认识，进而提升制度的竞争力日益受到人们的高度关注，文化也被视作当今世界的“第一竞争力”。文化活动往往可以被其他活动，如环境、社会和经济层面的活动，一起完全整合到地区战略上。如英国伯明翰复兴，通过城市议会联合艺术、就业和经济委员会，艺术被包含在政策、规划和资源中，这种模式紧密地联合“文化规划”方法与文化政策和城市更新。当然，文化活动也并不完全是整合到战略发展和总体规划阶段上，有的干预则是小规模的。虽然是在较后期的阶段引入，文化的干预措施可以更新过程产生影响，加强最初规划中的设施和服务。例如，澳门以百年当铺“德成按”修复与利用工程为契机，实施“文化会馆”计划大力发展文化旅游业；日本金泽则致力于立法、政府补助、绿化、设立文化奖项，鼓励市民参与城市建设等措施，强调文化的创新；韩国的文化古都清州则注重历史文化传统、保护历史名胜，其文化建设强调地方及传统特色、平民特色；而我国丽江也较好的保存了城市建筑结构和风貌，在震后按照原貌一砖一瓦进行恢复，当前其 GDP 的 85% 都来自于旅游收入。

曹俊汉（2008）指出，中华文化的发展一方面是力量，另一方面是机会。从本土化与全球化来看，中华文化正是一种发展的建构。在今天全球化的时代里，我们是否还拥有文化权力、拥有自己文化的承载和凝聚，包括话语、思想观念、认知模式、伦理趋向、传统技术等，在相当程度上取决于我们是否还可以形成本土策略体系，并将其作为行动框架与创新源泉。文化也是生活方式的一部分，是标识自我和文化自明的独立意识形态。正如罗兰·罗伯逊（1992）的全球化理论所提出的，“每一个独特的文明都拥有对于作为整体的世界的一种观念，以此作为自身符号传统的一部分”“考察有关现代全球形势的不同文化解释的重要性”。联合国教科文卫组织《世界文化多元性宣言》的第一条就是:“文化多样性对人类来讲就像生物多样性对大自然那样必不可少。从这个意义上讲，文化多样性是人类的共同遗产，应当从当代人和子孙后代的利益考虑予以承认和肯定。”多元文化的聚集与交融正是城市的特质。

刘易斯·芒福德指出:“城市不只是建筑物的群集，它更是各种密切相关并经常相互影响的各种功能的复合体——它不单是权力的集中，更是文化的归极。”不同时代、地区和种族的人们构想并创造了十分丰富的城市文化，形成了色彩斑斓的理想城市和城市形态，体现于城市物质空间环境、肌理脉络和文化历史遗产，也体现于城市发展中对地方性文化的继承和融合及社会生活中对传统习俗、文化的继承和发扬，从而也建构了城市设计的主体内容。创新的城市精神需要独立的地域文化积淀作为根基；地域文化是创新的思维来源，是城市个性化和吸引力的彰显。

文化嬗变下的上海城市更新审视

文化在城市更新过程中的作用不可估量。将文化与城市空间结合起来考察，可以借由空间的线索，基于生活方式、价值观念、社会事件等互动因素，将不同领域的现象串连起来，提供一种新的理解城市、发掘价值和建构空间的方式。以此为出发点，作者延伸对于文化投影下上海居住模式的思考，从历史文化、大众文化在当今上海城市空间中的再构与利用、蔓延与突变，对居住模式与消费图景叠合下的文化形态呈现进行一种综观式的考察，思考当前城市更新背景下朝向文化生衍的城市空间建构策略面向（图 3.16）。通过开发房地产市场、结构调整、不断完善市场化机制，上海城市建设规模不断扩大、经济迅猛发展。然而，一个城市发展的内涵却远不是由“经济”所能囊括的，而是需要把人、文化、土地、历史等元素进行综合考虑，才可能促使城市文化生态得以培育和营造，进而促进城市整体的可持续发展建设。这一点在处于资源环境紧约束倒逼城市转型发展阶段的上海身上，体现得尤为明显。

历史和文化元素的空间叙事

上海中心城区汇聚着大量的历史和文化元素，它们营造出特有的场所感和认同感构成城市魅力和活力的重要部分。然而，上海以往旧区改造以拆除重建为主。在经济发展上，这种旧城的改造是成功的，政府支出少，甚至能为公共设施的建设筹措资金，居民的住房面积、住房配备和绿化环境得到了提高。但在城市形态与文化上则日益呈现出大

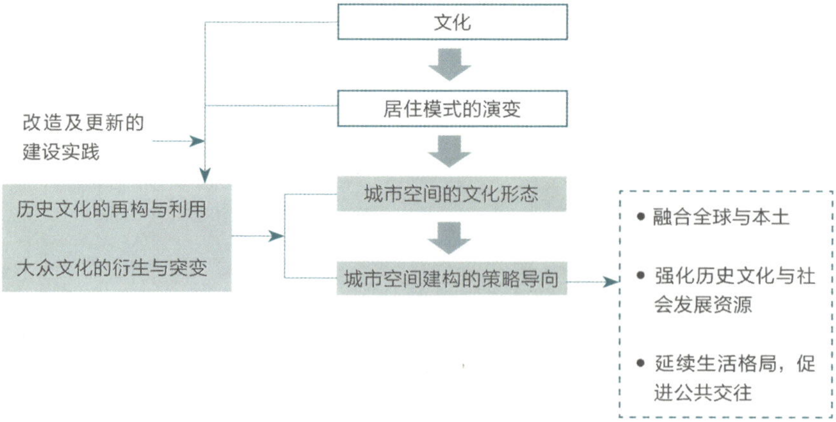

图 3.16　研究路线

量负面效应：尽管也存在步高里这样的里弄住宅成为居住改善模式的典范（图 3.17），但代表着城市文脉和历史记忆的旧城区被大规模拆除，城市历史肌理在不断消失。中心城区的居住性转变，也使得与普通居民生活密切相关的城市文化发生了突变，海派文化呈现消费主义不断扩张的趋势，历史建筑或历史街区在当代也更多地体现为一种功能再构、转化利用，以尽可能地提升功能、延续价值。

《本土策略》一书中所详细解读的上海新天地这一案例，通过置换开发的模式，已成为当今上海旅游休闲的特色品牌，构成了改造旧城传统街区的样板，有效地推动了上海城市中心的更新与建设。但其“拆十还一”的方式也是值得警醒的，现实中旅游休闲的功能和本土城市生活脱节。 作为上海市第二批优秀近代保护建筑的建业里（图 3.18），改造后仅仅将原有格局基本保留，建筑改造作为精装修别墅、独栋酒店公寓，中心的水塔被改建成为观光塔，沿街则布局商铺商业，成为高端居住和消费的场所，其推进过程与改造内容引起了社会争议。

图 3.17 改造前后的步高里

图 3.18 建业里历史图片与改造后的景象

事实上，当我们将上海的历史文化风貌保护区域和中心城区作为奢侈品分布的空间底板来进行样板的叠加分析，可以发现在空间划分上的高度同质性和共识性（杨海，2003），今天这一格局更日趋明显，历史文化要素的消费空间转化则更为多元。比如，强调多元化的文化保护和促进文化与商业有机结合、避免大规模与盲目改造的田子坊、多伦路，以及各区所日益增多地对于文化创意产业园区的培育，如 M50、八号桥、红坊、东方慧谷等；一些更新改造项目开始更多地与人们的生活空间发生关系，强调设施共享，促使城市更新的收益社会共享，如徐家汇教堂广场和档案馆地块改造（图 3.19），以及徐汇西亚宾馆的更新改造——在酒店转为办公之时，提供了底层供市民使用的公共空间和地区紧缺的立体公共停车位。此外，随着上海的“撤二建一”，新静安区正发展面临新的前景，无论是紧邻苏州河滨水区域的东斯文里、南京西路板块核心的张家花园，还是市北片区里成片的工业厂房（图 3.20），其开发离不开对于保护历史风貌、功能更新提升、协调空间关系的考量，以及兼顾资金与收益、理念与实施，城市更新面临更加多元化的挑战。

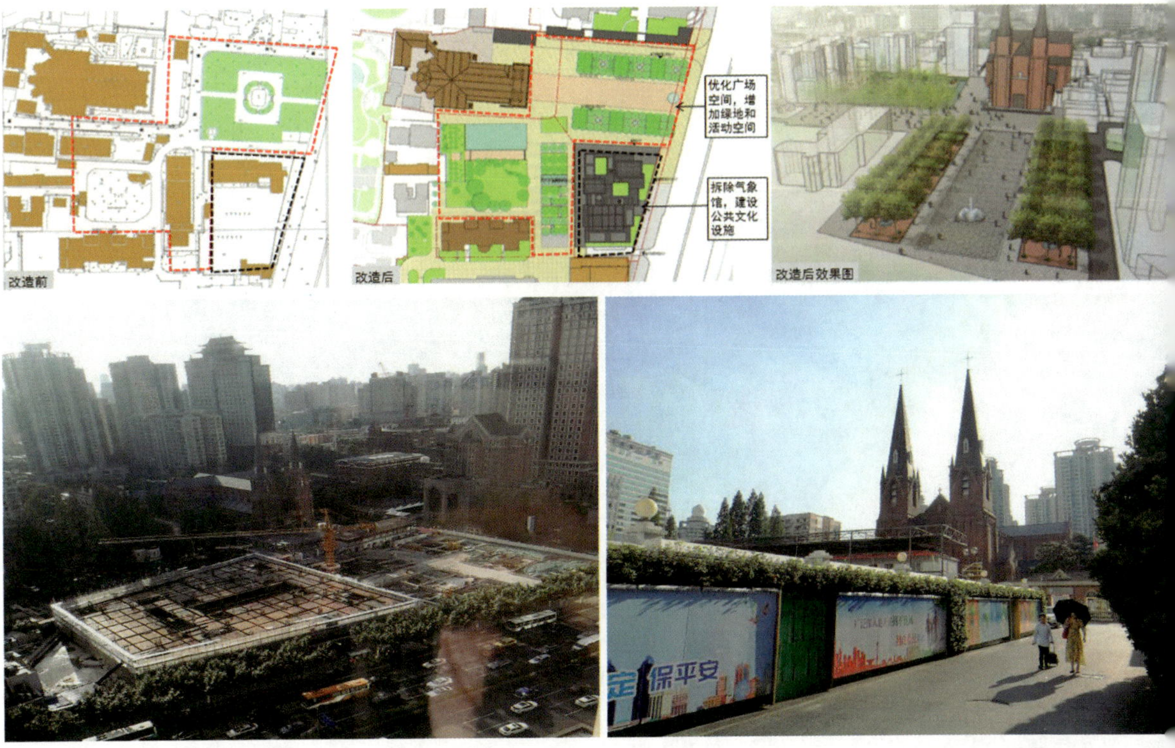

图 3.19　徐家汇教堂广场和档案馆地块的更新改造方案示意与建设中的区域

图 3.20　新业坊改造方案设计：产业升级、环境提升

大众文化的空间衍生与突变

工人新村所代表的大众文化的蔓延，在今天伴随着上海对于城市更新的大力推进，正呈现新的气象、焕发新的活力——尽管其中往往蕴含了浓厚的政治意味与民生导向。“撤二建一”后的国际静安，当前区域范围内的美丽家园早已推进得十分深入，覆盖天目西路、芷江西路等所有街道，涉及普铁新村、临汾路（图 3.21）等多个小区，着眼交通梳理、最大限度利用空间，增加绿化面积、加建停车位，进行环境综合整治及配套设施建设等。改造不仅是对于居民切实生活需求的直接响应，也现实性地体现了市民精神的真实传达。

综合整治汇总图

交通组织改造	景观环境提升	小区安全维护	建筑设施修缮
• 整治后机动车位调整为 181 个 • 调整后非机动车停车为 58 处 • 道路局部拓宽与维修，重划停车位线 • 更新小区入口道闸系统	• 小区入口立面及宣传栏更新 • 新增活动场地 1 处、增设沿路休憩座椅 • 绿化补旧漆新 • 环卫设施改造	• 完善小区监控 • 疏通生命通道 • 非机动车车库用电修整 • 积水点排查、排水疏通改造	• 门卫室改造 • 非机动车车库增设改造 • 更新防盗门，防盗窗 • 围墙更新

临汾路恒安小区改造总平面及设计策略

临汾路恒安小区北侧入口改造后

小区道路改造后

中部小公园改造后

临汾路 1244 弄区位图

临汾路 1244 弄停车棚“空中花园”改造

图 3.21　美丽家园改造（静安区临汾路案例）[1]

1 美丽家园更新建设的目标，聚焦小区的设施与环境改善、安全与健康维护及文化建设提升。更为具体地是，将小区的公共环境、活动空间作为主要的实施抓手，从交通组织改造、景观环境提升、小区安全维度、建筑设施修缮等重点方面进行多元整治，结合具体设计引导，细致考量、深化提升每个环节。其中，公共政策的积极引导及更新中的公众参与、进程把控、实施评估构成了十分关键的保障举措。

作为新中国第一个工人新村的曹杨新村（图 3.22），其桂巷路休闲步行街在 2014 年建成，作为交往活动的公共空间（图 3.23）。这里街坊四邻相熟，散发着浓浓的人情味，人们的生活植根其中，也使得其中的公共空间为居民所享受；这条街的改造还以展览的形式向市民展现，直到今天，展示规划设想的开放帐篷里还不时人头攒动，集聚的多是这里的居民、周边的打工者，争相指着自己所处的位置，讨论未来变化的可行性，形成了当今的城市更新对大众文化的一种现实承载。

图 3.22 上海曹杨新村区域（2019）

曹杨新村中部小公园改造

曹杨新村儿童游乐设施改造

第一期 1951—1952 年，一村建成
第二期 1952—1954 年，二、三、四、五、六村建成
第三期 1956—1958 年，七、八村建成
第四期 1977 年，九村建成

曹杨新村分期建设图

曹杨新村区域风貌（武宁路两侧区域鸟瞰图）

图 3.23　桂巷路步行街及交流展示的开放帐篷

大众文化在今天得以前进和深化的同时，也伴随着空间特色的缺乏、环境质量不高及边缘化的危险，这使得地区发展受到局限、遭遇瓶颈。因此，当世博会这样的突变性文化载体强势楔入，大众文化的提升便有了新的可能，其彰显出全球化时代空间的文化再构——世博会场址及其周边的广大区域，在后世博会时代已经明显“质变”，迎来了崭新的发展阶段（图 3.24，图 3.25）。此外，无论是中国（上海）自由贸易试验区，还是以迪士尼为核心的上海国际旅游度假区，这些新兴功能区域的界定与发生发展，与社会重大发展事件紧密关联，体现为城市空间的趋同与国际化。另一方面，则更对生活在这个区域或周边的居民产生直接影响，对本土文化产生冲击，引起变异。

图 3.24　世博会建设后，中国馆广场及周边的人群与活动（2019）

世博会建筑的后续利用情况，体现了与城市的融合（在三钢耀华大楼向北俯瞰世博轴）

新的公共空间与活力区域（前滩公园的休闲活动）

图 3.25　世博会区域的后续利用与建设发展（2019）

上海城市空间的文化解构与更新导向

海派文化具有多元包容、冲突混合的复合特质，不仅展示出全球与地方文化的碰撞与互补，也显示出地方文化挑战房地产市场的强大功能，显示出城市意向的新与旧、物质与象征之间的矛盾。上海城市空间的结构，借助文化视角的分析解构，呈现出两种形态：一是以工人新村为代表的、大众文化为基础的市民文化，在今天更多地表达为一种市民精神；另一方面，则是以历史文化保护区的再利用、世博会为代表的现代文化，试图从物质和精神的双重层面，为城市未来的发展寄予了期待和想象。从根本来说，城市的更新发展离不开历史遗产、特色风貌、重大事件等文化力量的型构，而任何文化都面临一种经历变化的可能与因素影响，并通过许多不同方式的变化，来推动或激发文化发生变化——或整合、或同质、或分解，进而改变本土原有的社会和自然条件，促进生成一种动态整体的文化复兴的综合图景。

当全球化已经深入到社会各个角落，作为社会文化载体的城市深受其影响：一方面表现为全球城市空间及结构体系的重组，伴随城市空间趋于同质、地方文化主体淡化；另一方面，则表现为重大事件对于文化促进与冲击的双重效应，城市发展模式不断复制与创新。其中，具备包容性的社会经济及文化发展策略，是成功建设可持续型城市的关键，而本土生活特质、社会生活的多样性也由此衍生。因此，融合全球与本土，尊重本土特性、文化特质及社会多样性，鼓励不同房屋类型、建设和运营模式，完善社区公共配套及提升地区品质，应构成当前上海对接“全球城市”建设、促进城市更新发展的底线。

其次，非常突出的是，城市空间建构对于历史文化要素正给予更为强烈的关注，强调充分挖掘和利用历史文化资源及社会发展资源，将文化资源与其他生产要素紧密结合，增强文化特色与吸引力，促进综合多功能的环境改善，提升居民生活和产业发展。而具有针对性的更新模式、差异化的改造方式，正在成为当前城市空间发展和研究引导的主要方向，并与一个区域历史文化的空间分布、发展现状、开发导向密切结合，以与市场紧密结合但更为审慎和关注民议的方式，体现出历史文化的空间再构与利用。这与国际上的发展导向也是相一致的，如伦敦，针对公共中心区、机遇区、复兴区等政策区，分别采用修缮、整治、重建为主等不同的更新模式。

再次，则是着眼于促进社会关系的平衡与生活格局的延续，尊重市民精神、促进公共交往。旧区改造或新的城市建设，应能与本土生活格局的延续相协调，不对社会关系的协调与平衡造成破坏——这对于城市文化的演绎和传承极为重要。无论完善原有生活网络中的社区配套和公共空间、增加步道、提升绿化服务水平、促进市民的活动与交往，还是借助突变的文化载体重构的新的城市公共空间、标志景观、活动场所，都构成了当前上海城市发展独特的历史过程和现实处境，也激发并代表着当前文化嬗变下的城市转型发展。

东斯文里地区里弄建筑保护与发展的实践考察

上海的里弄建筑是特定历史时期的产物，是上海城市的名片，与城市中大量居民的生活息息相关。上海的里弄不仅是物质形态上的，更是在历史发展中逐渐被赋予了更多的内涵，记录了上海的历史与文化。它曾经作为上海现代性样本而存在，但如今却面临着城市发展路径的抉择。城市快速发展中大量的里弄住宅建筑被拆除，改造所带来的破坏已经被社会各界广泛认识，作为上海特色的里弄住宅的保护已经成为迫切需要解决的问题（郑时龄，2016）。本书将重点从上海里弄街区保护与发展的意义、目前所面临的居住需求难以满足和商业化过剩等困境进行分析，同时借鉴国外对于构成城市肌理的一般历史建筑保护发展方面的理念、方法与措施，以上海东斯文里地区为例，探讨上海的一般里弄建筑保护与环境提升、延续地区文脉与特色的理念与方法，以及政策与制度配合可能。

上海里弄建筑保护与发展的意义

其一，构成上海特色的城市肌理。上海里弄建筑的出现与发展是与租界的演变及人口的迁移同步进行的，形式上是中国传统四合院与西方联排住宅的相融合的产物，到 1949 年为止，里弄建筑发展为上海分布最广、数量最大、居住人口最多的住宅类型。据统计，在当时市区 82.4 km^2 范围内，里弄总数约 9 000 处，住宅总建筑面积 2 359 万 m^2，构成了当时上海市区密实有序的城市肌理（图 3.26）。

图 3.26　上海市中心区域 20 世纪 30 年代鸟瞰照片

其二，塑造上海人的生活方式。里弄建筑是一个具有历史性独特的居住空间形态，它对上海一个多世纪来的地方文化形成和上海人行为准则、价值观念具有重要的影响。里弄空间则是一个平等、开放的交流空间。夏天晚上，大家喜欢在弄堂里乘凉，里弄成了居民们拉家常，交流讨论的空间；冬天，老人们喜欢坐在门外晒太阳，里弄又有街道眼的作用；里弄中的居民彼此熟识，互相帮助，与现在高层住区的邻里关系有着天壤之别。从社会学角度上，里弄比起城市中形式各异的居住类型更具有“开放、包容、多元”的现代性，一代一代的人把自己生活的痕迹交叠其上，可以说里弄建筑塑造了上海几代人的生活方式。

其三，记录上海的历史与文化。众多与国家命运相关的大事和名人故居都与上海里弄相关。比如，中共一大会址见证了中国共产党的诞生，吴昌硕、何香凝、陶行知等各界的名人都曾居住在上海的里弄中，其中最有名的要数多伦路区域周边的里弄，曾居住过茅盾、鲁迅、丁玲、叶圣陶、郭沫若等多位文化名人，可以说构成了 20 世纪 20、30 年代文化界的大本营。同时，由于众多文人居住，文学中还有众多对里弄的描述，给里弄赋予了更多文学艺术上的魅力。

上海里弄保护与发展所面临的困境

里弄建筑曾经被上海人认为是理想的居住空间形式，一种既适应当时城市房地产开发规律又同时满足传统生活方式和现代生活需求的城市居住类型，现在却沦为与棚户区相提并论的改造对象，成为了城市旧城改造的重点之一，以下四个方面的原因是存在的。

首先，基本生活需求难以满足。上海的里弄建筑兴起于 19 世纪 60 年代，由于租界人口急剧增加，住房问题日益突出。租界为接纳难民，动员商人投资建设这种密度高、小中西结合形式的住宅。中华人民共和国成立以后，由于里弄的所有权发生了重大变化，原先独门独户的里弄住宅住进了多户，里弄住宅超负荷使用，使得里弄住房不仅人均居住面积水平低，配套设施的数量和质量也远低于上海市的平均水平。1999 年，上海市人均居住面积已经达到 10.3 m^2，其中市区人均居住面积 9.3 m^2，而旧式里弄区的人均居住面积仅为 5.8 m^2，远远低于上海市的平均水平[1]。里弄住宅就算通过改造后，其仍然偏高的居住人口密度，无法满足居民们的日常生活要求。因此，研究里弄住宅疏解改善的政策，构成确保里弄居住能保留居住功能而不被商业化的前提。

其次，在于商业化的驱动力。除了居民本身对于居住生活改善的内部诉求外，商业

1 数据来源：吕晓钧，卢济威．上海里弄保护更新的一种模式探索——西王家库地块里弄的保护与更新 [J]. 新建筑，2003(2): 10–12.

开发是导致大量里弄住宅消逝的外部驱动力，如笔者在《本土策略》一书所阐析的新天地的保留与开发。新天地的开发其实是太平桥改造规划的一部分，随着这一区域周边新建高价高层住宅不断建造，大量里弄建筑被成街区地拆除，街区整体的肌理发生了巨大的改变，地区的历史和文脉的原真性受到了破坏。

再次，缺乏法律法规保障。很长一段时间以来，上海历史建筑的保护更重视对如宗教、金融、文化、办公、医院、学校等公共建筑的保护，较少将保护的目光放到里弄这样一般的历史建筑群上来。如始建于民国三年的西斯文里，建成之初主要居住者为社会中产阶级，但是抗战时难民的涌入，逐渐改变了斯文里居住阶层结构，环境的衰败使得西斯文理纳入了旧区改造对象，最终在 20 世纪末被拆除。一路之隔的东斯文里命运就与西斯文里的命运大相径庭，原本规划需要拆除的建筑得以及时通过评估，被进一步纳入作为历史街坊而得到了保留。

最后，缺乏里弄住宅更新的相关制度。对一般里弄建筑除了缺乏相应的法律保障之外，还缺少相应的制度支撑。如极负盛名的历史街区“自下而上”更新的样本上海田子坊，最初是一个面临拆迁改造的石库门里弄，由于房地产市场的变化，动拆迁成本的进一步高涨，居民对动拆迁利益诉求、市政府对创意产业园的支持、学者对于城市历史文脉保护的呼吁、社区组织在更新中的积极参与等各种合力，共同营造了田子坊能生存下来的环境，才逐步成为了一个居住、商业、旅游和时尚交融的新地标。由于缺乏里弄住宅更新的相关制度，现行的房地产开发制度又限制了居民自主的更新行为，由此构成了田子坊地区更新进程中的诸多矛盾，面临了老城区更新、文化创意产业区发展、社区再生、产权“居改非”等问题。因此说田子坊是个幸运的特例，但更多的里弄住宅由于种种限制无法找到生存下去的路径而消失在历史的长河中。

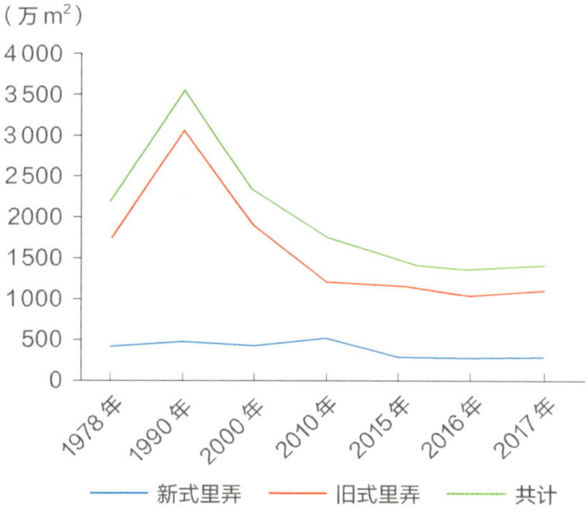

表 3.3　上海市里弄建筑总量变化趋势

年份	新式里弄（万 m^2）	旧式里弄（万 m^2）	共计（万 m^2）
1978 年	433	1 777	2 210
1990 年	474	3 067	3 541
2000 年	428	1 896	2 324
2010 年	527	1 237	1 764
2015 年	308	1 190	1 498
2016 年	296	1 061	1 357
2017 年	303	1 109	1 412

总体而言，内部的居住需求无法满足，外部市场力量的驱动，同时缺少相应的法律保护和更新制度支撑，使得代表上海城市发展脉络和肌理的里弄住宅地区，面临着巨大的生存危机。

东斯文里地区规划实践的特点及思考

其一，保护理念的巨大进步。

东斯文里位于静安区东北部，地处上海中心城区的核心地带，距人民广场和南京路市级商业街仅一千米之遥，区位条件优越。东斯文里所在的街区在近代史上属公共租界区，初名“忻康里”，为民国初期英籍犹太人所建，后房产几经转手，最后归斯文洋行所有，改名为东斯文里和西斯文里，是上海规模最大的旧式里弄之一。“八一三”事变后，杨浦、虹口及闸北等地市民纷纷向苏州河以南迁居，斯文里一带人口骤增，成为全市闻名的人口高密度地区之一（图 3.27，图 3.28）。

东斯文里除曾是上海最早的成片中式石库门建筑群，里弄规模较大且保存相对完整，除有较高的历史及文化价值外，在上海市历史风貌区扩区深化中还被列为“里弄住宅风貌街坊”。东斯文里南侧的街坊拥有“彭湃烈士在沪革命活动地点”“中国劳动组合书记部旧址陈列馆”和“小德肋撒天主教堂”共 3 处市级文物保护单位。除此之外，围

图 3.27　东斯文里行号图（20 世纪 30 年代）

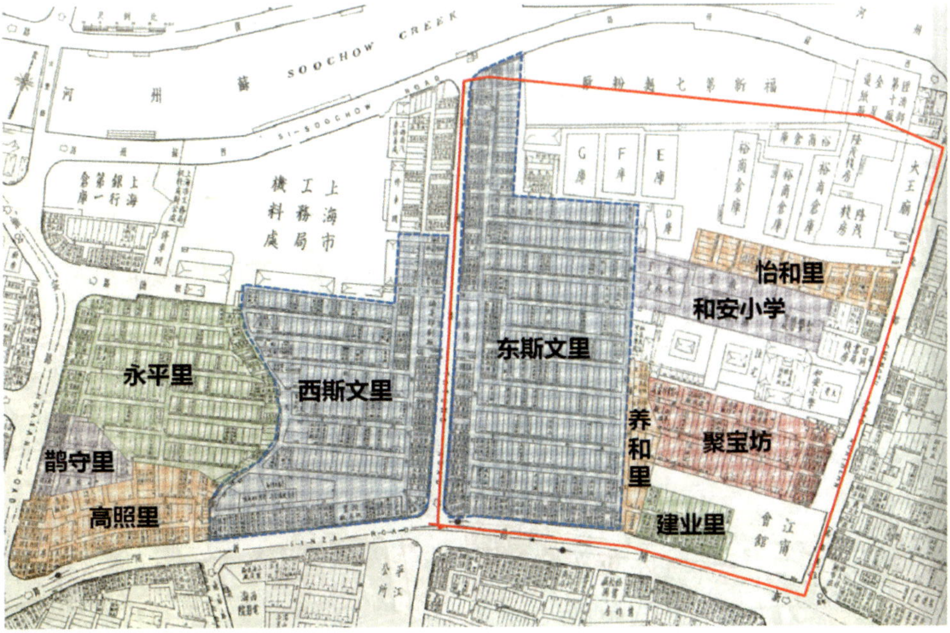

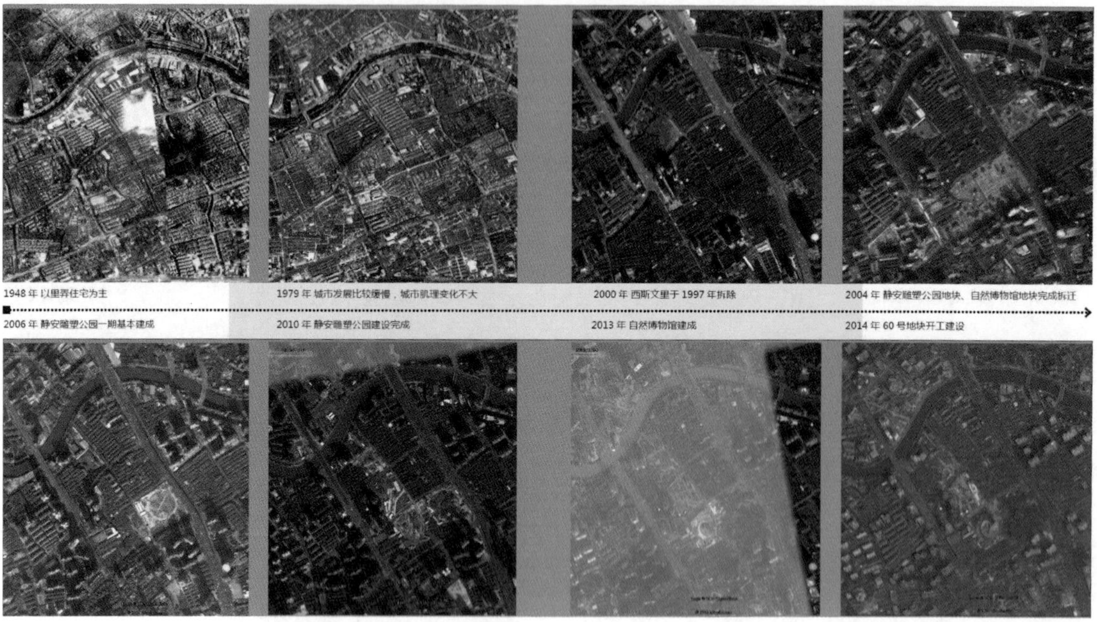

图 3.28　地块历史变迁

绕小德肋撒天主教堂的安顺里、培德里等里弄也是具有显著风貌特色的成片石库门里弄建筑。

从历史上来看，石库门里弄的街道往往构成极具生活气氛的共享和日常交流的空间，主弄、支弄有序分布，线性空间特征明显，吸引今天人们来此深入探索，感受独特的里弄建筑特色及其所载入的历史感。这些也构成了新的规划编制与方案设计中所要把握的核心所在（图 3.29，图 3.30）。

在2007年编制的控制性详细规划中，对东斯文里的功能定位为现代服务业产业园，用地性质为商办用地，即如按原规划执行，东斯文里将被全部拆除。因此，东斯文里从需要拆除更新的街区，转变为保护和保留的历史街区，首先是一个城市历史保护观念进步的体现，正如笔者在本书“保护更新”部分中反复强调的，是将原来的“拆改留”的发展策略转变为关注历史与城市肌理的“留改拆”，把里弄等普通建筑跟城市文化的关系放在一起通盘考虑，可以说是保护理念的一大进步（图 3.31）。

在 2017 年 7 月 12 日的绿色建筑国际论坛上，上海市住建委透露在目前上海已经完成历史保护建筑的普查。普查结果显示，中心城区有 730 万 m^2 里弄房屋需要保留保护，剩余仅 80 万 m^2 里弄房屋没有保留价值而将拆除。以本次普查为显著标志，上海加强对 50 年以上历史建筑保留保护的工作，宣示着此后这种针对一般历史建筑的保护思路会成为上海城市发展的新常态。

图 3.29 街坊现状平面及鸟瞰

图 3.30 现状主要保护建筑与保留建筑

原控规图则　　　　调整后图则

图 3.31　原控规与调整后图则对比

其二，灵活弹性的规划手段。

东斯文里虽然被保留了下来，但由于上海中心城区寸土寸金，对于保留后的转型和发展需要大量的资金支持，尤其像静安别墅、步高里等仍然以居住为主要功能的里弄街区，基本都由政府出资修缮与改造。然而，政府的资金很大一部分来源于土地财政，街坊内里弄建筑的保留一方面使得土地出让费用存在极大减少的可能，往往还需要付出数目不小的修缮与改造费用，使得里弄建筑的保留在经济层面操作困难，难以为继。

在东斯文里的规划调整过程中，考虑到需要抢救性保留石库门里弄等历史建筑的因素，又要能在经济上可操作，保留的历史建筑总量作为奖励，并不计入原地块容积率这一点得以明确。在规划核定的地块开发容积率不变的前提下，同意综合平衡周边街坊容积率，通过深入研究平面布局和专家论证等方式，最终确定建筑容量和高度的分布。其实这种区域内部平衡的开发权转移在美国等西方国家作为一种比较成熟的规划手段，在城市风貌保护、公共环境品质改善、生态环境保护等方面发挥着重要作用。但上海针对历史建筑保护的开发权奖励实施方面的规定则是根据《上海市城市更新实施办法》（2015）第十七条（四）“按照城市更新区域评估的要求……增加风貌保护对象的，可予建筑面积奖励”来具体落实与执行的。

可以说，建立风貌保护开发权转移机制是对历史街区和一般历史建筑进行保护非常关键的一步，大大增加了规划实施的可操作性和可实施性，同时通过这种弹性机制，化解了新老建筑的保留与开发的矛盾，有利于将历史保护转化为规划亮点。

其三，多元化的参与机制。

田子坊能够得以保留的很大一部分原因是其更新过程中能调动社会各类资源，不断扩大利益团体，争取到居民、艺术家、商户和消费者，以及城市学者、建筑师、历史保护者、各类媒体和不同层级的政府部门的支持。历史街坊的更新需要考虑未来更新与发展的各个阶段的集思广益与多元参与。

东斯文里地区的规划设计发展进程中，一直进行着广泛的意见征集与多方参与（图 3.32～图 3.36）。在方案阶段邀请了 Ben Wood 事务所、David Chipperfield 建筑事务所、瑞士 Lemanarc 建筑及城市规划设计事务所、上海高目建筑设计事务所、上海华东规划院等五家设计公司进行了方案设计，经过郑时龄、周俭等多位专家评定，最终选定 David Chipperfield 建筑事务所的方案为基础进行深化。其方案提出对里弄整体在人步行尺度范围的肌理延续及对里弄沿街界面的延续，通过在东侧、南侧扩大范围的里弄地块内插建高层建筑，进行周边地块总容量平衡研究，从而延续城市空间记忆。在未来的规划实施阶段，可以想见会有更多的以市场为主的公司企业参与到东斯文里地区的建设过程中。经历了建业里争议、巨鹿路违拆事件后，更多的媒体（包括自媒体）也会对历史风貌保护进行监督。

当然，东斯文里在规划实践中还有不少值得探讨与反思的地方。一方面，由于东斯文里之前是明确拆除的地块，居民基本都已经迁出，但更多的里弄还是以居住为主，并且居住在里面的人有部分也不愿意迁出，因此也让我们不禁可以思考，有没有可能从新的规划理念、实施机制及保护基金等方面保留原住民，同过适当改善，能让一部分居民继续居住在原地，同时不排除部分改变适当的功能；若住户愿意完全搬迁的也可将这部分里弄改作青年公寓、保障性住房或艺术家工作坊等以居住与文化为主的功能，保留其原真性。另一方面，容积率转移的方式仍需专研与探讨，城市的历史地段一般位于城市中心区，普遍存在建筑密度较高、建设强度高、新增用地有限的情况，如果开发权就近转移，很容易造成传统的风貌街区附近高楼林立，可能会对风貌产生较大负面影响。因此，开发权的转移更为综合考虑地价、风貌影响等因素，寻求在城市的更大范围内实现，减少对风貌区的空间压迫，不失为更好的一种选择。当然，这样的方式也将需要更大范围的资源调配、运作协调。

里弄建筑是上海历史的叠加与文化的共生，目前无论是以改善型修缮模式为主的步高里、静安别墅，以商业模式为代表的新天地、建业里，还是以商住混居模式为代表的田子坊都各有优缺点，没有一个能达成社会共识。希望通过类似于东斯文里的上海里弄保护与更新，不断地摸索，积累经验，探索里弄保护与更新的新途径。

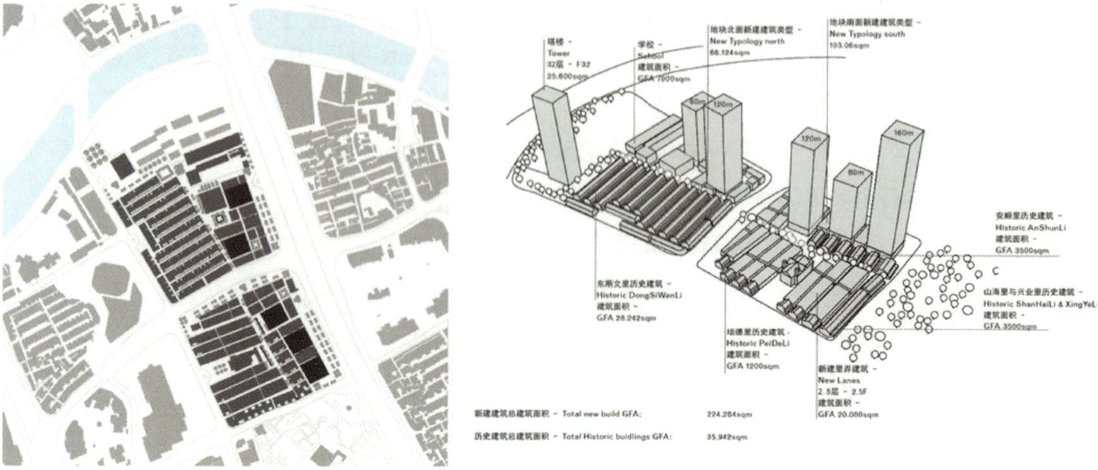

图 3.32　Daivid Chipperfield 事务所方案

图 3.33　Ben wood 建筑事务所方案

图 3.34　上海高目建筑设计事务所方案

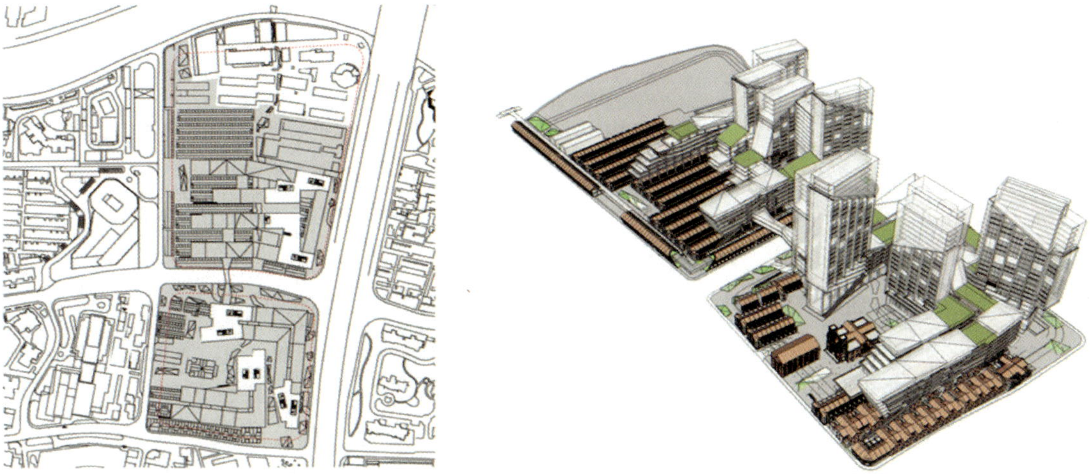

图 3.35　瑞士 Lemanarc 建筑及城市规划设计事务所方案

图 3.36　上海华东规划院方案

整合历史文化要素的街区更新与设计引导：上音附中

上音附中的发展概况与文化角色

音乐文化是上海建设国际化大都市、增强文化软实力的重要内容。上海音乐学院附属中等音乐专科学校（简称“上音附中”），作为上海音乐学院的重要组成部分，在音乐文化建设方面担任了重要的角色，是上海建设全球城市的重要载体。上音附中是国家级重点中等职业学校（中专），由上海市政府与文化部门共建，以上海市政府管理为主，直属上海音乐学院领导。建校以来，在国内外音乐比赛获奖千余人次，涌现出一大批音乐人才，为祖国高等音乐院校源源不断地输送着优质生源（图 3.37）。上音附中自身在教育设施配置、设施服务水平等方面，也因此具有更为迫切的发展需求。而现状存在教学设施利用率不足、部分建筑老化等问题，成为制约学校进一步发展的瓶颈。

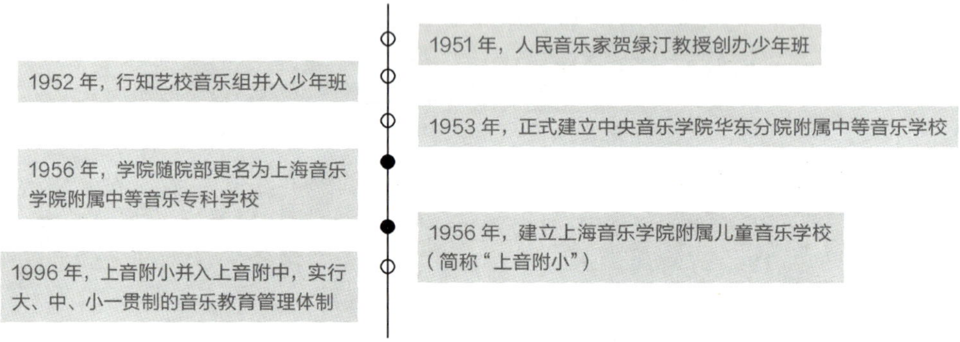

图 3.37　上音附中历史沿革

上音附中处于衡复风貌区的中心位置。衡复风貌区形成于 20 世纪上半叶，是上海中心城内规模最大、优秀历史建筑数量最多的历史文化风貌区，体现了上海近代居住和公共活动场所的风貌特征（图 3.38）。其中市级文化艺术资源和文物保护单位主要集中在风貌区东部，上音附中周边文化资源亦十分丰富。在我国高度重视历史文化保护，强化历史建筑、历史风貌保护工作的背景下[1]，2018 年 8 月 10 日，上海市主要领导一行

1　2017 年 11 月，上海市人民政府印发《关于坚持留改拆并举深化城市有机更新进一步改善市民群众居住条件的若干意见》的通知（沪府发〔2017〕86 号），提出坚持“留改拆”并举，深化城市有机更新，进一步改善市民群众居住条件。

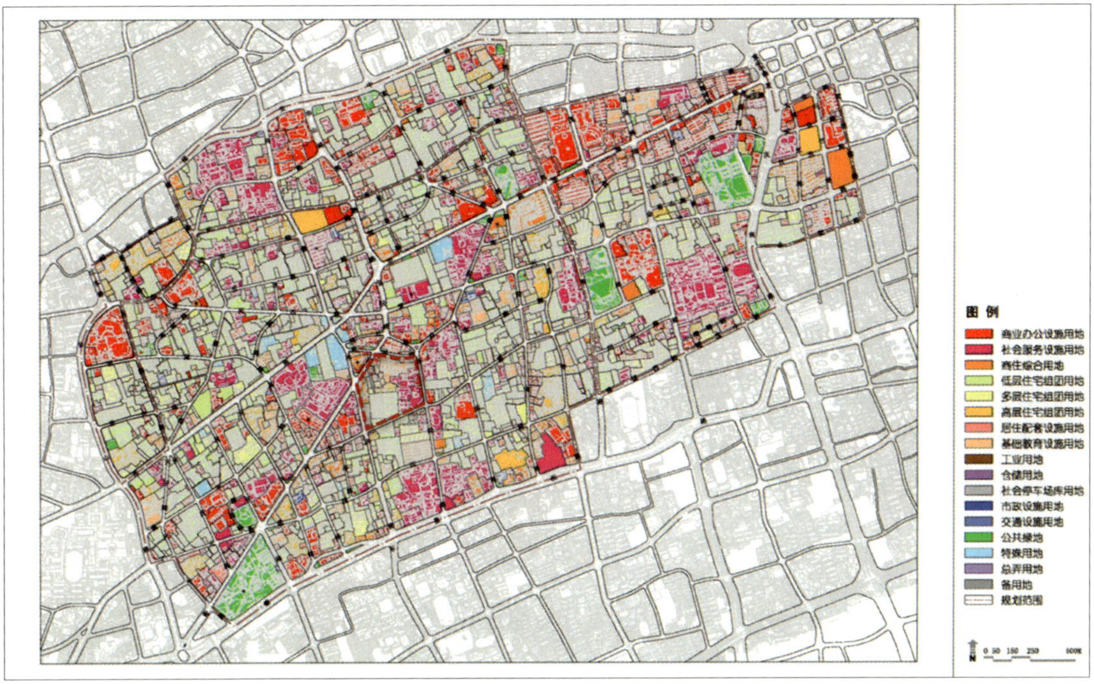

图 3.38 衡复风貌区用地规划图（所在区域丰富的历史文化风貌基底）

到上音附中对爱庐等优秀历史保护建筑进行调研，要求对校园建设要有统一规划，未来可以更好地呈现优秀历史文化风貌，提升教学用房的使用效能，进一步办好音乐教育。2018 年 10 月，上海音乐学院附中历史风貌保护与校园布局规划梳理工作正式启动，区域更新发展相关的一系列研究与行动陆续开展。

街坊历史文化聚焦及更新影响因素分析

地域要素特征可以说构成了文化发展的一种基底，可以对地域本土格局的形成、社会政治经济稳定和人的生活方式等产生深远影响。其中，城市空间的发展作为人类在其自然环境的基础上施加作用的结果，一个地域的特征必须从自然要素构成出发，无论是这一区域的气候、环境随着时间形成的肌理，还是自然生长的树木；其次，人文环境构成了一种无形资产，具有社会性、文化性的显著特征，往往可以借助于一定地域内文化活动的空间分布、人文事件与现象等体现出来。因此，街区历史格局、人们生产和生活所构成的人文状态，可以说构成了分析这一地区发展的关键基础，并能够借助具有地域特色的感知序列、标志物等的体现，来延续和彰显一定地域的文化特质——反映到社会因素和技术手段，则涉及空间关系分析、人文历史条件分析、空间演进、用地布局、彰显文化特色的形态支持等。

上音附中所在街坊北至东平路、西临衡山路和乌鲁木齐南路、南至永嘉路、东至岳阳路，周边道路均为一类风貌保护道路，街坊总用地面积约 11.54 hm^2，基地范围为 2.39 hm^2。街坊周边以低层住宅和社会服务设施为主，周边道路均为风貌保护道路，四周分布有懿园、克莱门公寓等上海市优秀历史建筑，以及林巧稚旧居等名人故居，还有上海越剧院、上海交响乐厅等音乐演出场所，另外东侧有上海教育会堂、上海华育业余学院等教育设施（图 3.39），带给人的文化感知深厚而强烈。

上音附中区域具有较高的艺术和人文价值，街区发展也具有深厚的历史文化底蕴。根据 1949 年历史资料，地块内主要由公寓式花园里弄、花园住宅、农园和空地组成，其中花园住宅占街坊主要用地面积，主要沿东平路、岳阳路分布，公寓式花园里弄（永嘉新村）主要分布于街坊南侧，空地和农园分别分布于街坊中央和西侧。目前现状街坊内共有 8 处挂牌的优秀历史建筑和文物保护点（图 3.40，图 3.41）。正是紧密结合这些特征鲜明的文化性要素、历史资产，研究推进的第一步，就对用地范围内的建筑情况，涉及建筑规模、建筑年代、建筑结构、建筑功能、建筑层数及建筑质量等，做了针对性的细致梳理（图 3.42）。街坊内建筑以低多层为主，与所在区域整体风貌十分协调（图 3.43）。

图 3.39　街坊情况及周边设施

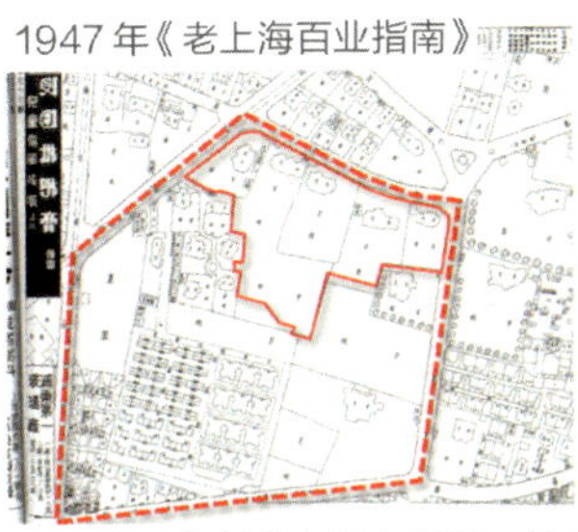

1948 年，街坊北部沿东平路、衡山路已形成较多花园住宅，尤其是沿东平路学校内的 5 栋历史建筑已存在；街坊南侧永嘉新村肌理形成；中部及东部较为空旷，整体肌理还未完全形成

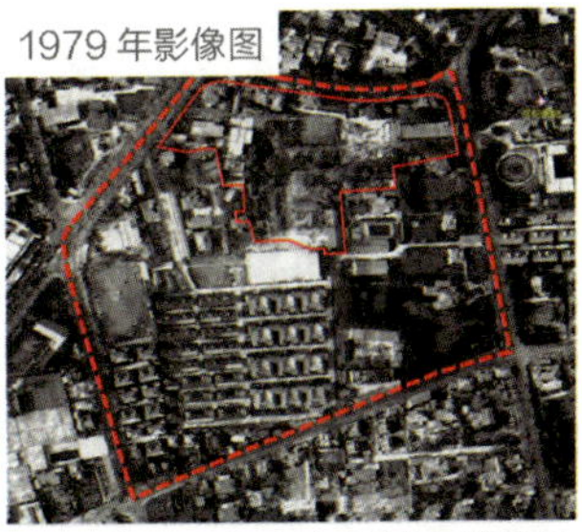

1979 年，沿衡山路靠近东平路的西楼、8 号楼已建成；沿岳阳楼建设了东楼等建筑

1994 年，街坊的中部、东部新建了较多建筑，沿岳阳路增加了高层建筑

2006 年，街坊西北角新建了芝大厦等高层建筑；整体空间格局基本形成

2006—2017 年，基本保持了原有的建筑肌理

图 3.40 街坊历史沿革

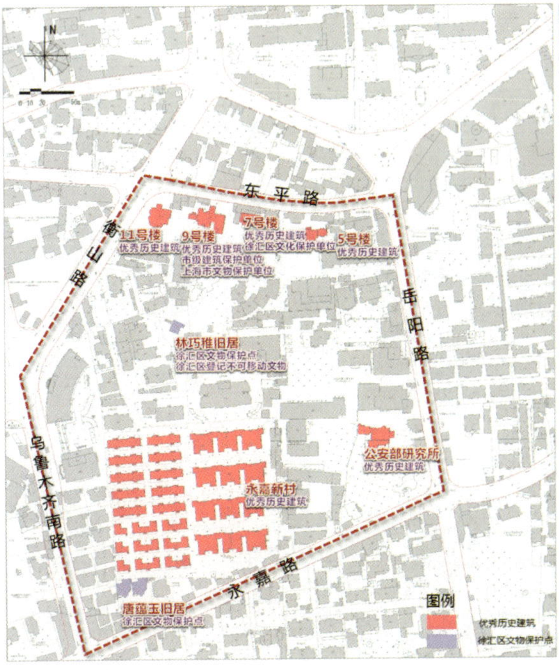

11 号楼	上海市优秀历史建筑
9 号楼	上海市文物保护单位 上海市优秀历史建筑 市级建筑保护单位
7 号楼	上海市优秀历史建筑 徐汇区文化保护单位
5 号楼	上海市优秀历史建筑
林巧稚旧居	徐汇区文物保护点 徐汇区登记不可移动文物
唐蕴玉旧居	徐汇区文物保护点
永嘉新村	上海市优秀历史建筑
公安部研究所	上海市优秀历史建筑

图 3.41 现状街坊内优秀历史建筑和文物保护点

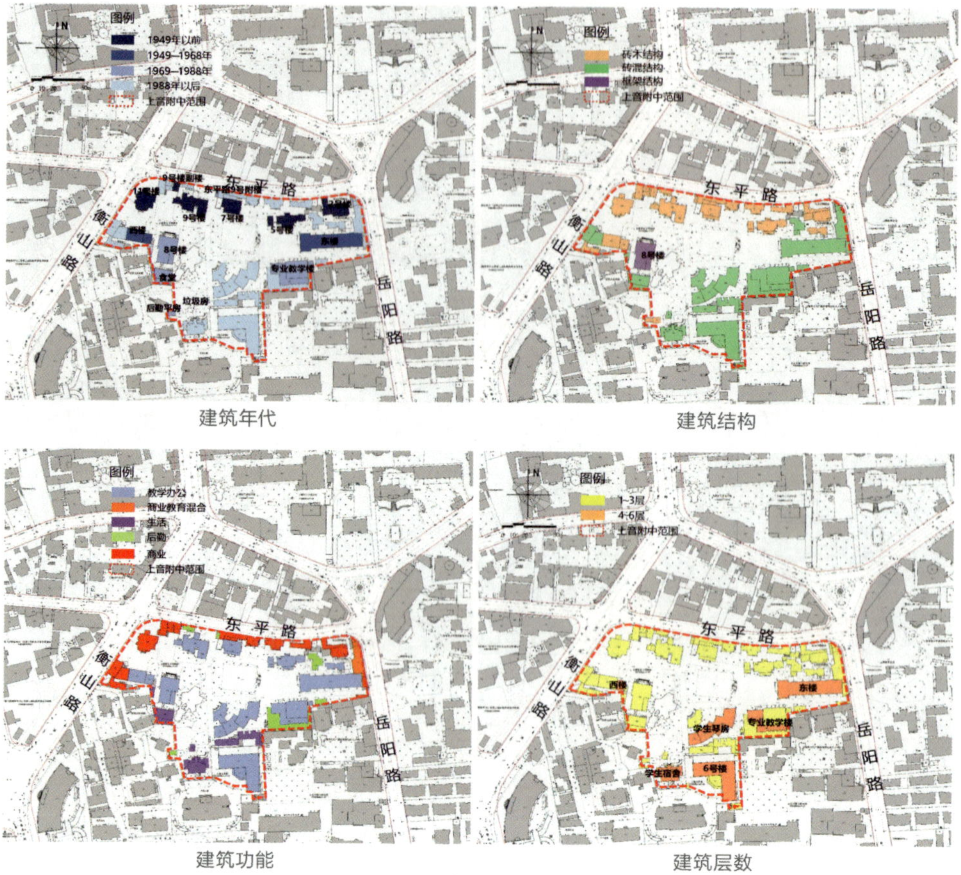

图 3.42　现状建筑情况梳理与分析

图 3.43　区域建筑高度情况

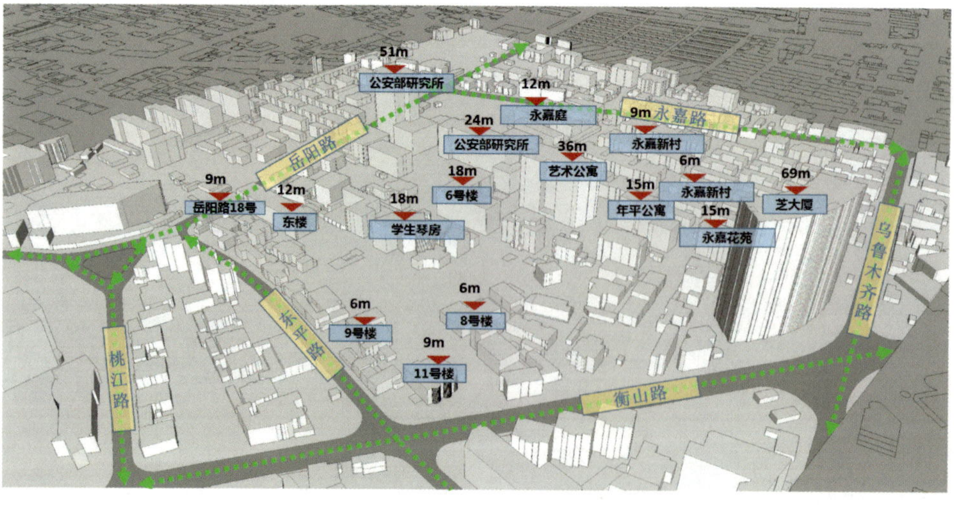

街坊内现状功能主要为社会服务设施用地、住宅组团用地、基础教育设施用地、商办及少量的商住综合用地。结合沿街建筑界面的分析，可以发现北侧的东平路对于历史特征的延续最为明显，功能上则呈现由居住向商业、教育的转变（图 3.44）。同时，区域内现状公共绿地和公共广场较少，沿东平路—岳阳路—汾阳路与上音大学部有较多封闭绿地，有一定的系统性，但公共开放度不够（图 3.45)。

基地街坊轨道交通服务辐射较好，周边地面公交较为发达，步行 300 m 范围内有 6 处公交站点，出行便利。但轨道交通 7 号线控制区域横穿街坊西侧将近一半区域，使得在街坊的更新发展引导中，需要首先根据相关规划管理规定，合理确定街坊内可建设范围。街坊内各个主要功能地块都设有对外车行通道，且都设有门禁；除了西侧芝大厦拥有地下停车场，其他区域均为地面停车（图 3.46）。从街坊及周边区域来看，结合交通热力分析，衡山路在早晚高峰局部存在拥堵，总体来看，周边交通状况尚可。

图 3.44　东平路沿街界面分析

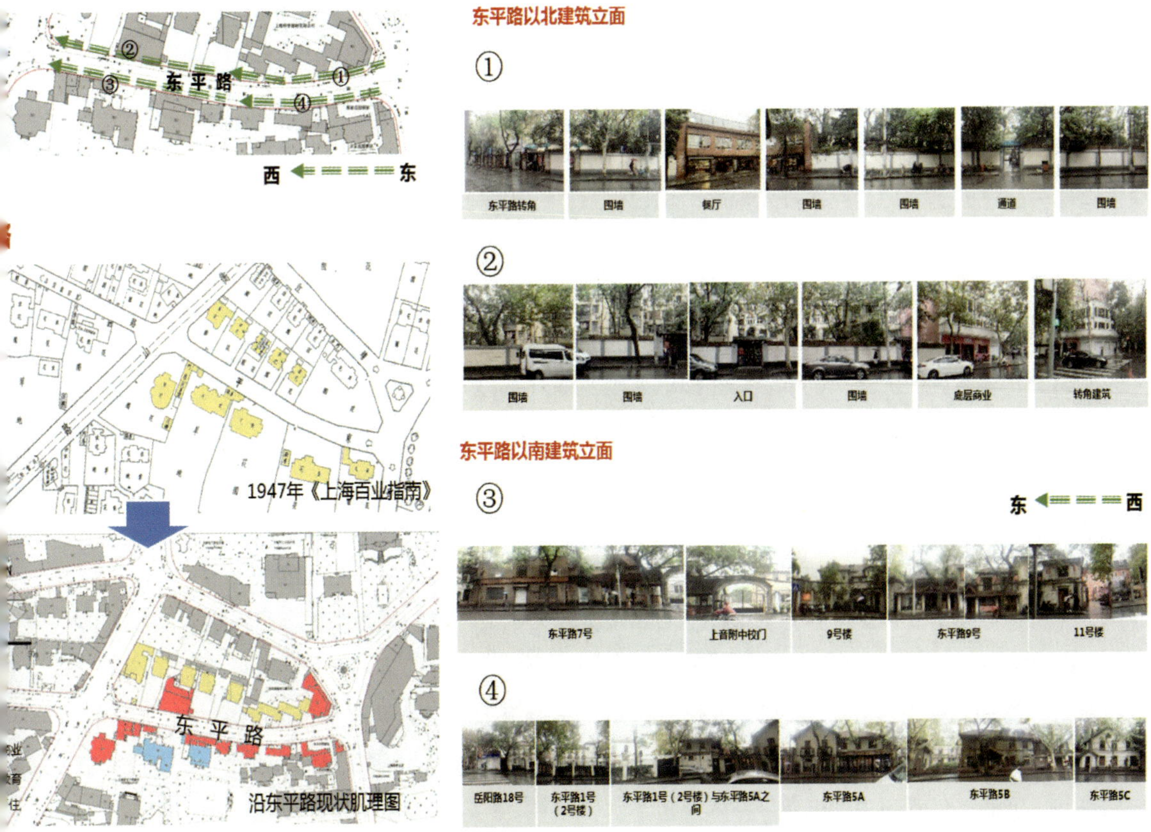

图 3.45　区域现状公共空间分析

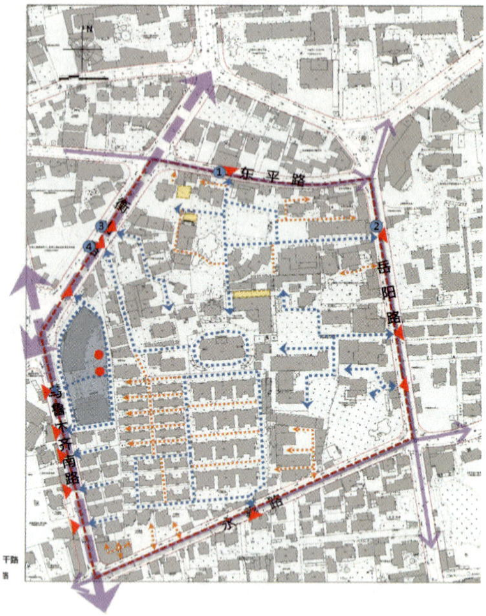

图 3.46　街坊内道路交通情况

就上音附中当前发展而言，一方面，学校建设过程中由于有较多加建建筑，对街坊内原有历史肌理有较大改变；街坊周边城市界面开放性不足，尤其是沿东平路与岳阳路交叉口。其次，历史建筑展示度不足，需要更好的保留、修缮和活化再利用；尤其，地块内有部分建筑缺乏养护，存在安全隐患，现已闲置，利用率较低。此外，这一地区也存在上海中心城区普遍存在的停车设施缺乏的状况。

多维整合：更新引导的目标与空间结构的推理

从遵循历史肌理，最大化的展示历史建筑风貌及提升城市界面空间，尤其是街角空间的开放度等角度出发，满足上音附中的发展需求，满足市民对文化的需求，满足衡复风貌区的保护要求。

第一，复合化功能激发地区活力。整体引入与历史文化风貌和空间格局相匹配的复合化功能业态，强化学校内部学术与外部展示两大圈层的错位发展，并与周边区域形成联动，充分挖掘开发音乐文化潜力，承担上海建设国际文化大都市的重要载体，打造世界级音乐金牌选手的摇篮。

第二，微改造留下校园“乡愁”。对历史建筑严格遵守原真性、最小干预的手法，还原历史场所，保留原有记忆；对新建建筑控制建筑高度及外立面，协调区域整体风貌。严格遵循《上海市优秀历史建筑保护技术规定》对 7 号楼、9 号楼等所明确的立面、环境保护重点及要求（图 3.47）。

根据历史地图，原东平路南侧均为花园住宅，沿街均为围墙界面，主要建筑适当后退，留出前院空间，主要建筑立面基本无遮挡。在遵循已有规划的基础上，本次改造希望保留并最大化展示历史建筑的原貌，对历史形成的主要开放空间的有影响的建筑进行适当改造和拆除，重点考虑东平路沿街有序列感的、富有历史价值的建筑界面（图 3.48）。

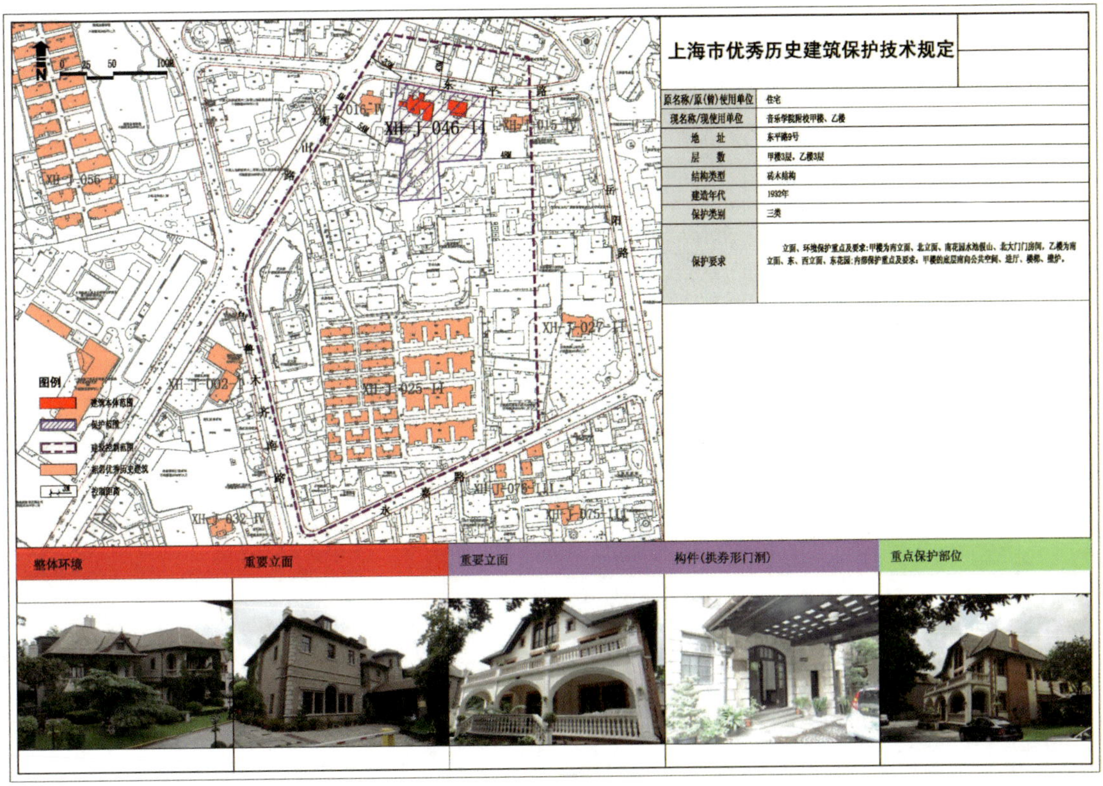

图 3.47 《上海市优秀历史建筑保护技术规定》明确历史建筑的立面、环境保护重点及要求

图 3.48 评估聚焦的可更新建筑

根据《上海市衡山路—复兴路历史文化风貌区保护规划（2009）》，遵循规划中文物和优秀历史建筑及应当拆除建筑的分类，将基地内建筑分为文物和优秀历史建筑、经过规划管理论证可拆除建筑、应当拆除建筑三类，规划中的历史建筑和一般历史建筑划归为经规划管理论证可拆除建筑。

第三，织补法延续城市肌理脉络。《上海市衡山路—复兴路历史文化风貌区保护规划》（2009）中规划的绿化和公共空间主要沿衡山路、淮海中路、复兴路布局，尤其是上音附中与上音大学部之间沿衡山路、东平路、汾阳路形成了公共活动体系带。这一区域的更新，可以借助沿东平路新增的空间节点，将周边的公共空间，尤其是与上音大学部的历史记忆空间联系起来，延续街区肌理脉络，促进区域共享共生。

第四，集约化利用土地资源。兼顾校园学术、文化、社会等各方面的需求及学校近、远期的发展要求，发掘空间利用的潜力与可能，统筹地上地下空间开发。而这样一种目的的达到，离不开对整体结构的发展推演、功能设想，以及后续多种更新可能的方案比选（图 3.49，图 3.50）。

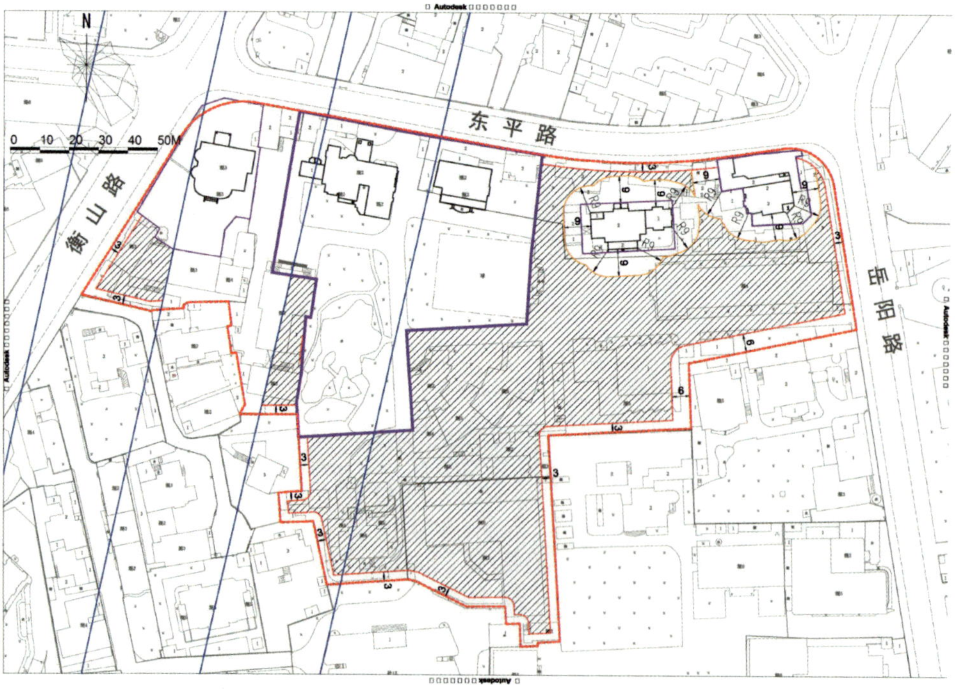

图 3.49　基地建设边界条件的综合分析

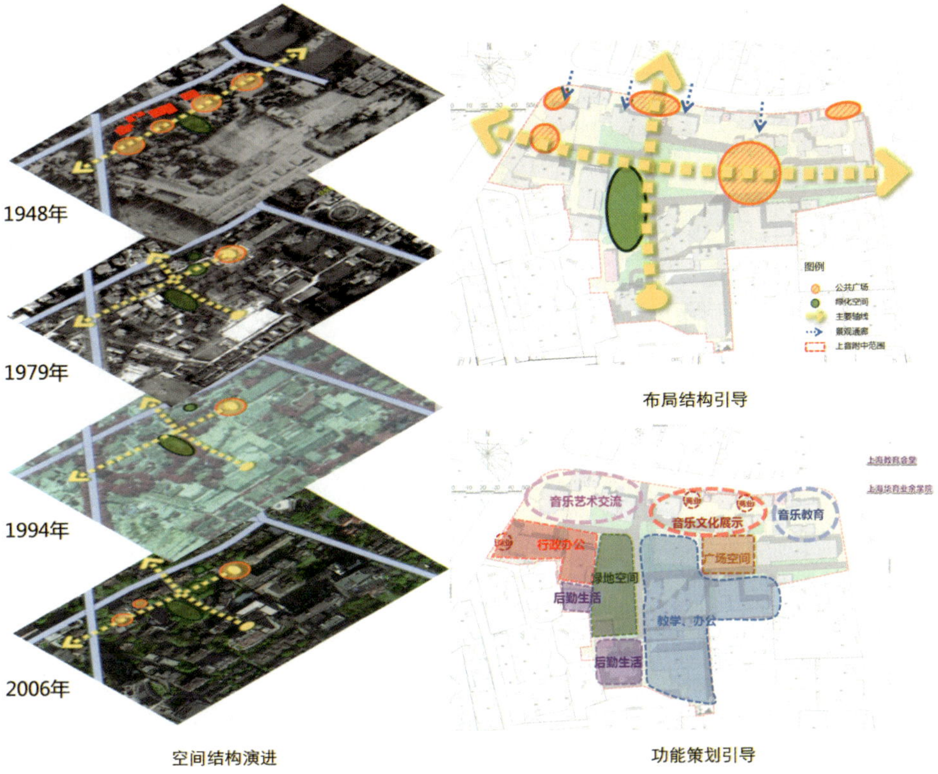

图 3.50 结合空间结构演进的布局结构与功能策划引导

“多点”推敲：六个节点的更新考量与复合性决策

由此，面向更新引导的目标，以延续这一地区的文脉、保护历史文化风貌为前提，结合整体空间结构的推理，同时考虑到上音附中、政府、市民的多元化需求，结合区域内不同节点更新所要综合考虑的各种因素——释放沿东平路的开放空间、提升区域历史文化风貌特色、满足上音附中功能发展需求等，多种可能在本次更新研究中得以进行比对（表 3.4），使得在后续的讨论与决策中，可以逐步明确更为适宜的更新思路与方向（图 3.51）。前文所展示的现实状况及影响因素，则构成下述节点重点考虑方向的判断前提和制约。

经过多方协调、设计推演、参与推进，这样一个历史文化深厚的区域，城市更新的方向和思路得以日渐清晰，未来发展过程中也必然还将不断进行功能的引导与协调（图 3.52 ~ 图 3.54），以及可能是精巧的、具有艺术性的改造等。可以肯定的是，尽管这样的城市更新研究面临各种困难与诸多选择，但切实可行的实施路径必然会在这样一种过程协调、协同推进的城市更新发展中得以落实。

表 3.4 区域内不同节点更新方案比选

考虑方向	概况及策略	方案分析
方向 1： 11 号楼、9 号楼建筑组合	东平路 9 号，建于 1998 年；1999 年，上音附中向徐汇房管局提出拆除零星房屋的报告申请。 • 还原历史肌理，最大化的展示历史建筑 • 提供更多公共活动空间 • 建议拆除东平路 9 号，建筑量为 90 m^2	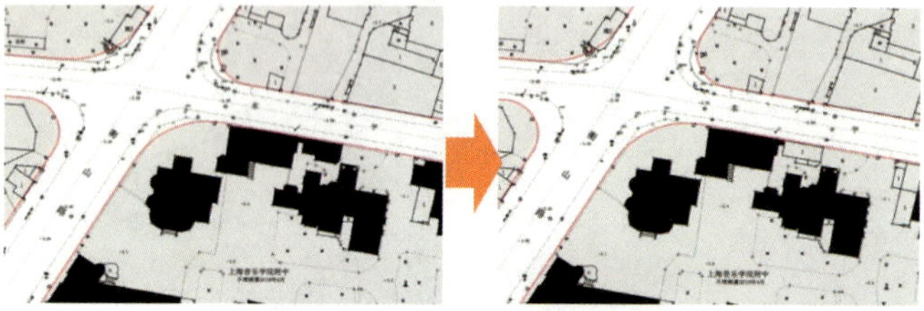
方向 2： 沿东平路沿街界面	1999 年，《关于同意上海音乐学院附中改建东平路 5 号的批复》提出将原系二层平房的 5 号办公楼分隔装修成三幢欧式小楼。 • 在保证强化 7 号楼、5 号楼等历史建筑展示度的前提下，还原沿东平路连续的建筑界面 • 在入口提供更多集散空间及公共活动空间 • 可新增建筑量 91 m^2	 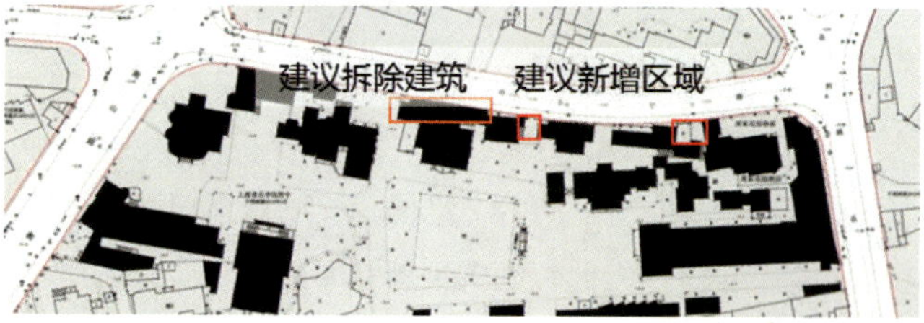
方向 3： 2 号楼（原席家花园）	从历史地图中可以看出，原席家花园（2 号楼）西侧、南侧、东侧均无建筑遮挡，南部为私家花园。现状席家花园（2 号楼）周边建筑较为杂乱，且距离席家花园较近，不利于其建筑风貌的展示；沿岳阳路城市界面开放度不足。 • 建议遵循历史肌理，最大化的展示历史建筑 • 可以进一步打开东平路—岳阳路街角空间，以释放更多的公共活动空间	  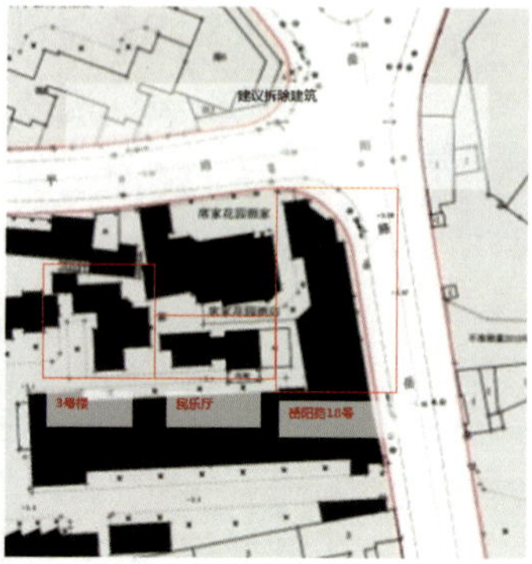

（续表）

考虑方向	概况及策略	方案分析	
方向 4： 东楼	结合东楼相关资料及现状使用情况，未来可考虑对东楼采取保留修缮或拆除重建两种必选方式。 • 保留修缮：节约资金，但地下空间开发受限 • 拆除新建：整体开发地下空间，但受到建筑高度、建筑退界要求等的较大限制，需要综合考虑新建建筑对周边建筑的影响	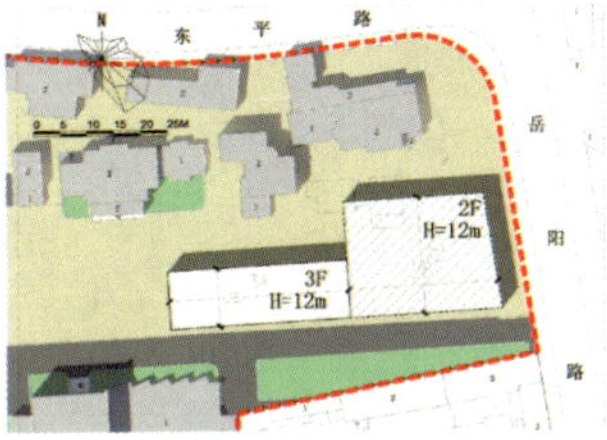 最大化新建方案验证	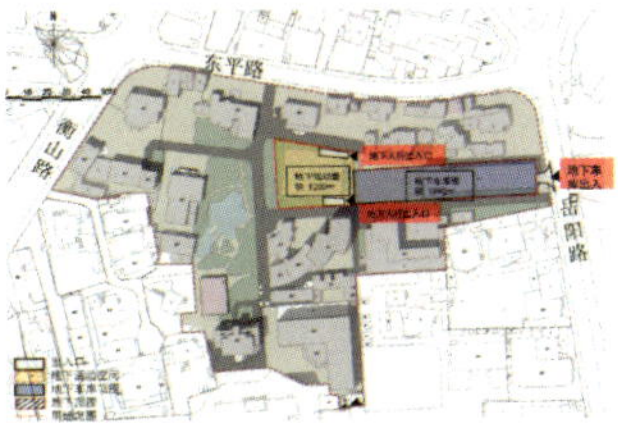 地下空间开发示意
方向 5： 6 号楼	结合南侧 6 号楼相关资料及现状使用情况，未来可考虑以下两种措施。 • 方案 1：保证新增音乐厅大空间，将音乐厅置于三层，并考虑大空间的疏散及结构合理性；一二层作其他用途 • 方案 2：改造前后建筑量不变的前提下，适当突破建筑限高，提供地下空间及更多的活动空间	 方案 1	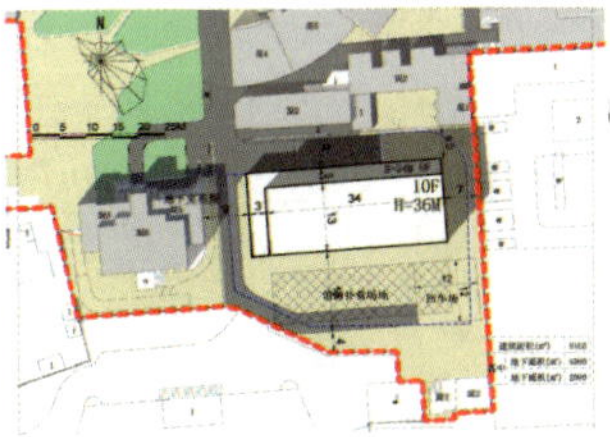 方案 2
方向 6： 南部局部新建	结合可新建范围，考虑在基地南侧，学生宿舍以北的区域新建适宜规模的建筑，有利于园区更新中体方案中进行建筑量平衡	 方案 1	 方案 2
方向 7： 中部较大规模建筑拆除新建	将位于上音附中中心的学生琴房、专业教学楼两栋建筑拆除后，整体新建 由于拆除重建的位置位于地块中心，且北侧为绿地、广场，视野开阔，结合方案验证，考虑新建建筑较建筑高度有所突破	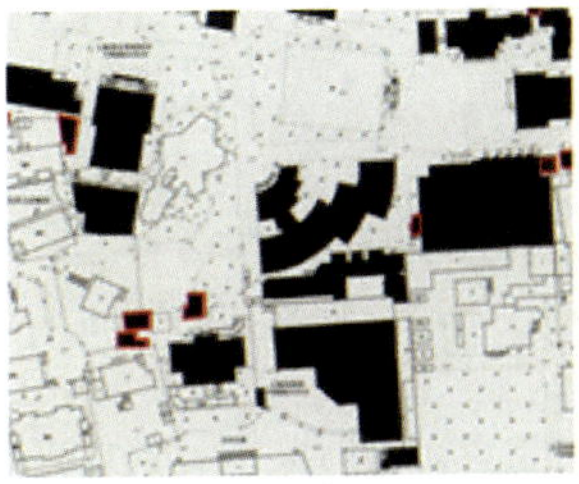	

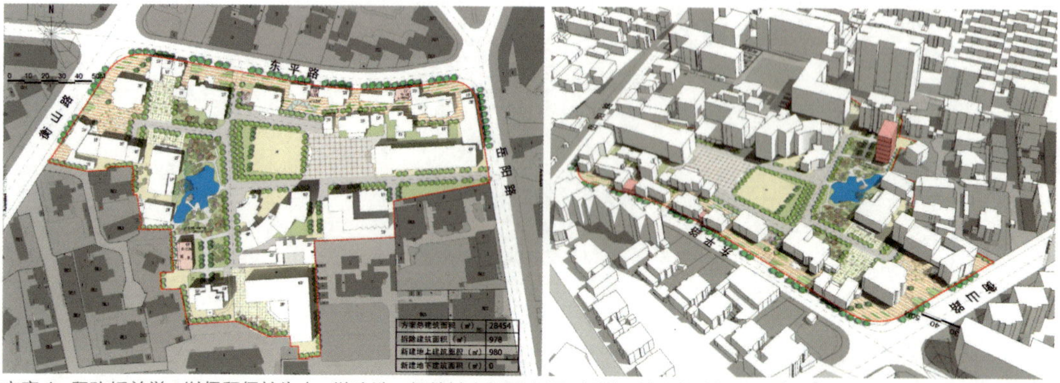

方案 1：留改拆并举，以保留保护为主；微改造，织补城市界面空间；新增开放公共空间 1850 m^2

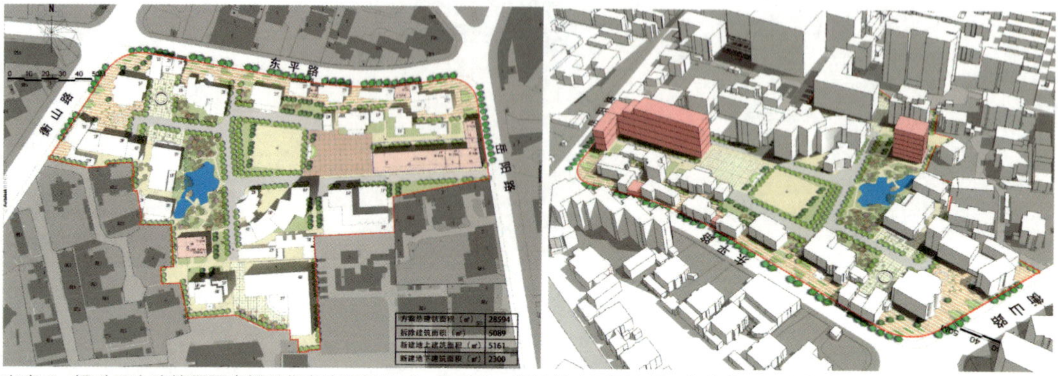

方案 2：提升历史建筑界面空间及街角空间开放度；微改造，织补城市界面空间；集约化利用土地资源；突破既有规划中的建筑高度要求

方案 3：最大化还原历史肌理；提升城市界面空间开放度；满足教学功能需求；集约化利用土地资源；突破既有规划中的建筑高度要求

图 3.51　结合不同节点更新可能，形成不同更新力度的总体比选方案

图 3.52　上音附中街区风貌（2019）

上音附中区域鸟瞰

沿衡山路沿街商铺

图 3.53　上音附中校园内的 5 号楼历史建筑与主要广场

图 3.54　发展变化着的局部城市空间

东平路、岳阳路转角处的 LAWSON（摄于 2018 年 10 月，《亲爱的，热爱的》连续剧中多次取景）

改造过程中的转角景象（LAWSON 搬走后，摄于 2019 年 8 月）

第四部分
公共营建

“城市设计的实质离不开作为一种公共政策、社会系统设计，其全过程参与城市空间发展进程的过程，在实践方式上越来越多地包含公众参与、多元协调、策划及运营、实施评估（以人的需求为核心）等——公共营建的视角更为广泛、方法更加复合和有效，公共面向得到了前所未有的重视。这与上海市政府提出的‘城市有机更新’的理念，所开展的渐进的、审慎的、更为系统与深入的工作行动，尤其是与当前‘上海 2035’总体规划城市发展目标的构建，均不谋而合、相辅相生。”

跳房子 2014.9.5. Emma

公共空间的营造与城市品牌的营销

全球化背景下城市品牌营销是打造城市核心竞争力的重要手段

全球化正以不可阻挡之势改变着世界政治经济的格局，使得城市之间竞争加剧，社会价值观和意识形态不断转变，文化竞争力成为重要资本，城市治理思想和模式也被迫不断创新。全球化对于每一个城市来说，既是一个崭新的机遇，又是一个严峻的挑战。全球化经济中，良好的要素禀赋只能是比较优势，一个城市再也无法仅仅凭借自身的天然优势就获取竞争优势。如果不能打造核心竞争力，则城市的资源、人才、资金、要素等都可能被其他城市所吸引而流失。全球化背景下的城市必须在世界经济和发展进程中，把握和发扬自身优势，发挥相应的作用和影响，才能取得一席之地。这就需要城市不仅要具有现代城市的共性，更需要追求个性。城市品牌的力量在此就显现出来了。

城市的根本功能在于其集聚和扩散，而城市品牌的作用恰恰在于加剧了城市的集聚和扩散功能。城市品牌就好像一个投入与产出的转换器，在今天越来越成为推动现代城市发展的重要力量，凝聚着城市的精神和文化，代表着城市发展的愿望、目标和信心，是打造一个城市、地区乃至国家核心竞争力的关键要素之一。罗马——永恒之都、威尼斯——水上之都、巴黎——时尚之都、香港——动感之都等，一个个响亮的城市品牌，代表的是这个城市的独特竞争力。

作为一种巨大的无形资产，城市品牌形象往往借助于城市的个性与差异、感知与识别体系、城市事件与体验活动等主旨表现，来向人们传递一个城市的地域文化特色与精神内涵，呈现对城市持续发展、增强竞争力的关键作用。其中，城市的个性往往构成城市进行差异化竞争的基础，有利于城市独特意象的打造；感知与识别往往与标志建筑物、城市天际线、公共环境等符号系统与体现方式相结合；城市事件与体验活动则可以有效地促进城市环境的优化、带动相关产业发展、提升城市活力与知名度。

勒·柯布西耶曾写道："城市就像一团涡流，必须对其印象做出分类，辨识出我们对于它的感觉，并选择那种有疗效且有裨益的方法。"当今天的城市更多地作为文化的"容器"来表现世界真实的和感性的变化，城市设计也试图借助于认知地图、图底分析等途径的运用，来促进城市意象、好的形态与场所的形成，使得我们能够更为清晰地感知城市形象，彰显地域文化特质。可以说，全球化时代，城市品牌营销构成了提升城市核心竞争力的重要手段，而公共空间的营造则在城市品牌营销中扮演着积极的角色。

公共空间营造是城市品牌营销的核心内容

城市品牌营销是 21 世纪促进城市发展和竞争力提升的重要手段之一。而公共空间营造以其强烈的参与性、实践性和标识性，影响着城市文化的生息和繁衍，对城市价值的延展与提升意义重大，是城市品牌营销的重要载体和核心要素。当游览公园成为一种普遍的公共休闲活动，当体育场馆成为日常休闲运动场所，当乡村旅游融入生态体验模式……公共活动及交往越来越与人们生活的经济条件、人文背景联系在一起，并往往与公共设施、公共空间、场所建构等密切关联。无论是容纳城市公共生活的街道和广场网络，还是与城市建筑形式形成对比的公园和城市绿地，以及与海岸、河流、湿地等主要水域特色有关的线形空间等，城市公共空间以其开放、介入、集聚的特性，能充分容纳公共性活动行为，容易带给人们最为直观、深刻和整体的认知，构成了继承和发展地域特征和人文特色的重要方面，也是承载人们生活方式、彰显城市品牌形象的重要场所与外部空间。

一方面，城市建成环境的塑造是城市品牌营销的核心。城市品牌营销的目的就是为了充分发挥城市功能，提升城市价值和城市竞争力，就要求有相应的城市建成环境作为坚强的支撑。城市的建成环境是城市经济、社会、文化等各方面发展的外在表现，人们通过观察城市的物质空间形象，可以获得该城市精神内涵的最直接认知。城市建成环境的内容主要从以下六个方面对城市品牌营销产生直接影响（唐子来等，2006）:

其一，自然环境与景观的利用与开发。拥有天然禀赋的地区，往往在竞争中具备得天独厚的优势，城市把自然的山河湖海加以利用与开发，不仅有效地利用了城市自然环境，往往还为城市创造更大的价值（图 4.1）。

其二，历史遗存的保护与利用。历史遗存记载的是城市发展的轨迹，城市优势的内核养分需要从这一宝贵资源中汲取，予以充分的尊重和保护，并不断延续生长，以求得城市长久的吸引力和长远发展（图 4.2）。

其三，标志建构筑物和特色景观的构建与维护。城市为了迅速获取声望而建造“世界第一”、造型新颖奇特、具有重要纪念意义的建构筑物，或为了保持特色而维护天际线、街道和水域等，都是城市品牌营销的重要手段。

其四，公共艺术体系的营造与整合。公共艺术通过艺术品的有机整合，营造出内蕴历史文脉的独特艺术与文化，可以很好地将公众体验融入城市公共空间，因而在城市品牌营销中扮演着十分重要的角色。

其五，城市公共空间网络的建构。城市广场、公园、街道等组成的城市公共空间网络在当代人口稠密、资源有限的城市中，越来越显得稀有和珍贵。城市公共空间网络的建设不仅需要强调物质空间形态的系统性，还需要建立系统的运行机制，以确保城市整体形象的完整和延续，促进城市品牌的形成和巩固。例如，前文分析的伦敦、巴塞罗那，

图 4.1　新西兰皇后镇

在城市公共空间网络的建设方面，都具有代表意义。

另一方面，公共空间营造则是塑造城市建成环境的关键要素。

公共空间是城市活动的容器。莎伦·佐金将公共空间理解为包容物质安全、地理社区、社会社区、文化识别性多个内容的容器（图 4.3）。城市公共空间是构成城市总体框架，是体现城市历史文化内涵和城市特色的重要组成部分。在当今社会，公共空间在城市建成环境的塑造中扮演着越来越重要的角色，是塑造城市建成环境的重中之重，其主要体现在公共空间的双重属性、特征与功能及其承载的多

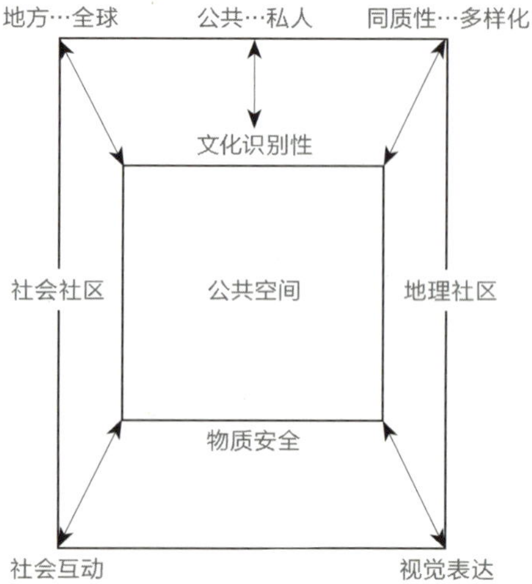

图 4.3　佐金的公共空间构成概念

图 4.2　德国柏林博物馆区

重内容这三个方面。

首先，公共空间具有“物质”和“社会”的双重属性，决定了它是城市建成环境构成的核心要素。公共空间的物质性，强调的是公共空间“质的成分”，更多地涉及三维和设计层面，更注重公共空间“开放性”的外在形式和物质性功能，是对城市的体型环境特征的展示（图 4.4）。然而，我们对城市与生活的认知、体验，往往并不是单纯的物质形式，而是对种种文化与社会意识的总和，公共空间在当今社会也越来越多的由多重意义的、互相交涉的社会空间所架构，表现出明显的社会属性，反映着城市的性质、经济特点、传统文化等。

公共空间的社会内涵主要包含以下三个方面：①**公共性**。为了提升空间的价值、避免“公地悲剧”，为公众使用的公共空间越来越多地蕴含着公共性的问题，人们对于公共领域、公共主体等都给予了极大的关注。文森特 · 莫斯可等人将公共的内涵界定为“实行民主的一系列社会过程，也就是促进整个经济、政治、社会和文化决策过程中的平等和最大可能的参与。”②**生产性**。“空间性不仅是被生产出来的结果而且是再生产

图 4.4 旧金山展示的城市轴线、山体公园、天际线等

者”[1]，空间具有强烈的生产性，这就产生了利益分配的问题，而公共空间顾名思义，保障的必然是“公共”的利益。③**公平与公正**。简·雅各布斯在《美国大城市的生与死》中这样阐释：“都市规划的精神，最重要在于要了解都市本身的运作方式，以及人如何在内里生活。”由市民直接享用公共空间，最终也应该由市民来当家话事。公共领域对于民主、平等是必不可少的过程，是公众参与社会政治、经济和文化生活的体现。

其次，公共空间所具有的特征与功能，决定了它在城市建成环境塑造中的地位和作用。公共空间具有开放性、可达性、大众性、功能性多项特质，方便人们到达、休憩和使用，具有提供活动和感受场所、有机组织城市空间和人的行为、构成城市景观和维护生态环境、交通运输、城市防灾等。公共空间作为为公共提供的开放空间，对城市建成环境的塑造而言，也具有开放空间的特性和作用，是城市建设不可缺少的重要手段之一。

再次，公共空间承载的多层面内容也使其成为城市建成环境的重要载体。从广场、街道、公园到影剧院、活动中心等来说，公共空间就是属于公众活动和交流的平台，是城市环境质量与公共生活活力的体现。历史上那些富有生机的公共空间是城市文化底蕴和精神风貌的最好载体，今天的公共空间营造也更多地融合了城市的文化特色、人文背景，更加注重结合自然资源、传统景观、公共艺术等来深层次的塑造城市建成环境。可以说，公共空间的营造有助于提升城市形象、提高环境品质、加强城市活力，也是对城市价值的延伸与放大（图 4.5）。

---

1 20 世纪的现代法国思想大师、城市社会学理论的重要奠基人昂利·列斐伏尔在《空间的生产》（*The Production of Space*）一书中指出了空间的社会生产性：空间性不仅是被生产出来的结果，还是再生产者。人类就是一种独特的空间性单元：一方面，我们的行为和思想塑造着我们周遭的空间，与此同时我们的集体性、社会性也产生了巨大的空间和场所。

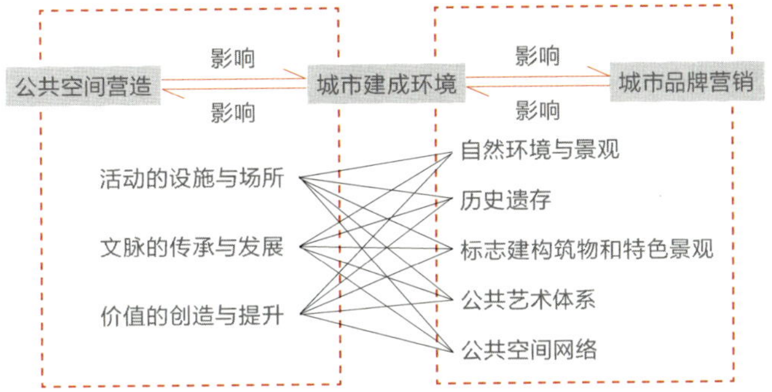

图 4.5　公共空间营造与城市品牌营销依托城市建成环境形成的交互影响

公共空间营造对于城市品牌营销的价值体现

公共空间对于城市建成环境塑造的重要作用，使其以多方面的特性、多样化的功能、多层面的构建，成为了城市品牌营销的核心内容。城市公共空间的营造不仅需要彰显特色，更应满足人们环境权利、公共活动与交往等多元化的需求，以人为本进行考量。具体可以体现在以下四个方面：

其一，提升城市识别性。阿摩斯·拉普卜特在建筑人类学中对于“环境知觉”问题的探讨中，提出建筑环境及城市形象并不只是停留在视觉层次，而涉及所有感觉，尤其受到文化背景、个人条件等精神因素的影响，因而把城市定义为“社会、文化和领域性的变量”。公共空间的营造正是涵盖物质和社会两个层面来综合构建多层次的特色城市空间，从而加强公众对城市的识别与认知。

将其与具体化的设计要素相联系，则涉及：①识别和突出城市中的主要视景（聚焦城市滨水区、广场、绿地、城市天际线和主要眺望点等）；②强调特性，如识别、突出和强化既有道路的传统格局、与地形的关系；通过独特的景观和其他特征元素，强化每个地区的特性；等等；③强调联结，如加强滨水区域的可达性，优化人的活动与城市交通体系之间的关系，整合设计自然边界以促进地域之间的联结等；④开放空间的组织与引导（往往借助图底表现、模块分析等设计手段予以落实）。

其二，吸引游客。拥有丰富活动，为人们提供身心愉悦的体验过程；拥有完善的服务功能，为人们提供便捷周到的服务，是公共空间聚集人气、融入人们生活的关键，从而营造出对游客有吸引力的场所，吸引更多的游客来此聚集和活动，成为城市品牌的代表。

其三，增强本地居民的归属感。真正意义的公共空间，应能够通过发掘地域信息、利用城市特色资源、创造出具有鲜明地域文化特色的空间场所，从而使得公众能够通过这些空间场所去感受城市的文化特征与地域属性。只有这样，才能在全球文化多样化的今天，使公众对所在城市产生基本的归属感，从而构筑起人们对城市品牌的认同和共鸣。

其四，吸引国际投资。营造优秀的公共空间，将城市拥有的特色空间与资源与当前的经济发展条件有机结合，往往还能够顺应国际投资的发展趋势，从而吸引更多的外部资源。城市的经济也会因国际旅游和国际投资等的高涨而获得增长，对拓展和加强城市的竞争力十分有利。

城市的生命源于人和人们的行为。城市公共空间的营造对于城市品牌的营销，最重要的也是对人的活动与需要的满足，以及对历史文脉的保持和对城市特色的发扬，从而激发城市新的活力、提升城市价值。归根结底，城市公共空间的营造不仅需要彰显特色，更应满足人们环境权利、公共活动与交往等多元化的需求，以人为本进行设计。

城市存量街区更新的公共面向与实施导向

随着上海市社会经济水平的快速增长，城市发展空间的日益不足和土地资源的匮乏已成为约束城市发展的障碍。至 2015 年年底，上海全市建设用地总规模已达到 3 145 km^2，占上海全市陆域面积的 45%，远高于很多国际大都市的水平。为此，上海提出，“十三五”期末建设用地总规模不突破 3 185 km^2。这意味着，“十三五”期间上海建设用地增量只有 40 km^2。至 2017 年年底，上海常住人口已达 2 418 万人。同时，上海建成区还存在城市能级不高、活力不足、公共空间和服务设施仍有较大缺口、城市慢行系统便利化程度不高、城市风貌保护不够等问题。可以发现，在“规划建设用地规模负增长”“以土地利用方式转变倒逼城市发展转型”的要求下，上海已进入存量开发为主的内涵增长、创新发展阶段，城市更新将成为资源紧约束条件下上海城市可持续发展的主要方式，也促使我们亟须进一步进行理论与实践的相关探索。

从 2015 年年末完成规划调整，到土地出让仅不到一年时间，上海市静安区鸿临二期地块在 2016 年 8 月 16 日，以 110 亿元的成交价成为当时无可争议的“新地王”。在鸿临二期规划调整案例中，则是通过对街坊的公共服务设施强化兼顾街区的慢行系统构建，从公共面向的策略入手，结合整单元和街坊的现实状况，以实施为导向进行了规划。本书将结合这一典型的城市存量街区更新案例，回应公共面向的更新诉求，对接实践管理运作，探讨当前上海城市更新背景下的规划策略与实施思路，以为城市更新发展与实施管理对接提供有益借鉴。

公共面向的城市存量街区更新诉求

其一，强化公共服务设施的配置。上海在快速发展的进程中，一方面，旧有规划的公共服务设施从规模和布局上，相较社会发展情况和相关规范要求，存在明显的不足；另一方面，随着社区内人口的变化、生活结构的多元，现状公共服务设施体系与新的公共诉求间会存在一定错位。街区更新需要以当下市民的需求为导向，结合对更新地区的系统、细致的评估，来完善街区的公共服务设施配置。

其二，构建富于活力的慢行系统。街区更新离不开整合、连接公共交通节点、地区公共功能核心、绿地公园及历史人文节点，形成意向特色突出的慢行活动系统。借助地块的综合利用，有利于将城市公共活动空间和慢行交通、休闲活动组合起来，并和重要的交通枢纽、轨道交通站点有机结合，创造丰富的城市生活空间，将文化娱乐、专业服务、商务办公与零售商业有效复合，并提供更为丰富、有层次感的慢行交通空间。在规划的手段上，则要考虑现代交通技术的不断进步，城市空间扩展呈现新的特点。同时，总结城市规模及空间形态与慢行交通模式的脉动变化规律。

其三，完善公共空间，提升环境品质。上海市中心城区的地区公共空间受制于用地的局限，一般规模较小，分布也不均匀。有些地区虽然按照规划，已经实施了若干处公共绿地，但是受制于地区整体建成情况，可供市民进行活动的公共开放空间的总体规模偏小、布局零散、难成网络、品质也高低不一。因此，结合公共活动网络体系，为城市尽量提供公共活动空间也构成街区更新的重要议题。街区更新在整合社区资源的同时，可以通过对绿地广场、道路界面、建筑高度、立面环境等控制手段，帮助城市在更新过程中不断发展出具有城市特征、提升城市公共环境品质的城市形象。

其四，不同阶段的、富有针对性的更新策略。街区更新按照公共要素配置要求和相互关系，对建成区中由区县政府认定的现状情况较差、改善需求迫切、近期有条件实施建设的地区，划定城市更新单元并予落实。针对不同阶段、不同现状的街区情况，街区亟待解决的关键问题和更新的策略也往往会有所不同。这在一系列与上海城市更新推进密切相关的规划研究、控规调整、风貌评估等类型的项目中，都有明显的体现与落实。

其五，与城市更大区域的关系。具体实施过程中，城市更新需要考虑市域、城区之间配套的商业、体育、卫生、能源、交通等重点设施，考虑宏观经济、社会、教育、科技、文化等问题，统筹协调各分区和街区。所以，虽然街区更新的内容大多以街坊为更新的基本尺度，但基于其更新内容对城市历史文脉、区域功能、城市街区特色、产业特点、生态环境的不同层面、不同程度的影响，街区更新仍需结合单元、社区，乃至城市范围的宏观区域入手，以求有效解决城市各层面的具体问题。

其六，考量市民生活需求及参与。随着我国经济社会全面发展，公众的民主意识逐渐提高，对城市规划中涉及个人利益的认识更加强烈。街区更新从规划操作层面上来说，虽然仍属于由政府主导的自上而下的形式，但究其根本，完善公共服务设施、增加公共空间等更新思路都是为了提升市民的生活品质，因此在更新的过程中，不仅需要完善规划上的不足，同时调查研究居民的生活、生产状态，听取居民对街区的评估意见。在规划调整前征询居民的意见都是必要的。因此，街区更新在规划编制的过程中就需要实地调研、认真听取街道和居民的诉求，切实了解街区所短、居民所需；区域评估时应当组织公众参与，征求市、区县相关管理部门、利益相关人和社会公众的意见，充分了解本地区发展及民生诉求，结合城市发展和公共利益，合理确定街区更新的需求。

鸿临二期地块调整背景及现状情况

鸿临二期规划调整街坊位于静安区中兴社区。中兴社区是一个以居住为主导功能的城市片区，包括新建高层居住小区、多层新村和待动迁的老旧房屋等，对社区级公共服务设施建设的需求也因此尤其迫切。《上海市闸北区中兴社区（C070201、C070202单元）控制性详细规划》（2007）和《闸北区中兴社区规划与实施评估》等既有规划，均反映出中兴社区的发展存在公共服务设施的不足、服务水平较低的问题。与现行技术准则的要求相比对，其社区级公共服务设施则在用地面积、建筑规模存在不同程度的缺口，设施布局存在一定的不均衡。

鸿临二期规划调整街坊中规划用地以住宅、商业功能为主。周边区域则以居住功能为主，需要满足相应的公共服务设施配置的需求（图4.6）。街坊用地范围东至宝昌路、西至公兴路、南至永兴路、北至中兴路。街坊南侧为现状已建成鸿临一期居住建筑。根据现场踏勘得知，现状临山路从调整街坊的中部东西向贯穿通过，仍处于使用状态，南侧已建成住宅于该路段有出入口设置，但原控规中临山路已取消，不作为城市道路。街坊在鸿兴路、临山路交叉口的西北角则布局有老北站菜场临时疏导点，该菜场是代替原设于附近的老北站菜市场的临时菜场。街坊南侧临近3号线、4号线宝山路站（图4.7）。

结合现状调研和规划评估等方法，发现现状街坊南北侧的开发阶段不同，周边住区的配套设施及相应的公共服务设施老化，原控规对片区的规划控制不能很好地在现阶段落实，街区的公共需求和空间环境亟待改善。

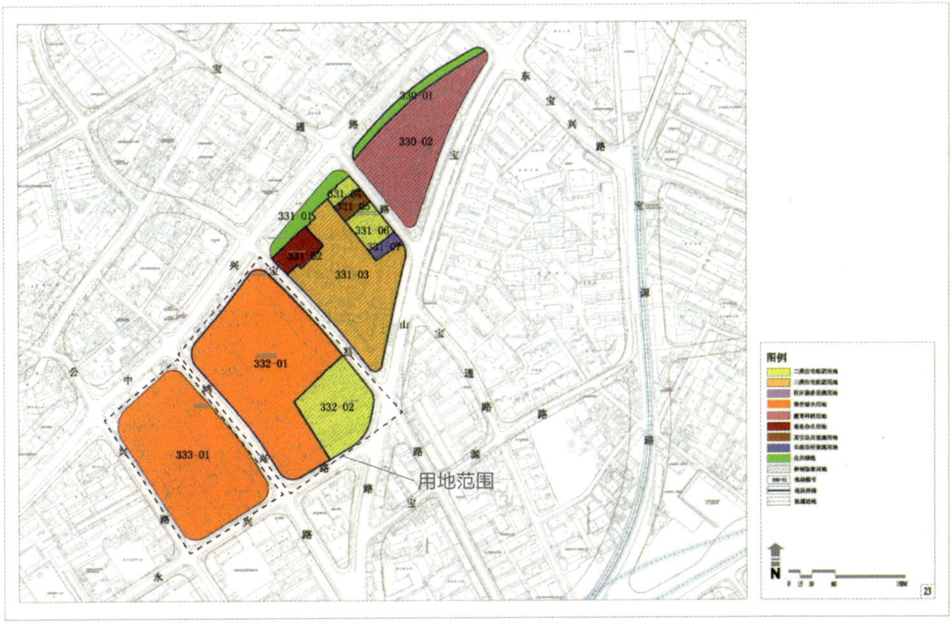

图4.6 调整前图则

进行区域评估、完善公共服务设施

待调整街坊附近本有老北站菜场服务该片区，但因菜场所在街坊的土地使用等原因，老北站菜场无法继续维持使用，因此“老北站菜场临时疏导点”临时落户于鸿临二期调整街坊内。通过对中兴社区公共服务设施的评估，分析得出中兴社区共需配建的菜场建筑面积约为 15 240 m^2，而《中兴社区控规》中规划整个社区需配建总建筑面积为 9 000 m^2 的菜场，低于技术准则中千人指标的要求，且原控规对老北站菜场的布点近期无法实施，那么中兴社区东南片区的住宅社区就完全脱离了菜场 500 m 服务半径的范围。

因此，综合菜场现状的使用情况和鸿临二期调整地块近期开发的可能性，在基于区域规划评估、公共服务设施服务半径分析的基础上，规划调整在鸿临二期调整街坊内配置了 2 000 m^2 的菜市场，来完善街区的公共服务设施配置（图 4.8）。

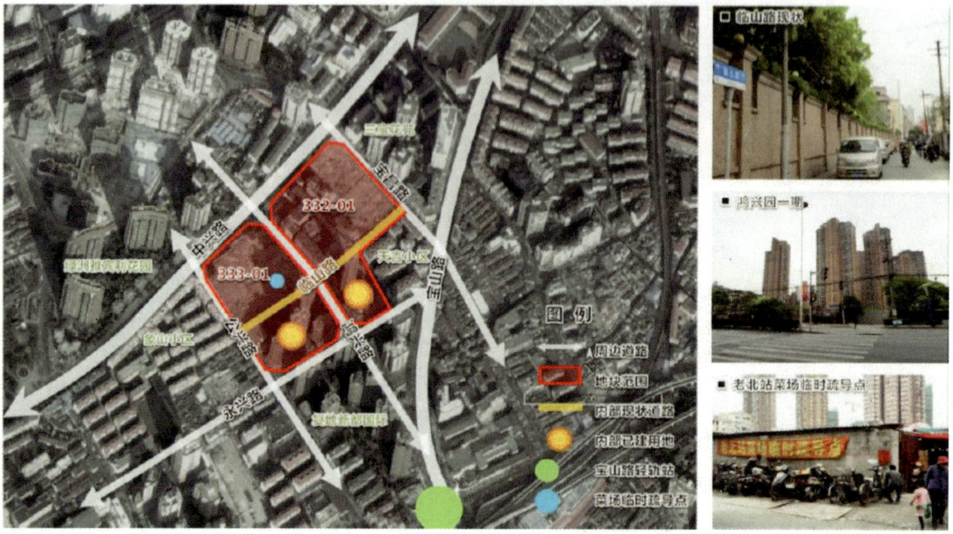

图 4.7　鸿临二期现状分析

图 4.8　菜市场服务半径分析

结合方案研究解决冲突，发掘潜力

鸿临二期规划调整街坊内现状有临山路横穿而过，同时临山路上设有街坊南侧已建小区和鸿临一期项目的出入口，但在原控规中临山路已不再作为城市道路存在——原控规也难以预测当下鸿临一期、二期现有的土地开发情况。因此，考虑到临山路现状的使用情况和街坊新增的菜市场布局，规划调整确定将临山路作为街坊内通道进行控制，一方面可以满足街坊现状小区的出入口要求，另一方面，结合新调整的公共服务设施将社区菜场串联到了整个街区的慢行体系中，并结合附近宝山路轨交站点的良好步行基础辅助城市慢行成系统，进一步优化人行景观体验。

与此同时，规划调整依托街坊内临山路公共通道，结合城市慢行系统，为周边的公共空间开放提供了潜在的条件。综合考虑新增的菜市场布局、街区的公共空间联系和街坊沿临山路的界面控制，调整方案考虑在适宜居民出行和活动的情况下，将主要的经营性业态结合菜场统一布局于临山路一侧，并在临山路单侧布置公共活动广场，一方面缓解菜市场和经营性空间的人流集散，另一方面则可以为街坊及街区居民提供可供活动的开敞空间，增加街区的活力、提升市民生活品质。

结合街道商业现状和规划用地使用性质，调整方案对规划街坊的建筑功能、界面和开敞空间做出了控制。通过实地调研，依托公兴路现状良好的商业氛围设置沿街商业；中兴路作为规划控制的绿化界面，在现状绿植条件较好的情况下，调整方案设置连续裙房界面和有序列感的高层建筑排布。同时，考虑居住小区的使用性质，在地块内部形成主要的集中绿地作为小区的主要景观和活动空间，并沿临山路预留出公共广场，形成直达菜市场的适宜步行且兼顾公共活动的良好环境（图 4.9）。

进行控规图则的调整、落实规划

鸿临二期项目最终通过“控制性详细规划局部调整（实施深化）”的方式，对原街坊的法定性图则做出修改，最终达成存量街区更新的目的。图则调整主要涉及对原控规地块边界、容积率、建设动态等的调整，着重将临山路作为公共通道予以保留；明确一期、二期的用地开发状态；落实菜市场在 333-01-A 地块内的设置。同时考虑到 332-01-A、333-01-A 地块一并开发的可能，在两地块在统一开发的前提下，为建筑量的平衡和设施布局的位置留出了两地块之间平衡的余地（图 4.10）。

总体来看，随着上海城市现代化进程的推进，“内涵式”发展的城市更新将成为上海城市发展的主要方向，立足于社区、市民需求的规划发展模式势将取代政府、市场、设计师“一意孤行”的规划方式。因而，公共面向的规划要素（如公共服务设施的配置、慢行系统的完善、公共空间的品质等），也将变得越来越重要。而另一方面，为明确市民所需，以单元、社区或更大区域的规划评估，也因其对城市更新的指导作用而显得越

图 4.9　鸿临二期地块方案研究总平面

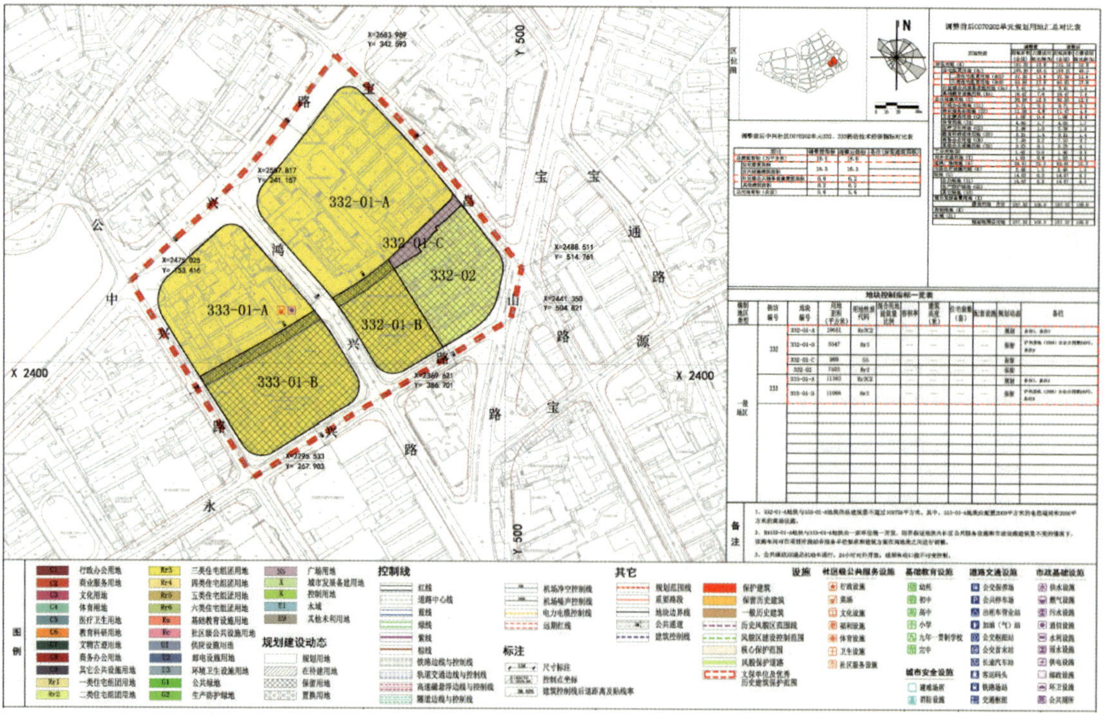

图 4.10　调整后图则

发重要和急迫。同时，相关政策的出台（如街道设计导则和社区规划导则）也势必对城市更新规划有相当大的帮助。但公共面向的更新规划方向才起步不久，在具体落实的过程中也存在政府为完成指标“见缝插针”或开发商为求经济利益多方权衡的情况，如何把公共利益落到实处、让城市空间的各方权利人都有申诉自己权益的平台可能也会是未来城市更新的发展方向。

基于居住空间分异的社区公共服务设施规划探索

“上海 2035”总体规划中提出建设卓越的全球城市，注重市民的生活需求，构建多元融合的 15 min 生活圈，同时《上海市 15 分钟社区生活圈规划导则》中对于社区公共服务设施的类型、规模标准、布局形式等方面提出了更高要求。本书重点结合新的规划背景，以及上海市静安区大宁街道的居住空间特点和居民实际需求，从规划实施的角度，基于社区公共服务的现状分析和规划评估，提出相关规划实施策略，有针对性地引导、合理化布局与更新社区公共服务，促进实现城市基本公共服务的均等化、合理化发展。

上海中心城区居住空间分异的表现类型及特点

上海中心城区随着城市更新步伐的加快，城市内部新旧社区更迭并存，中心城区内不同区位的社区分布格局日益分化（图 4.11），从社区的空间表现主要表现为不同的社区类型成区域、成规模聚集分布。在《上海城市社区实证研究》一文中，通过对上海城市历史的发展和大量的社区调研，将上海的社区类型分为传统街坊社区、单位公房社区、中低收入商品房社区、高收入商品房社区和社会边缘化社区五类。

结合上海城市的发展历史来看，传统街坊社区主要分布在内环线以内，有较长发展历史，其社区建筑形式和社区空间的构成比较有地方特色和传统特色，层数一般不超过三层，社区内社会结构较为紧密。单位公房社区则大量集中分布在内环和中环之间，建设于 20 世纪 50—80 年代，是以计划经济为主的时期的产物，如曹阳、控江、甘泉新村等，代表了当时的社会新新力量。由于这一阶段的住房福利化分配政策，一定层面上对于居住空间分异有所缓解。商品房社区则是在 20 世纪 90 年代我国住房制度改革后，

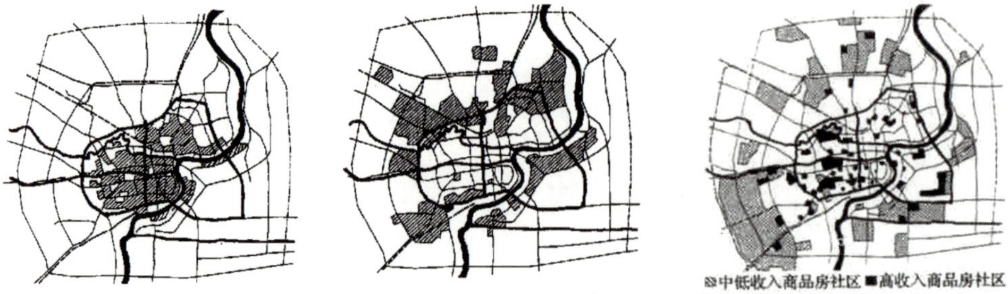

传统街坊社区在城市中的分布范围　　单位公房社区在城市中的分布范围　　上海市商品房社区在城市中的分布

图 4.11　上海中心城区居住分异的空间表现

住房供给的主要方式，由于商品房社区的土地不是通过土地行政划拨，而是按照土地有偿使用的原则，受到土地经济杠杆的支配，因此呈现较为明显的区位分布规律。社会边缘化社区主要指在城市边缘区形成了相当数量的社区，其中有部分动迁小区分布在中心城区外。

大宁街道的居住空间分异特点

大宁街道位于上海市内外环之间。结合上海居住空间分异发展阶段与类型，大宁街道在居住空间分异的空间表现形式主要分为单位公房社区、中低收入商品房社区和高收入商品房社区三种类型（图 4.12，图 4.13）。

单位公房社区主要集中分布在大宁街道的南部，主要建于 20 世纪 90 年代之前，最早的如建于改革开放之前的上工新村、宁馨小区，是当时结合工人新村建设主要为周边的上海工业大学、上海起重机厂等学校、工厂类建筑进行居住配套建设，建筑主要以三到六层为主，建筑密度较大。改革开放到 1994 年国家开始城镇住房制度改革期间，

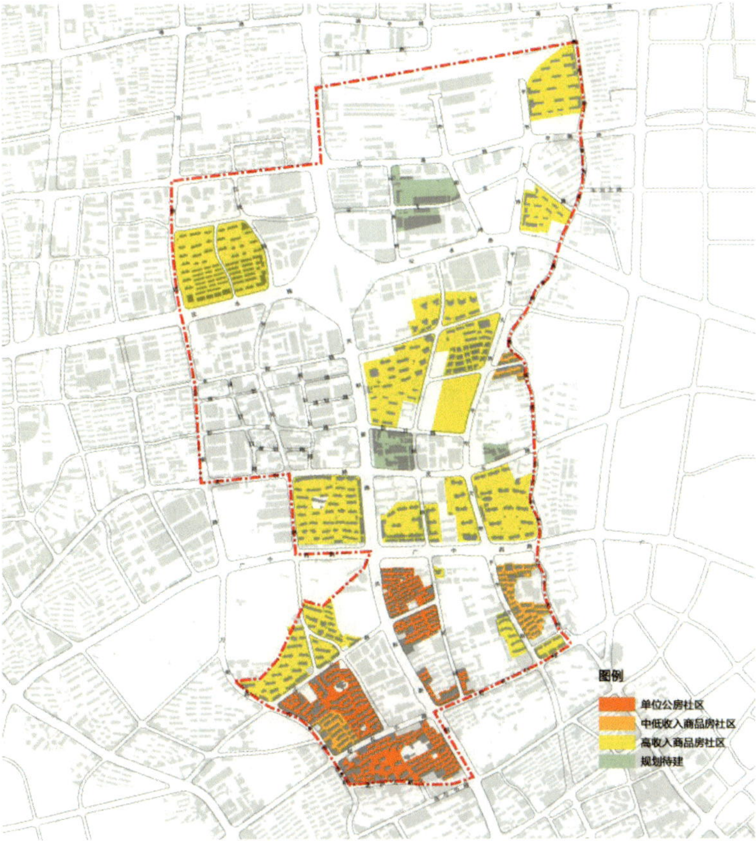

图 4.12　大宁街道住区分异的空间表现

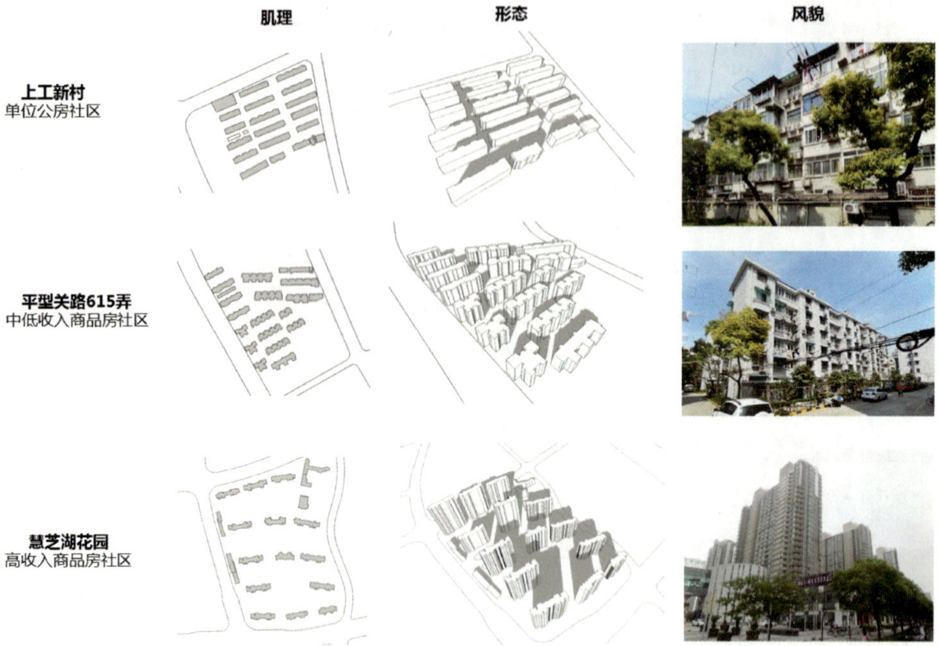

图 4.13 不同居住空间特征比较

主要建设了延长、延铁、宁和小区等具有一定代表性的住区主要集中在大宁街道的西南侧，建筑主要以六层为主，建筑密度也较大，除了层数稍高一些以外，与改革开放前的工人新村没有本质的区别。

中低收入商品房社区主要集中分布在大宁街道的东南和西南部分，以平型关路 615 弄小区、建银曙光小区等为代表，这类小区的建设受到市场定位及成本效益的局限，采用比较传统的规划布局手法，布局类似于单位公房社区，建筑高度基本也以六层为主，为了更高的开发量，有些社区（如快乐家苑）也会结合空间余量有一两栋高层，整体而言建设密度较大。

高收入商品房社区主要集中在大宁街道中部和北部的局部区域，中部主要是 2000 年以后开发建设的如慧芝湖花园、宝华现代城、森林都市等小区，在建设初期就定位为高级居住社区，主要特征是容积率高，建筑以高层为主，建筑密度较低，注重小区内绿地景观的设计，停车管理、沿街商业等小区配套在建设的时期就会考虑得较为周全。

由于大宁街道所处的区域优势，目前土地出让成本远远超出了建设成本，因此住区建设趋势基本以高档国际型社区为定位，如在建的静安府、金茂雅苑三期等小区更是预售价超过 10 万元 /m^2，总体而言，大宁社区的居住空间分异以广中路为界，分布较为有序规律。

大宁街道社区公共服务设施特点及其规划评估

大宁街道位于上海静安区“一轴三带”的重要区域，处于“中环两翼产城融合发展集聚带”两侧和“南北贯通、共享互融的复合发展轴”的交汇处。总体结构上，东南部是以上海大学为主的学区；西南部是以大宁国际、久光百货、延长路商业街为主的商区；中部是以宝华、慧芝湖、金茂府为主的国际社区；西北部则是以德必易园、冶矿厂为主的创意园区和市北产业园，形成了“学区、商区、社区、园区”四区联动的特点。基于多区联动的特点，大宁街道具有较多的市区级公共服务设施，一方面需要考虑这些设施对街道社区公共服务设施的补充作用，另一方面对于社区公共服务设施的分析需要紧密与居住空间相结合。

按照上海市控规技术标准和 15 min 社区生活圈导则将社区级公共服务设施按照设施类型来划分，主要包括行政管理、文化、体育、医疗卫生、养老福利商业（菜场）六大类，重点按照基础保障及品质提升两大类结合不同的社区类型进行分析与研究（图 4.14）。

其一，社区行政设施。上海的控规编制关注的街道办事处、街道服务中心等一般都是单独占地或面积较大的社区行政设施。随着对社区工作的重视，社区行政服务渗透到基层，每个居委会内都会配置社区党建、党群服务、社区综治、残疾人服务、就业促进、妇女之家等各种社区行政服务功能点，规划重点结合相关设置进行研究。

图 4.14　大宁街道市区级公共服务设施分布

通过现状调研发现基层的行政设施基本结合居委会布置，南部密度偏高、北部密度偏低，在规模上由于大宁街道的单位公房社区、中低收入商品房社区建成时间较早，因此所配置的设施规模较小，尤其是西南部的八方、延峰等居委会只有 10 ~ 30 m^2 的行政办公面积远远低于所需标准；高收入商品房社区建设时间较近，基本按照《静安区居委会硬件建设规范》进行配件，基本能达到 200 m^2 以上（图 4.15 ~图 4.17）。

图 4.15　大宁街道居委会级社区行政设施

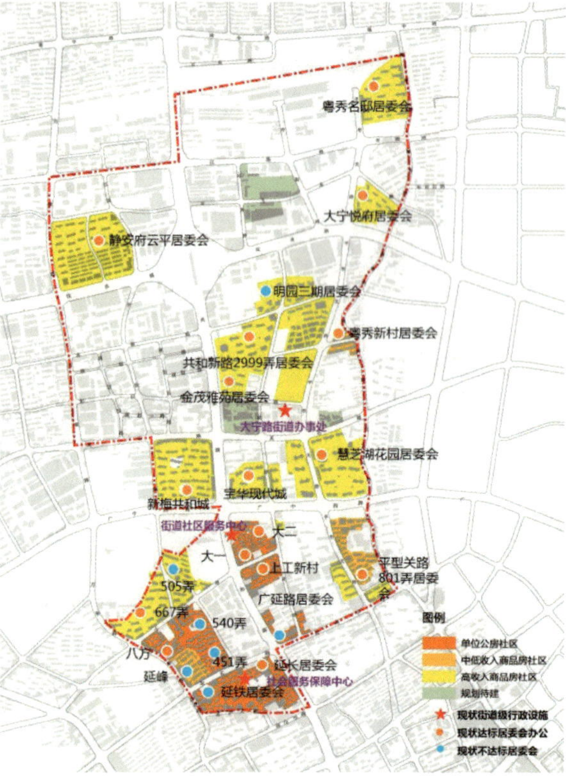

图 4.16　现状社区居委会级办公面积统计

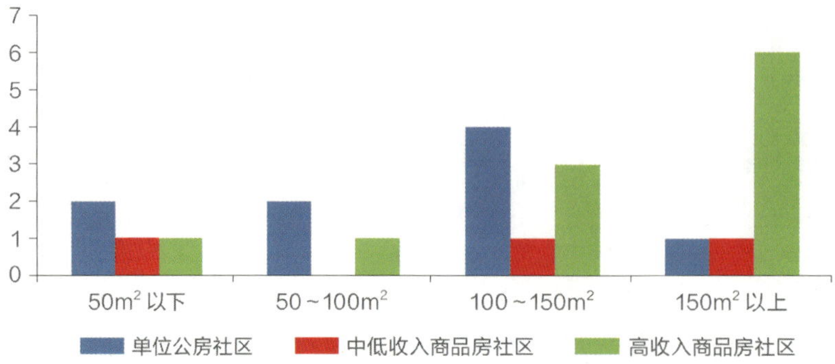

图 4.17　现状社区居委会级办公设施分布

其二，社区文化、体育设施。就社区文化设施而言，大宁街道目前具有基础保障类文化活动设施 2 处（文化活动中心、街道图书馆）在功能配置上，缺少青少年活动中心、社区学校等多年龄层的文化活动设施，且街道图书馆的现状区位和使用面积不能很好地满足街道全部市民的需求，未来建议结合规划新增的 5 处文化区文化设施用地进行进一步补充与完善。

品质提升类则主要针对大宁街道的文化活动室进行了研究分析。与基层的社区行政设施相似，社区文化活动室也基本结合居委会布局，南部密度偏高，北部密度偏低。南部以单位公房社区、中低收入商品房为主，社区建成时间较早，受条件限制当时配置的设施规模较小，如延铁、大宁新村、540 弄社区等的文化活动室只有 15 ~ 40 m^2，且设施陈旧，无法满足居民的日常活动要求。基于目前上海的土地出让前评估政策，新建小区基本需要提供 10% 左右的建设面积用于社区公共服务设施的配置，往往相关需求进行空间预留，因此面积基本能达到《提升居村综合文化活动室（中心）服务功能创建标准》中的 100 m^2 以上这一标准。

就社区体育设施而言，根据《上海 15 分钟社区生活圈导则》中品质提升类，提出设置室内室外健身点的要求，通过调研发现基本上每个小区结合中心绿地和公共空间都会设室外健身点，规模在 50 ~ 80 m^2，主要放置一些简易的固定活动器械，供居民活动使用，室内健身点则主要分布在明园小区、粤秀名邸等北部新建小区内，基本为乒乓球、室内建设器械（图 4.18 ~ 图 4.21）。

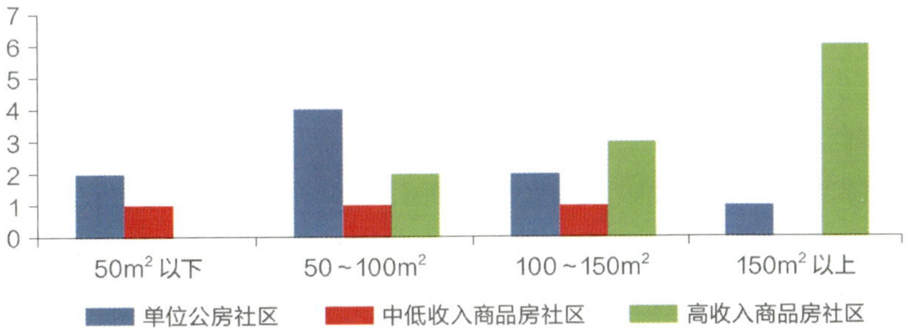

图 4.18 现状社区文化面积统计

图 4.19 各种室外健身点

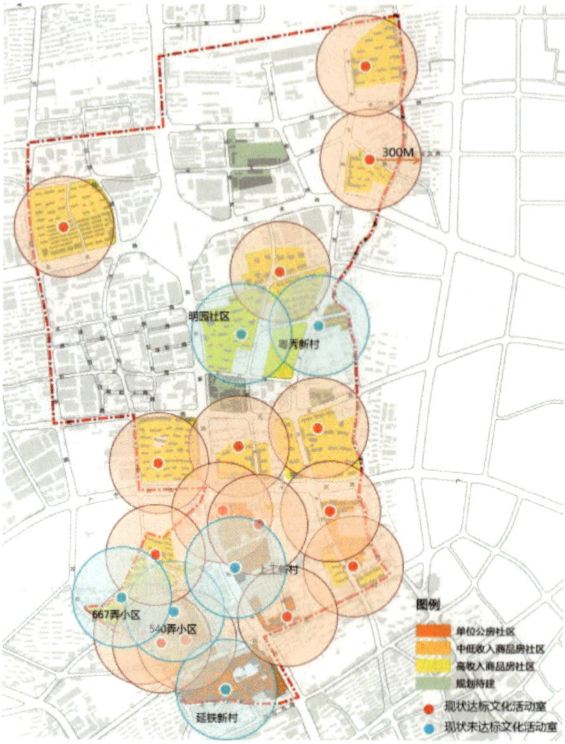

图 4.20　现状社区文化活动室设施分布

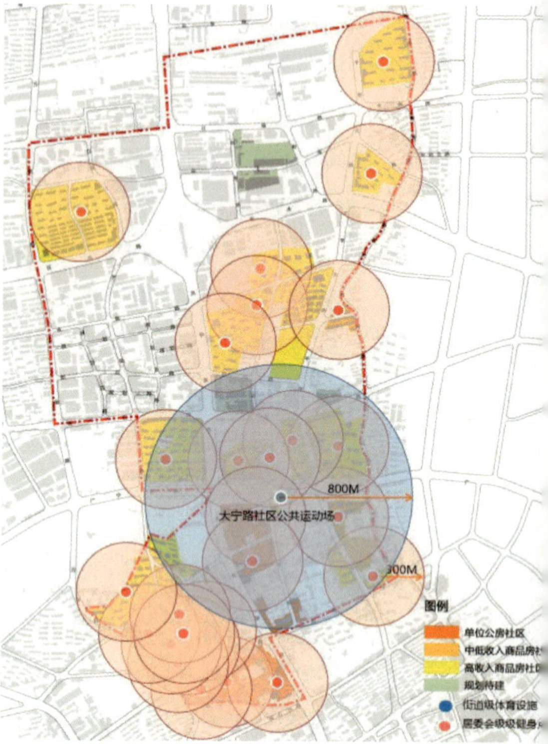

图 4.21　现状社区体育设施分布

其三，社区医疗设施。大宁街道社区医疗设施基本集中在南部，北部明显分布不足，基本也是调查中北部居民重点提出需要补充的设施。根据相关规划标准，社区卫生服务中心面积一般不小于 4 000 m^2，社区卫生服务站建筑面积一般不少于 150 m^2。而现状南部的街道卫生服务中心仅有 2 000 m^2，虽然正在扩建，但原址用地面积有限，扩建后 2 500 m^2 的规模也难以满足居民医疗需求。其他 6 处卫生服务站点仅有 1 处满足标准，且在控规中也没有对社区医疗的新增点。因此，通过现状调研和规划评估发现大宁街道社区医疗设施的现状总量、单个规模和分布都存在较大问题，是规划补充的重点（图 4.22）。

其四，社区福利设施。由于上海市老龄化现象严重，政府对老年人福利设施日益重视。大宁街道每个小区基本会配置老人活动室，基本能满足老年人活动的要求，但社区养老类的日间照料中心较为短缺，现状南部设有 2 处，北部结合大宁街道综合服务中心有 1 处，远远无法覆盖整个大宁街道，需要在规划重点关注（图 4.23）。

其五，社区商业设施。由于菜场具有一定的公益性质，其他的商业设施可通过市场化运作进行完善，因此重点针对室内菜场进行研究。大宁街道现状共有室内菜场 5 处，建筑面积总计 8 600 m^2，现状商业设施菜场基本集中在南部，中部和北部分布不足，

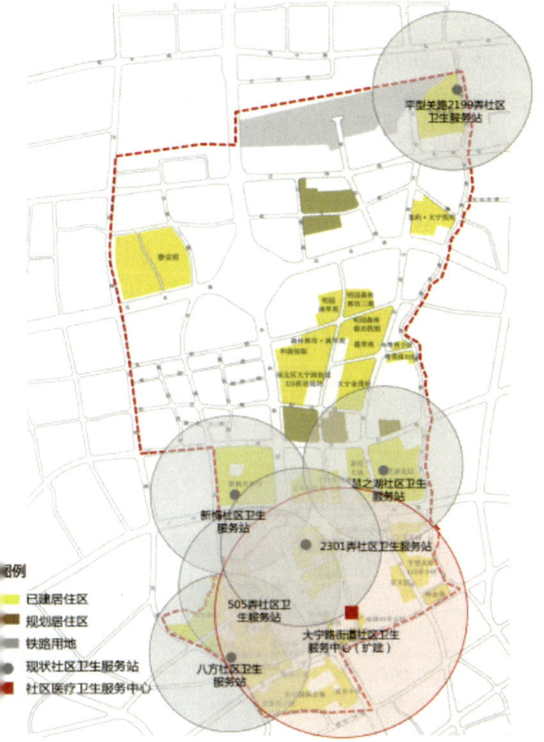

图 4.22　现状社区医疗设施分布

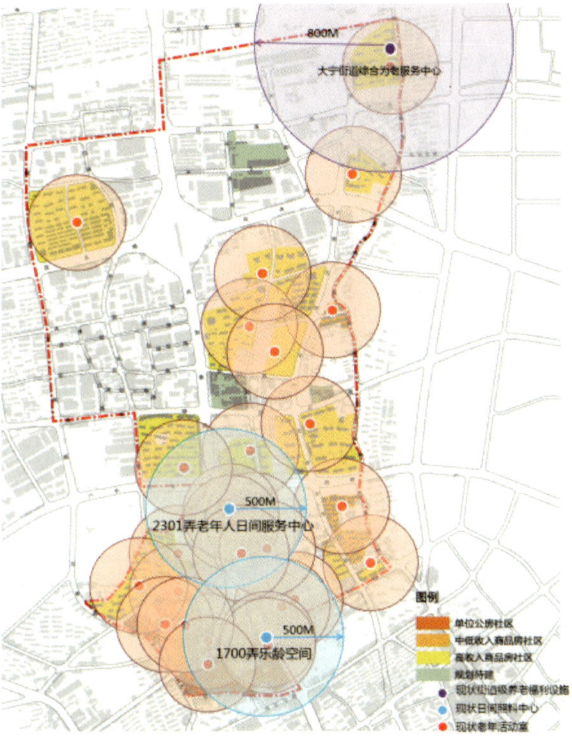

图 4.23　现状社区福利设施分布

日常生活不便，也是居民反映的重点问题之一。但由于菜场一定程度上会产生垃圾、异味等影响，有些小区居民不愿意小区内设置菜场；此外，标准化菜场的建筑面积较大，还需要有一定的人口支撑，因此在设置上需要权衡考量（图 4.24）。

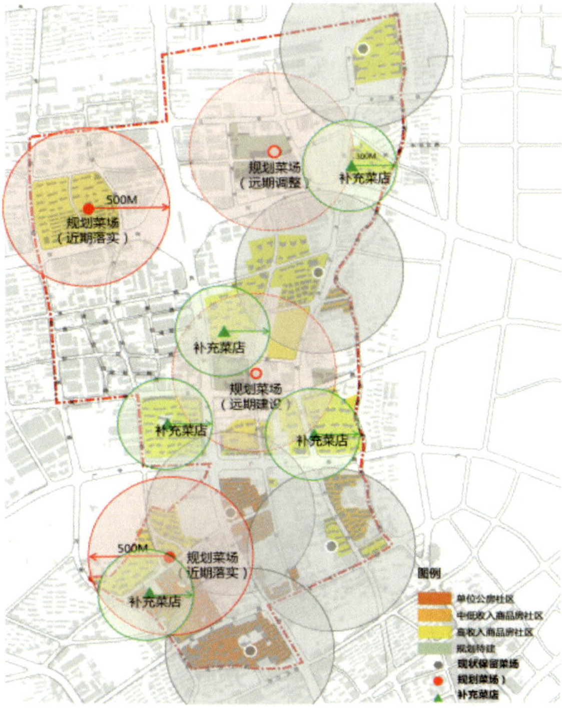

图 4.24　现状社区商业设施分布

规划实施策略

针对大宁街道不同居住社区类型中的各类公共服务设施所面临的不同问题，通过规划研究提出“化整为零、设施共享、评估补点、商业租用和更新转型”五类规划实施策略（表 4.1）。

表 4.1 大宁街道公共服务设施规划实施策略汇总

策略	适用住区类型	设施类型	实施要点
化整为零	单位公房社区 中低收入商品房社区	社区行政 社区文化	现状已有但面积不足，建议分设多处总体面积达标
设施共享	单位公房社区 中低收入商品房社区 高收入商品房社区	社区文化 社区体育	结合周边学校，产业园等设施，协商分时共享
评估补点	高收入商品房社区 中低收入商品房社区	社区医疗 社区福利	结合新建小区提供的 10% 的公益类建筑，重点补充缺乏的医疗、福利设施
商业租用	单位公房社区 中低收入商品房社区 高收入商品房社区	社区商业 社区福利	现状缺乏，租用沿街店面增加小型的菜店、助餐点等设施
更新转型	单位公房社区 中低收入商品房社区 高收入商品房社区	社区医疗 社区福利 社区教育	结合周边工业用地转型地块、城市更新地块，通过规划评估进行规划调整

其一，分类标准，化整为零。总体而言，由于大宁街道的单位公房社区、中低收入商品房社区建设时间较早，虽然在 1993 年在国家标准《城市居住区规划设计规范》和 1996 年上海市结合自己的具体条件所制定的《城市居住区公共服务设施设置规定》中都对居住区公建配套标准做了说明，但当时的标准普遍偏低，因而规模较小。这也就造成了南部设施密度高但单个规模小、北部新建的社区按照新标准设施规模大的现象。

单位公房社区、中低收入商品房社区，由于其以建成社区为主，而且人口密度较高，社区所辖面积有限因此在配置标准上建议与新建的设施有所区别，如社区行政设施可结合《静安区居委会硬件建设规范》中的旧小区社区行政设施结合实际情况对总面积 100 m^2 以下的社区行政设施进行逐步完善的要求（新建标准为 150 m^2），主要针对 100 m^2 以下的进行增加补充。

社区文化设施也相应结合《提升居村综合文化活动室（中心）服务功能创建标准》的要求，对单位公房社区、中低收入商品房社区两类社区本身也可区分标准，针对原要求的“独立单体面积原则上不少于 100 m^2”，结合实际情况建议两个以上功能互补、面积不等的多点位活动室，面积合计统计，从而化整为零，通过多点设置，灵活弥补现状不达标的问题。

其二，资源互补，设施共享。虽然目前各个居住小区基本都会配置一定的室外健身点，放置一些简易的户外建设设施，但比较难满足居民的多元化的健身需求。《上海15分钟社区生活圈导则》中着重鼓励设施共享，大宁街道有着非常丰富的教育资源，除了上海大学外，大宁街道现有高中1所、初中4所、小学5所，每个学校基本都有操场、篮球场等体育设施。

因此，建议进一步结合教育部《体育总局关于推进学校体育场馆向社会开放的实施意见》及《全民健身条例》要求，鼓励民办学校向社会开放体育场馆，目前大宁街道以街道政府为主体与相关部门进行协商。此外，社区文化设施中，如社区学校、老年大学一类的设施也建议结合学校资源共享（图4.25）。

其三，结合新建，评估补点。由于大宁街道北部原来主要为产业用地，随着城市更新的推动，未来还有5处较大的居住用地，结合上海土地出让前评估政策需要提供10%左右的建设面积用于社区公共服务设施的配置，可进一步弥补所在区域内目前某些公共服务设施的不足（尤其是医疗和福利设施）。但由于缺乏街道层面的整体评估，街道往往对设置何种设施和设施规模难以决断。

因此，结合大宁街道六大类公共服务设施的评估，对未来的5处居住用地的公共服务设施类型进行统一考量，明确其公共服务设施的类型及规模，指导实施操作。本次结合问题较大的社区医疗和福利两类设施结合规划新建住区补充了4处日间照料中心，其中2处结合在建小区为近期可落实设施（图4.26）。

其四，市场举措，商业租用。由于大宁街道北部是在逐步更新中，在新建的住区周边的社区公共服务设施有待于规划进一步落实，但近期有一定难度。在实际调研中，如与居民日常活动关系比较密切的菜场设施是市民提出问题较大的公共服务设施，因此针对大宁悦府、新梅共和城等现状缺少规划覆盖，且近期无法按规划落实的区域建议租用沿街商业店铺设置30～50 m^2的菜店，作为对菜场的补充，解决居民买菜难的问题（图4.27，图4.28）。

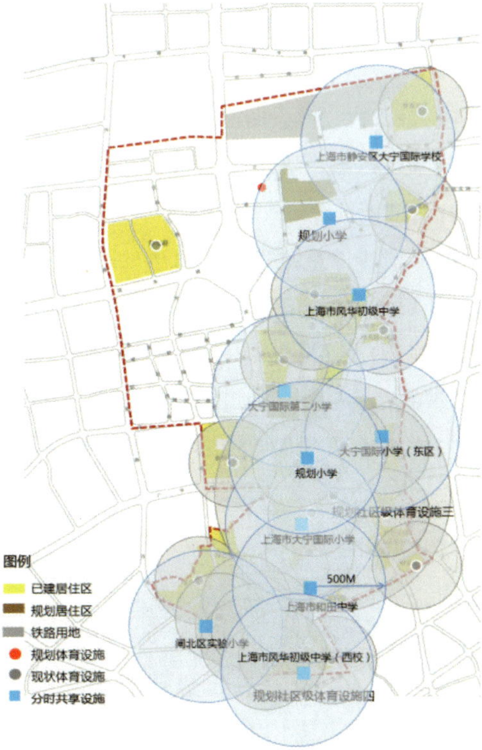

图4.25　大宁街道教育设施分布

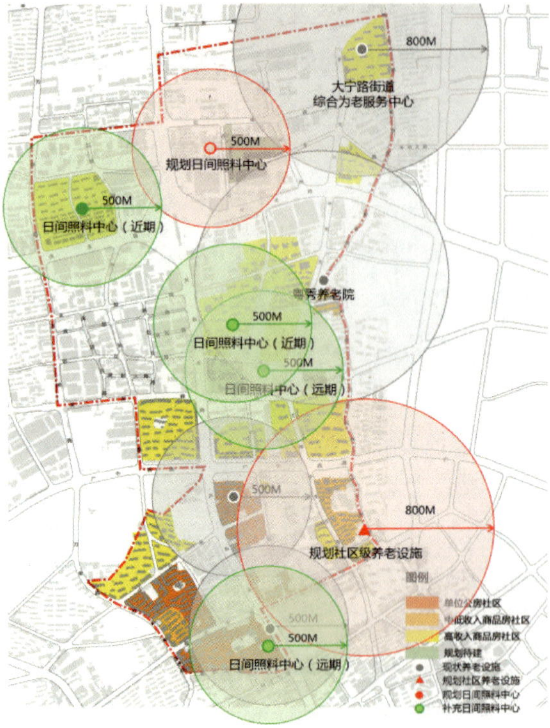

图 4.26　大宁街道福利设施补充图

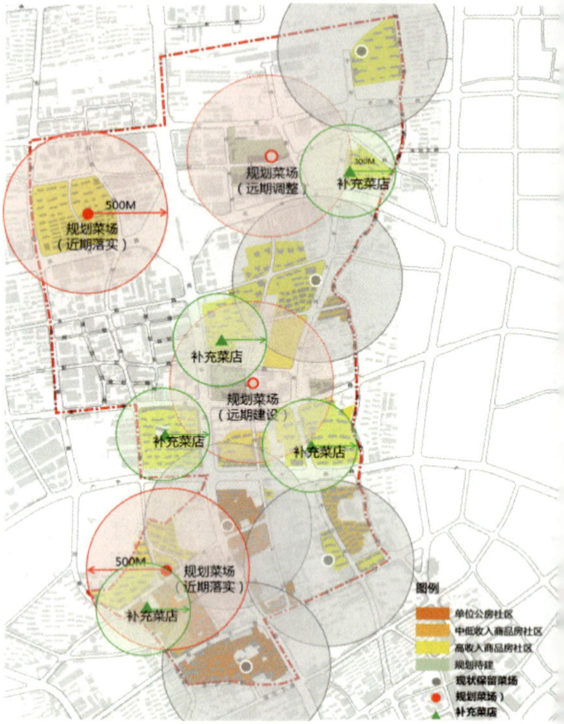

图 4.27　大宁街道商业设施补充图

其五，评估先行，更新转型。主要针对本身缺口大、建设用地面积也比较大，如养老院、幼儿园等设施类型，无法通过化整为零、设施共享、商业租用等方式得到解决的，则需要结合规划评估，挖掘周边用地转型机遇，提出相应的规划调整要求。

比如，由于静安区老年人口较多，尤其是中低收入商品房和单位公房社区集中的区域，老年人口更是聚集比例更大，因此结合位于这一区域内的类似三普工业园区这样的转型，可以将原规划的商办用地调整为以养老功能为主的其他公共设施用地，弥补现状养老设施不足的短板。但更新转型的方式往往需要结合规划评估进行规划调整，周期会较长，因此从实施操作上来说是中远期的一种补偿策略和机制，较难快速解决极为紧迫的问题。

图 4.28　建设发展中的大宁街道（从南至北的区域鸟瞰图）

多维度需求下上海城市微更新的现实探索

上海城市微更新发展背景与模式考察

在“以土地利用方式转变倒逼城市发展转型”的新形势下，当前上海城市发展所面临的问题，一方面是过去30年粗放型建设带来的各种发展矛盾，如功能结构不合理、公共空间欠缺、文化内涵缺失等问题；另一方面是随着互联网和通信工具的普及，公众参与规划和决策的意识空前强烈，城市更新与普通市民之间的关联性越来越紧密。面对已然定型的复杂城市空间格局，如何从规划和设计角度找到完善城市功能和提高城市公共环境品质的切入点，成为了摆在管理者面前的一道难题。

上海市政府提出“城市有机更新”的理念：注重公众参与与微治理，强调市民的主观能动性，并陆续出台了一系列政策和规范性文件，逐渐完善上海市城市有机更新的政策体系。2018年，上海市规土局对城市更新项目开展了专题研究，对更新项目分为三种类型，即重要地区城市更新、由土地权益人发起的城市更新及小微空间城市更新。其中，最后一类更新对象主要针对上海中心城区的公共空间，在既有法定规划的基础上，对零星地块、闲置地块和小微公共空间进行品质提升和功能创造。这标志着未来“微更新”理念将会越来越多地与规划管理、城市建设相结合，在城市规划发展中发挥重要作用。

近年来上海市政府还出台了一系列有关微更新的行动计划，如2016年5月7日启动的《行走上海2016——社区空间微更新计划》包括11个微更新试点项目（2017行走上海又新增11个试点项目）、2018年02月28日发布的《上海市住宅小区建设“美丽家园”三年行动计划（2018—2020）》（沪府办发〔2018〕8号）等；同时也通过举办城市艺术活动、各类设计挑战赛来推动微更新改造，如由民间设计师联合发起，获得政府立项的“上海城市空间艺术季”、上海市城市设计挑战赛等。在政府机构重视和民间社会力量积极参与的情况下，不断涌现优秀的微更新实践案例（图4.29）。

总体来说，上海微更新在城市“逆生长”发展模式下，跟以往相比较更加注重于公共空间环境品质的提升及居民社区生活圈的构建。在这一背景下，一方面是由政府主导的自上而下的模式下产生的一系列规模化微更新项目，如世博片区更新改造；另一方面是对于老旧小区的微更新和微治理，如四平路社区微更新（图4.30）。上海政府机构与各类民间规划组织以社区“微更新”为突破口，在广泛吸纳当地居民意见的基础上，对社区公共空间进行再设计与再组织，以渐进式的姿态提升城市局部片区的功能，改善建成环境品质，进而提升当地居民的归属感。而从城市的居住者角度来讲，越来越多的人认为城市微更新应该立足于居民的日常生活需求，符合人的尺度，强调具体地块具体分析，探寻各个地块不同的介入点；在实施上则希望可以通过微小空间层面的微更新改造对城市发展起到从量变到质变的过程，促成城市建设理念的转变，推动公众参与和城市生活的结合，从而实现修补城市空间与城市文脉。

图 4.29　2016 年和 2017 年《行走上海——社区空间微更新计划》试点项目布点

图 4.30　四平路社区微更新

多维度需求下城市微更新的 *N* 种路径

其一，多元参与背景下的城市微更新——浦东缤纷社区实践案例。

“社区，让生活更美好——浦东缤纷社区实践案例展”是基于 2017“上海城市空间艺术季”活动背景下的一个实践案例展览。缤纷社区行动也是浦东新区政府主导、由上海市城市规划研究院和相关艺术院校共同参与，首批试点工作主要面向浦东新区内城 5 个街道开展的城市微更新活动，同时选取了与居民生活密切相关的 9 类公共要素作为主要微更新项目，包括活力街道、口袋公园、慢行路径、设施复合体、艺术空间、林荫道、运动场所、破墙开放行动、街角空间等。

位于福山路与商城路交叉口西南方向的福山路跑道花园（图 4.31），一开始只是某健身房门前一片不起眼的公共空间，周边居民很少愿意过去，利用效率很低。2016 年，首先由健身房向陆家嘴街道提出对其进行改造的初步设想。街道向社区基金会提出了项目组织动员建议，同时积极调研周边居民区开展需求。基金会积极向社会专业人士进行推介，考虑到社区周围中小学校、幼儿园比较多，形成了“跑道花园”的初步方案，最终经过居民、设计师、专家等被邀请共同参与讨论，达成了公共空间更新方案的共识。

最终，陆家嘴街道出资 30 万元，商户出资 10 万元（其中 7 万元为服务捐赠），通过铺设塑胶跑道、提升景观绿化、改善人行道铺装、增设家具与路灯等，为居民新增了一个崭新精致的好去处。

与“跑道花园”同时发起的还有张扬南苑小区内一处 165 m^2 闲置房的改造。张扬南苑小区建于 20 世纪 90 年代末，小区当初建设配套设施比较有限，活动室、会议室等公共空间都比较小。社区居委会希望将原先这个只是用来回收废品的闲置房改造成具有多种功能的空间，如居民活动室、会议室等。在经历了多方开会之后，又根据各方提出的意见来回修改七八次，终于确定了改造方案。根据改造方案，整座房子将分成活动场地、卫生间和设备储物间三部分。改造后，能满足多种功能需求，如平时摆放座椅，但把座椅收起来，摆上乒乓桌就能打乒乓。

图 4.31 “跑道花园”现状

与以往动辄千万的大项目相比，“跑道公园”和“闲置房改造”无论从空间尺度还是投入资金，都属于很“微小”的项目，但是从项目中反映的是由多方共同合作的城市微更新的一种模式。设计师所听取的意见不仅仅来自于政府，而是需要与各利益方沟通，把真正的需求反映在方案中。虽然前期沟通往往会有不少波折，但好处也十分明显——事先沟通充分，项目实施过程就比较顺利。

由于“缤纷社区”试点工作取得了很好的社会反响，2018 年，“缤纷社区”工作已在浦东新区 36 个街镇全面推开、全域覆盖。随着人们生活水平的不断提高，居民对城市的需求不仅仅局限于工作和生活，而是将目光逐渐聚焦于温度感、人情味和幸福感。作为方案设计者，重点在于聆听来自基层的心声，实现人与人的“连接”和空间与空间的“连接”，才能更好地提升城市公共管理能级。当然一个模式的建立需要不断深入研究与探讨，因此如何形成一种可靠的、相对完善的成熟机制及实施后全面的评价体系，是下一步需要深刻思考的问题。

其二，政府力量主导下的社区空间微更新——万里街道社区规划改造。

万里街道成立于 2014 年，是上海第一批四大示范居住区之一，原为普陀区长征镇北片社区。2015 年开始，为更好地贯彻中央城市工作会议提出的以人为本、关注生活核心问题、提高城市发展宜居性的精神，进一步落实上海市总体规划提出“构建 15 分钟可达的社区生活圈”要求，上海市普陀区规土局率先开展《万里街道发展规划研究》，2016 年在发展规划的基础上，结合上海市城市有机更新四大行动计划，开展创新的社区治理模式研究，以新成立的万里街道为试点，践行社区发展规划，期望建立长效机制为全区建设宜居城区奠定基础，从而形成一套完善的社区规划编制办法、社区物质空间建设机制、社区服务与治理的管理机制。

万里社区城市更新的主题为“魅力社区、悦行万里”。规划实施三个试点项目、两条联系网络和小区全面覆盖的“3+2+1”任务目标，涉及设施建设、环境提升、交通慢行三大板块，对应提出邻里之家、绿行万里、家园节三大行动策划，积极组织全规划阶段的公众参与（图 4.32）。

杨家桥地区桃浦河沿岸综合改造：破旧的顶棚、湿漉漉的地面、杂乱的摆设、喧嚣的声音……这些“脏乱差”现象是过去杨家桥农贸市场的真实写照，大大影响了附近桃浦河沿岸的环境；2016 年普陀区启动了杨家桥城市更新工程，规划改造桃浦河两岸环境，河东侧以景观改造为主，中远期逐步打开各个小区围墙，重点改造河西侧，保证足够宽度的连续绿带，并结合现有空间设置小广场等活动节点，打通滨河慢行通道。同时，街道将通过新建标准化菜场、合理分流原经营户及微菜场进社区等措施，保障居民“菜篮子”。

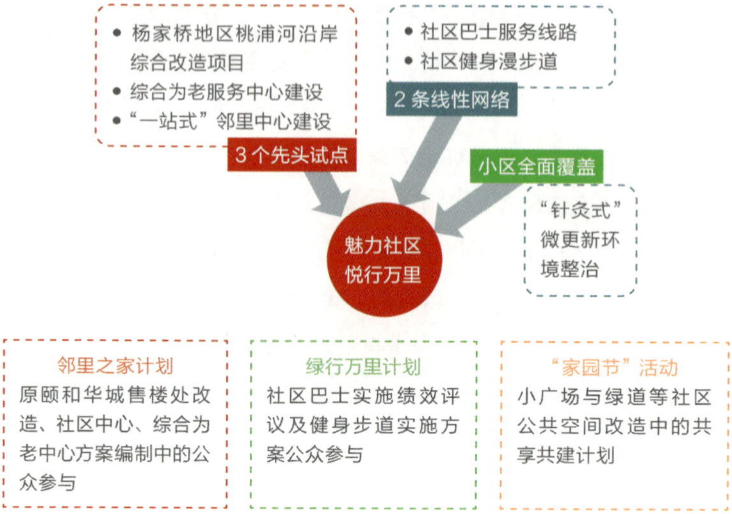

图 4.32　万里社区规划实施计划

综合为老服务中心：在交通路真华路口沿着龙珍港的地块，利用原来的售楼处、真华路菜市场，通过城市更新的手法，在原有建筑基础上加建。底层为相邻的绿苑菜场扩建，加建的 2 ~ 3 层设置 1 处综合为老服务中心，配置老年日间照料、助餐点、图书阅览、医疗卫生、文化活动、社区学校等综合功能。

"一站式"邻里中心：利用城市更新条例，创新复合化建设，增设邻里中心和公共空间，提供生活服务、养育托管、老年日托、卫生服务、综合健身、社区学校、社区食堂等服务。

两条线性网络：开设社区巴士服务线路对接社区健身漫步道，基本形成公共交通和慢行系统的网络体系。

"针灸式"微更新环境整治：在各个小区规划详细梳理公建配套的闲置空间，根据邻里级设施的服务半径与服务缺口，增设三合一家庭中心、睦邻中心、微利型商业、复合化医疗设施等。结合公共绿地、街道空间、滨水空间、小区出入口挖掘尺度宜人、亲切的小型公共空间，创造具有认同感的生活场所，使得居住区公共空间与人的生活习惯和使用需求相适应。

万里街道在行动实施过程中，增加多个社区居民的公众参与环节，如组织由社区居民、设计团队、街道管理者、市区两级规土部门、相关专家顾问等组成的研讨会，听取居民意见建议，鼓励居民亲自参与建造活动。通过同心家园等社区组织的培育，推动居民自治与社区共治，加深公众对编制方案的理解和认同，不断优化编制方案，提出真正契合老百姓实际需求的邻里之家方案，激发社区自治共治的活力。

万里街道的城市微更新，政府在其中扮演了一种“黏合剂”的角色，将居民、设计者和政府三方聚集到一个平台，在平等和信任的氛围下进行对话。根据以往经验，涉及公共空间问题，各方利益主体都会有不同的意见。这时候政府需要起到主导性作用，在讨论甚至争论中，或是牺牲某一方部分利益的前提下，确定一个相对而言的最优解决方案。政府提供的支持往往能极大提高政民间的合作，借助政府力量调动社会资源，公众参与，在不断沟通的过程中才能让各方都能够保持觉知和清醒。

此外，位于静安区普善路街头绿地，作为 2016 年“上海市 1+1 公共艺术计划项目”选点，由上海市公共空间设计促进中心为主导，由上海市静安区规土局协同选点，选取由于南北通道这一城市道路在此区域的改线和拓宽而形成的新的“零碎”地块，其周边住区密布、公共空间缺少，亟须更新改造。该项目由规划设计单位、景观设计单位及雕塑家团体共同合作设计，上海市静安区绿化管理中心结合绿地建设进行建设管理与后期养护，为周边城市化居民提供一处以“艺术”为主题、以参与性与休闲体验获得感为诉求、提升城市形象为外部效应的绿地空间。

项目以“街头游戏”为设计理念，通过将“跳房子”“折纸”“七巧板”等传统游戏在景观空间中的创意性的物化与设计，以极简的设计语言呈现，并将雕塑、街道家具、趣味空间、绿化等多个要素高效、有机地融合编织在一起；致力于用景观融合艺术的方法，将城市街头废弃空间更新提升为具有活力的，互动性和参与性较强的，能为多年龄段周边城市居民提供休闲、游憩空间和积极有趣的街头绿地，成为“寻找失落的城市空间”一步有温度的有益尝试，取得了良好的建设效果（图 4.33 ~ 图 4.35）。

其三，社区规划师制度下的微更新——杨浦区社区微更新项目。

杨浦区在社区营造方面探索比较早，此前的探索主要集中在了四平街道和五角场的几个点。比如，一个街道边上的小型口袋绿地，对一些规模较小、消极使用的空间的重新活化利用。2017 年 3 月，杨浦区规土局将翔殷路 491 弄绿地改造项目推荐为“行走上海——社区空间微更新计划”的 2017 年度试点项目，同时也是推广社区规划师制度的一次尝试。

翔殷路 491 弄住宅小区建于 1993 年，居民以老人、儿童居多。小区内有 2 处集中绿地，中央绿地设有凉亭和健身设施，居民使用频率较高，北侧的集中绿地规模较小，乔木众多，日照较少，使用率很低。小区内的健身设施也多是供成人使用的“大尺寸”器械，孩子缺少活动场所。不少居民提出，希望将北侧绿地改造成为供儿童娱乐的户外亲子活动空间。设计团队在了解了居民的诉求后，结合场地特征，将空间布局从“一”字形改为“L”字形，对场地的活动设施和休息场所进行了细致设计，改善亲子乐园的空间品质（图 4.36）。

图 4.33　普善路绿地区位及基地分析

图 4.34　普善路绿地设计方案

图 4.35　普善路绿地改造后

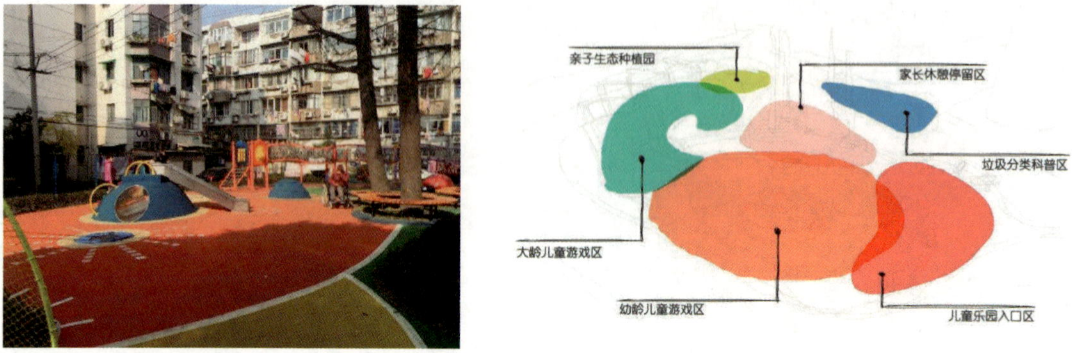

图 4.36　翔殷路 491 弄住宅小区亲子活动空间

在绿地改造项目取得成功之后，杨浦区政府于 2018 年，聘任 12 名来自同济大学规划、建筑、景观专业的专家为社区规划师，让每位社区规划师与杨浦区的一个街道（镇）结对，为该街道（镇）社区更新工作提供长期跟踪指导和咨询。为进一步实现社区规划师和居委会干部、居民的良性互动，杨浦区规土局与同济大学又共同制定了社区规划师培训计划。

随着上海创新社会治理、加强基层建设的持续推进，以及社区规划、建设和管理职能的不断更新，对各级政府发挥好相关职能提出了更高要求。不论城市微更新是偏向于政府自上而下的推进，还是偏向于基层自下而上的推进，规划参与的作用都是重大的，而社区规划师制度建立的主要作用：首先是提供专业意见，并把专业的内容以通俗易懂的方式让参与者看懂；其次是沟通组织，为利益各方提供沟通平台，并将诉求结合并体现在规划中；最后协调各方利益，促进各方达成共识，加快项目推进。

城市微更新项目实践的实施保障机制

首先，加强政府引导作用，通过上下结合促进规范化。在上海城市化不断发展、居民素质不断提升的今天，微更新会成为未来政府服务的一种常态；微更新项目的实现不仅仅来自于某一方的需求，政府也开始意识到上下结合工作的重要性。比如，在上海城市空间艺术季中，政府不断推动微更新项目，开展一系列微更新案例，从而培养居民关注规划更新，鼓励公众自发提出更新需求，创造出更多、更好贴近居民日常生活需求的微更新项目。同时，政府也需要在管理层面进行协调统筹，随着更新需求、更新诉求的日益多元化，只有以顶层设计为目标，加强相关部门通力合作，才能在行政管理体制上形成合力，促进城市微更新健康发展。

其次，完善公众参与制度，鼓励居民自主更新。与以往的城市规划大项目不同，城市微更新往往与居民的切身利益紧密相关，这些问题都是居民直接关心的。但是很多时候，在项目落地之后，反对的声音才逐渐响起来；如果我们可以把工作做在前面，给予公众、设计者、政府等多方主体一个相互沟通的平台，多听听来自各方的意见，在规划设计层面将未来会引起矛盾的问题规避掉，建设出一个多方协调后的规划方案，这才是对城市发展应有的贡献。

随着公众自我意识与维权意识的逐渐增强，公众参与城市决策与规划的热情与意识愈发高涨，在未来上海引导公众参与工作中，应该细化公众参与的内容，完善公众参与制度，加强公众监督，鼓励民间自治主体的建立等。参考国际经验，未来的更新必将需要社会主体能够形成高效的组织模式参与其中，如日本的社区更新就是具有完善成熟的社会组织基础。当然，在公众参与的背后还有很多深层次的东西——如何深化公众参与程度、提高公众参与效率、创新公众参与方式等问题都值得去思考。

再次，完善更新规划，促进微更新可持续发展。城市微更新是一个持续的过程，制定一个长远的地区微更新计划更为重要。比如，徐汇区、杨浦区等正在建立良性的社区规划师机制，通过与各方沟通，提供社区更新的咨询、整理、设计和研究，提出可持续性地进行社区微更新规划设计构想。由政府组织，联合了设计单位、社区团体与居民、工程团队，进行多方合作，把握有利时机和优势资源来进行更为积极、多元化的更新建设。其中的关键离不开前文所强调的，将政府作为推动转变的保障力量，关注环境责任、制度化的沟通渠道及实施机制，统筹谋划，长效治理。

往往规划设计最难的不是一次性投入而是持续投入，如日本“神田”街区的微更新前后花了三年时间，第一年改善了建筑之间的里弄，第二年把建筑前区广场做了改善，第三年开始解决如何把建筑屋顶变的好看。通过这些小项目让当地市民感受到有这样一群年轻人正在试着把街区变得更好。或许做这些社区的微更新项目并不是设计师们的目的，而是共同要让城市变得美好的一种情怀。近年来，上海在各个区进行街道公共服务设施，社区规划等多方面的研究，将部分更新项目管理权限下放至区域街道，从而建立长效的规划体系，充分发挥街道推进城市更新的作用。这些工作从一定层面上促进了城市规划的可持续发展。

从根本上，城市微更新是一个复杂多元的问题。在中国经济新常态的条件下，城市更新不但要面对社会分层和不同地域人群的差别化需求，还要面对社会弱势体和边缘化社区的发展问题（赵民，2013）。作为规划师来讲，需要对城市发展机制有着深刻理解，需要了解基层主题的实际需求，进而才能设计出“接地气”的作品。

社区空间微更新设计的工作方法与实践解析

审视：飞虹路绿地更新的契机与诉求

随着城市发展与建设的不断深入，中国城市社会所追求的发展模式逐步从粗放转向内敛，更加追求内涵的优化，城市景观更新将会是一个长期的工作类型（孙轶家，2007）。城市景观与社区空间更新不仅是塑造有温度的城市与社区空间的重要路径，也成为实现城市精细化管理目标的有效手段之一。同时，由上海市规土局主导的“行走上海——社区空间微更新计划”也初见成效，其中得失也为本轮杨浦区社区空间微更新试点提供了重要经验。飞虹路绿地更新则成为 2017 年度杨浦区社区空间微更新的典型案例。该项目是由街道推荐，经杨浦区规土局依据改造更新的紧迫性、示范性、可实施性等诸多因素综合评判后选取的 2017 年度杨浦区 5 个社区空间微更新试点项目之一，最终以江浦路街道为实施主体于 2018 年 1 月实施完成。

飞虹路绿地属于杨浦区江浦路街道范围内，位于杨浦区传统中心区域内。江浦路街道区域内老式居民小区较多，多为 20 世纪 80、90 年代以来建造的多层住宅，另有部分建设年代较之更早的私房区域，社区公共设施与空间环境品质较多不能满足当下使用需求的，其中尤以飞虹路沿线的城市环境品质最令人担忧，社区空间更新提升的诉求较大（图 4.37）。随着区域内沿大连路、控江路界面的商业、办公、医疗、综合服务等设

图 4.37　飞虹路绿地区位及现状

图 4.38 飞虹路绿地现状照片及问题分析

施的发展和部分新建高品质商品房的完善，毗邻的飞虹路沿线老式居民区及周边开放空间的品质和管理与整体区域发展的落差与矛盾更为明显。而飞虹路许昌路路口西北角的带状绿地（飞虹路绿地）更是其中矛盾的焦点。

该绿地占地 380 m^2，绿地被公共厕所分割成为面积相近的南北两块，更新前是缺乏管理、无法进入使用的纯绿地，周边皆为缺乏公共活动与休闲空间的老式居民区与私房区域。更新前绿地内以常绿植物为主，虽绿量充足，但绿化布局无章法、植物徒长、植物层次杂乱、绿地内部阴暗，对街道与社区开放空间的景观塑造毫无帮助，反而减分（图 4.38）。飞虹路绿地在更新前的现状与周边环境特征显示出十分迫切的更新提升诉求。

研判：回归日常的空间分析与绿地空间需求研究

依据飞虹路绿地现状绿化杂乱的状况及绿地所处飞虹路、许昌路交叉口的空间区位，容易比较直观地得出在飞虹路绿地更新中需要强化街头绿地的景观性，以提升绿地对飞虹路一线及许昌路一线街景优化的贡献。同时，绿地周边老旧居住区的沿街景观形象较为杂乱，亦对更新后绿地景观效果的整体性与设计语言的一致性提出了相应的要求。此外，绿地西侧为无封闭围墙的私房区域，这样的周边空间特征也必然对飞虹路绿地更新设计形成一定的制约性要求。

在此基础上，本次更新设计特别注重以人为本的日常生活视角，并将多用于城市交通分析的 OD（Origin-Destination）分析思维植入本次更新设计的整体空间分析中。将飞虹路绿地与周边居民日常使用频次较高的菜场、便利店、地铁站、公交站点、邮局、银行等社区基础服务设施设定为 D（Destination）点，将绿地周边 1 000 m 范围内的小区出入口设定为分析的 O（Origin）点，以飞虹路绿地作为途径点进行空间行为耦合分析（图 4.39），并着重关注绿地周边 500 m 范围内的多种居民慢行出行可能轨迹。在叠合分析的基础上，以完整的空间规划理性论证飞虹路绿地作为控江路与周家嘴路之间的飞虹路一线、许昌路一线唯一的街头绿地应当具备满足周边居民日常出行途径停留、休憩的公共职能，由此也进一步在空间分析层面明确了飞虹路绿地在更新过程中的进入性需求。

然而，恰如克里斯托夫 · 亚历山大所言“城市不是一棵树”，城市生活是非线性的、存在网络化特征的，城市空间、绿地空间作为城市生活的载体在其被使用的过程中也是存在空间阅读的多义性与个体使用差异性的。由此，在本次飞虹路绿地更新设计过程中，在日常使用视角的空间分析的基础上，更加重视对现场周边居民及其他使用者进行访谈以进一步验证绿地更新中的使用功能需求（图 4.40），也形成了本次更新设计在空间需求分析上“空间场所感知—日常使用分析—使用者访谈”三阶段递进收敛的工作方法，并为本次飞虹路绿地更新设计制定了绿地空间更新需求表（表 4.2）。

表 4.2　飞虹路绿地空间更新需求表

绿地更新需求类型		具体需求内容
外部需求	周边环境制约	绿地中场地布局位置布局考虑西侧开放式居民区心理安全
		绿地中单个场地面积宜小不宜大
		绿地中场地宜分散布置
	街景塑造需求	追求简洁明快的整体性效果
		具有立体感与体积感的景观界面
	行为引导需求	更好的进入性
内部需求	内部使用需求	可进入的绿地空间
		具有短暂停留和休憩的职能
	设计特征	简洁一致的设计语言
		更可能保留可利用现状绿化（尤其现状 6 棵高大乔木）

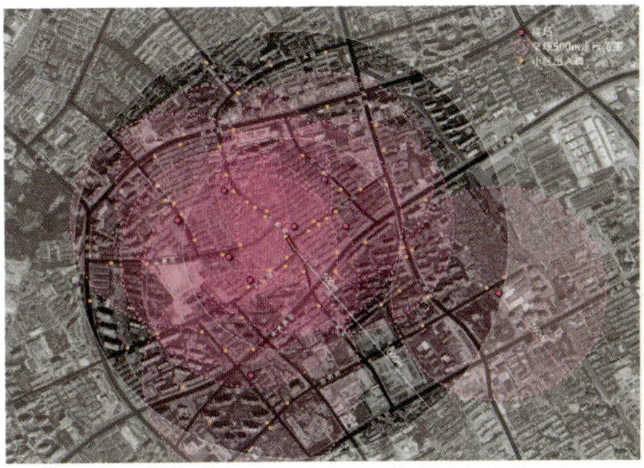

飞虹路绿地与周边菜场、小区出入口之间的 OD 模拟分析

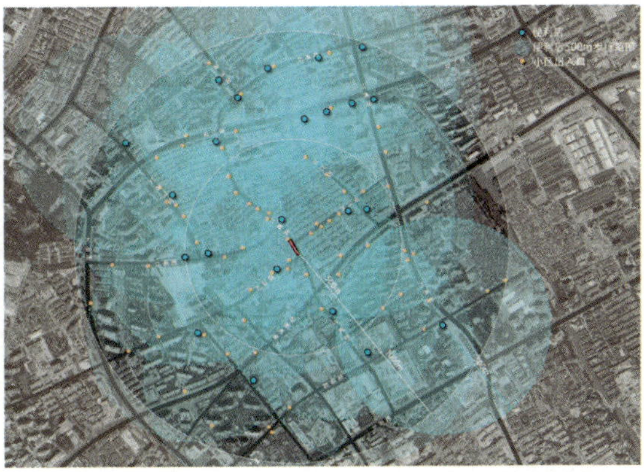

飞虹路绿地与周边便利店、小区出入口之间的 OD 模拟分析

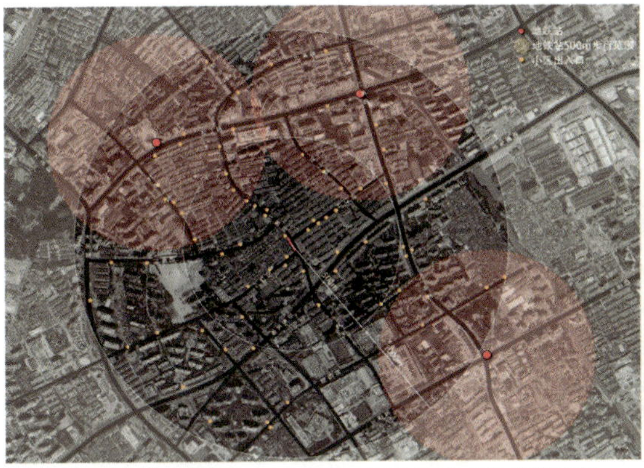

飞虹路绿地与地铁出入口、小区出入口之间的 OD 模拟分析

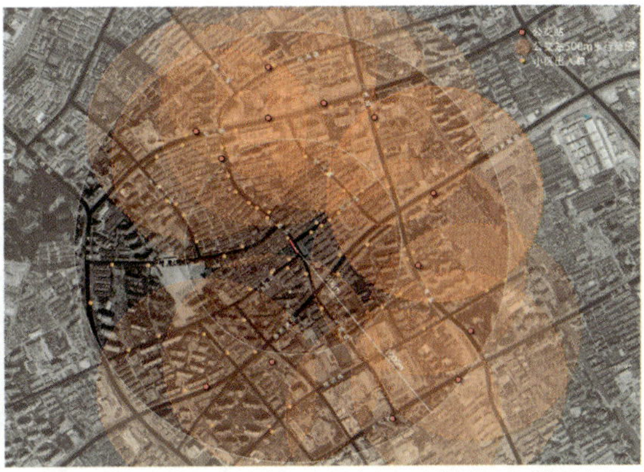

飞虹路绿地与周边公交站点、小区出入口之间的 OD 模拟分析

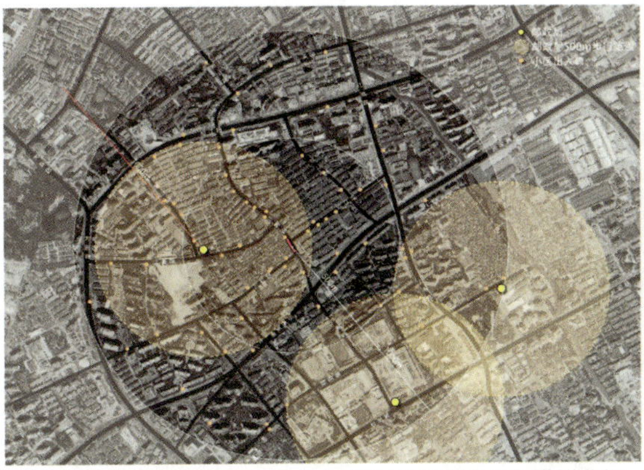

飞虹路绿地与周边邮政网点、小区出入口之间的 OD 模拟分析

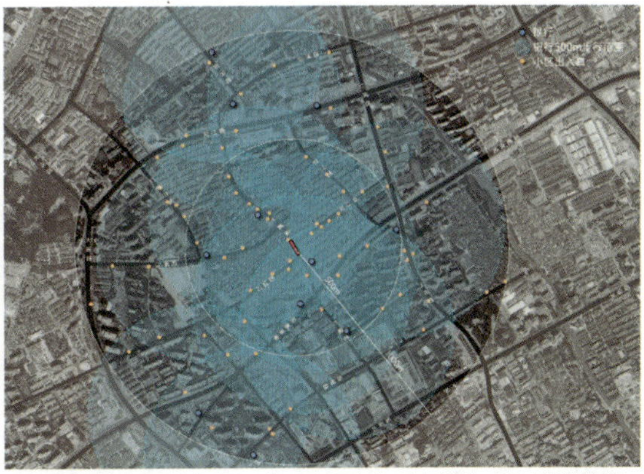

飞虹路绿地与周边银行网点、小区出入口之间的 OD 模拟分析

图 4.39 飞虹路绿地 OD 分析

图 4.40 飞虹路绿地周边居民访谈意见小结

重构：恪守多维更新诉求与环境友好的景观形式逻辑建构

考虑到飞虹路绿地更新前现状条件与调研分析所得到的更新需求的匹配度较低，设计团队决定以空间重构的方式对该绿地进行更新设计。飞虹路绿地的具体更新设计过程，是在尽可能保留现有高大乔木与可利用绿化的基础上，严格依据“空间场所感知—日常使用分析—使用者访谈”三阶段递进收敛分析的结论，并将分析结论转化为用以建构空间的形式逻辑展开的。总体上分为三组空间建构操作过程，即景观空间生成、景观形体生成和绿化利用（图 4.41，图 4.42）。

在“景观空间生成”中，首先，以景观空间中场地布局位置避开西侧开放式居住区通道位置，以达成尽可能保证该区居民居住心理安全的需求；同时，以同侧两组较小场地空间的设定以确保不形成集中场地的需求，形成相对安静的绿地休闲环境；其次，通过创立斜向引导界面，适度增强绿地公共性与进入性，并可使绿地内外在景观效果与行为上的融合度更高。

在“景观形体生成”中，首先通过在场地中增加休闲座凳与树池的方式，在进一步降低绿地中场地尺度的同时，增加空间绿量、增加休闲设施，形成具备“瞭望 - 庇护”特征的景观微空间；然后通过绿地空间的三维拉升，形成具有一致性设计语言又略富变化的三维地景空间，形成具有一定立体感与体积感的景观界面；最后以设计方案平面构成要素作为母体，对拉升后的耐厚钢板花池进行穿孔设计，形成具有特色的景观细部，同时结合灯光形成具备夜景效果的一体化景观灯光装置。

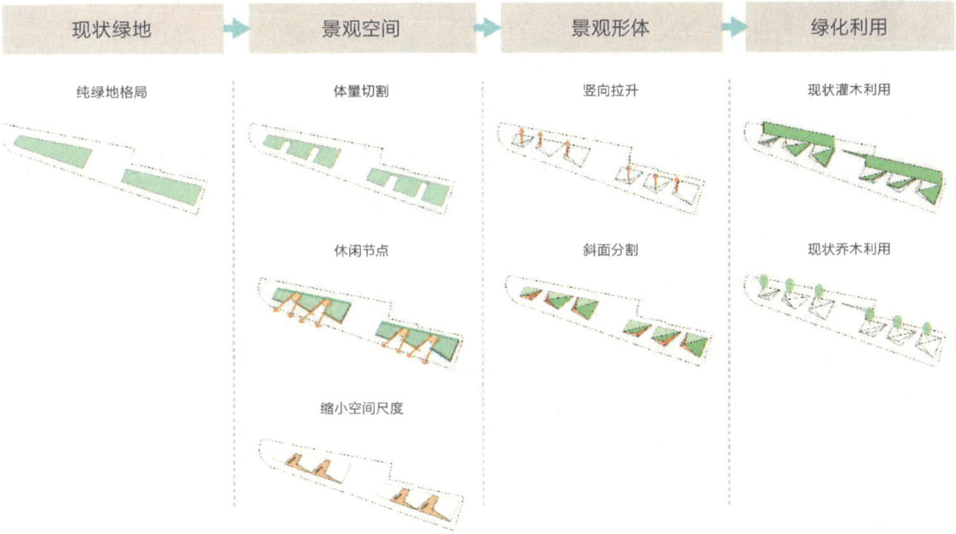

图 4.41 基于形式逻辑推演的飞虹路绿地景观空间建构

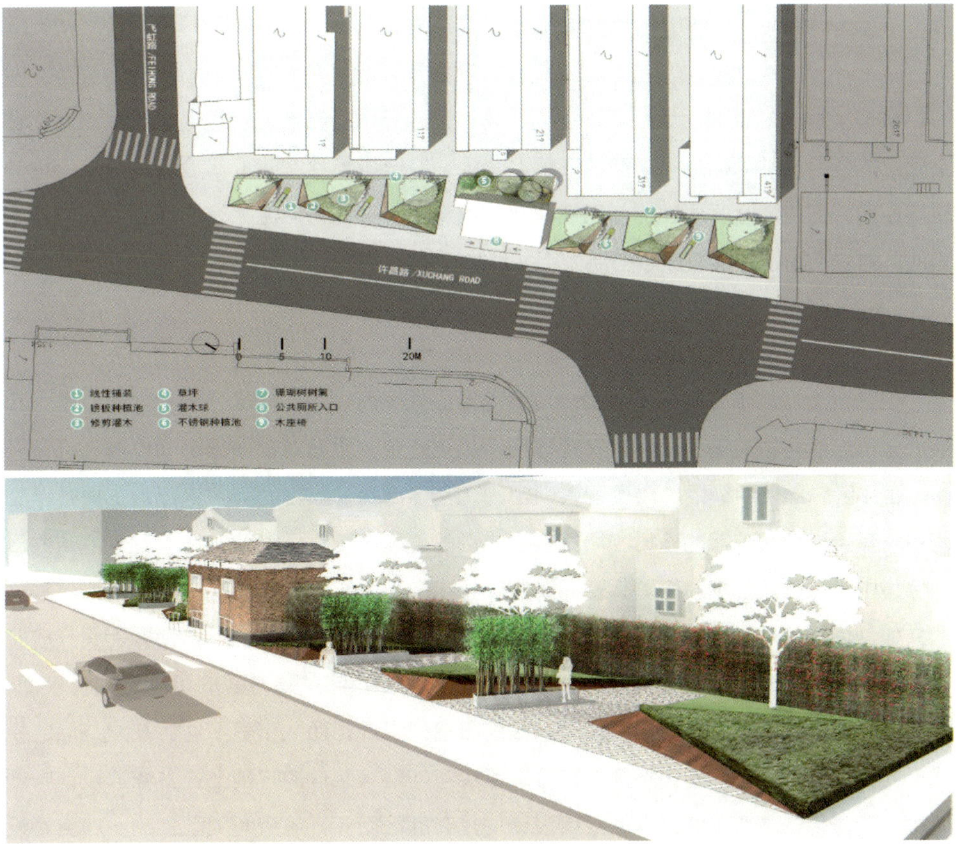

图 4.42 飞虹路绿地更新设计方案

图 4.43　飞虹路绿地沿街日景、内部新增的树池与座凳

依据上述逻辑重构的绿地景观空间，与保留的乔木及其他现状绿化、新补充绿化在空间上的整合，共同构成更新后的飞虹路绿地，并以更新后的建成环境激发街头绿地的空间使用，同时以社区居民的使用活化飞虹路绿地，形成有温度、有归属感、留得住记忆的、对城市街景塑造有贡献的活力街头绿地（图 4.43 ~图 4.46）。

探讨：社区空间微更新中互为补益的多样路径

目前，上海城市空间已进入稳步发展的渐进式更新阶段，社区空间的更新也成为和谐社会网络建构中的重要一环。在社区空间微更新中，更新对象依据空间位置特征分类有：居民区内部集中绿地、居民区入口空间、社区街头开放空间等。这三类主要社区空间由于其所处空间位置的差异，所呈现最主要的差异在于空间的公共性。其中以居民区内部集中绿地公共性相对较弱，空间属性较为内向，同时社区居民参与更新建设过程中的共建、后续使用过程中的共治的可能性较高；相反，在一般情况下，社区街头开放空间的公共性相对最强，空间属性偏于外向，则居民在参与共建方面的可能性相对较低。相对于居民区内部集中绿地更新多见以政府平台、设计师团队引导下居民共建共治的模式，社区街头开放空间的更新则在充分尊重民意与现状条件的基础上更多依靠设计师团队的主导作用。本次飞虹路绿地更新设计便是在社区街头开放空间类型上的一次更新设计方法与实施路径的尝试，也为后续的社区空间更新提供了一种可借鉴的有效路径。

图 4.44　人们在飞虹路绿地设施上休息

图 4.45　飞虹路绿地沿街夜景

图 4.46　飞虹路绿地穿孔耐厚钢板树池

第五部分
行动链接

"今天的城市空间正日益密切地与社会文化、公共资源、权力、资本等核心领域相互影响和建构，也正是因城市和一种政治与经济的生态密切相关，转型期城市发展所面临的问题更为复杂和多元，需要我们积极探索空间实践的冲突调节方式，进而促进具有重要意义的行动模式的确定。城市更新中重要的旧区改造、社区建设、相关政策与管控方式等，在新时代背景下，其理念与路径更加强调对于社会使用者需求的回应，对高质量发展与高品质生活的促进，也将激发产生更加多元、更具价值的实践行动链接。"

ThE
WONDER
CEATD
WAS
HERE

多策并举：上海市旧住房成套改造方式

上海旧住房发展历程

“十三五”期间，旧区改造的更新方式转为“留改拆并举，以保留保护为主”，上海计划旧区改造完成中心城区二级旧里以下房屋改造 240 万 m^2。“上海 2035”总体规划中提出了将上海未来建设为全球城市及国际化大都市的要求，这就意味着对高质量发展和高品质生活要重点关注。上海的旧区改造更加迫切，也有更高的要求。在新时代背景下，应采取更具针对性、更具实效性的政策，探索更加适应当代的、灵活的管理措施。

自从上海 20 世纪 90 年代推进旧住房改造工作以来，主要历经五个阶段：“365”危棚简屋改造、“十五”旧区改造和“十一五”“十二五”“十三五”成片二级旧里以下房屋改造，这些改造过程中不仅体现了针对土地出让、房屋拆迁、财政补贴等相关政策的优化，还从旧住房的安置标准和方式等技术手段上有了一定的进步，前几个阶段以“大动迁”和“大拆迁”为主，而从“十三五”开始“拆改留”转为“留改拆”，对保护保留历史风貌提出了新的要求，一方面要将上海的特色建筑，如小里弄、石库门和老弄堂等，作为“留改拆”工作底线，保留城市肌理、街坊肌理和历史建筑。另一方面，对不涉及风貌保护的成片二级旧里以下房屋，将按既有政策机制继续拆除，改善民生。

上海市在旧住房改造过程中涉及的改造方式主要分为两种类型：一类是针对原有住宅自身层面，以保留住宅原有的建筑特色及主体建筑结构为前提，对房屋自身结构及内部修缮的简单分隔、加扩建改造[1]、抽户改造[2]等改造方式，但该类改造方式随着房屋老化等原因，逐渐凸显出不能满足居民需求等问题；另一类是从住区层面，通过针对住区中建筑结构差、无修缮价值且规划上具备改造条件的旧住房，根据新的规划要求重新建设，对建筑高度等方面有所突破后，为住区提供更多的公共设施和公共空间，如“拆落地”改造[3]等。

近年来，由于“拆落地”改造方式能对居民生活环境品质有较大提升，且因为采取居民回迁安置的方式，可以更好地维系原邻里关系，因此上海旧房改造以此为主。自 2008 年开始上海中心城区开展“拆落地”改造试点，已有静安区彭三小区等成功实践

1 加扩建改造是通过对原非成套旧住房拓宽方式，使其独立成套。主要针对的是前后房屋间距较大，存在拓宽可能的半独用旧住房。

2 抽户改造是根据具体情况，有的是通过抽走小户型居民安置新房、大户型居民购买隔壁小户型房屋的方式，使住房都独立成套；有的是抽走旧房屋内所有非成套居民安置新房的改造方式（全抽户）。

3 拆落地改造即拆除原非成套旧住房，并新建符合目前居住标准的新房，居民采取回迁安置的方式。

案例。

本书选择上海中心城区现阶段具有典型意义的实践项目，进行比较分析与经验总结，从政策、操作流程、技术标准和公众参与等方面，为当前上海市旧住房成套改造方式探索提供策略借鉴与思路启发，对未来旧住房改造精细化管控、促进相关规范性文件制定等提供支撑（图 5.1）。

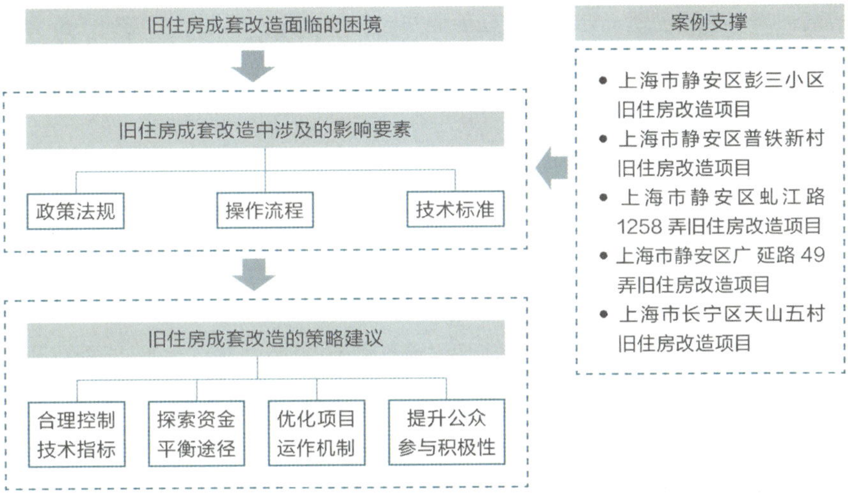

图 5.1 技术路线

旧住房成套改造面临的困境

自改革开放之后，为提升居民居住条件，改善城市面貌，上海中心城区开展了大规模旧住房改造。旧住房成套改造事关民生改善、城市安全，是当今“留改拆”的城市更新背景下城市发展建设中亟须研究的重要课题。通过梳理旧住房成套改造的经验，剖析现有问题，对以后进一步指导和推进工作有着十分重要的现实意义。

其一，现有政策法规的不完善。

一是改造对象及目标不明确。如根据《上海市旧住房拆除重建项目实施管理办法》（沪房规范〔2018〕1 号），目前的拆除重建项目对象为“经管理部门认定，对建筑结构差、年久失修、存在安全隐患、无修缮价值，主要建设于 20 世纪 50—70 年代的不成套公有工房”，分为两类：危房和不成套公有工房。但是并未对具体的危房、非成套、公房的比例做出要求，因此在项目认定时存在一定争议。而旧住房改造的首要目标是厨卫成套，但在成套的大前提下，是首先保证全部原地安置，还是首先保证居住环境的提升，仍存在较大争议。

二是现有政策细化程度不足。目前针对旧住房改造的政策仍较为初步，政策的细化程度不足，完善性不够；操作流程上，各部门职权不明晰。实际项目中发生的很多问题仍无法找到相应的依据，如增量的建筑面积如何分配、选房如何做到公平公正、公房与私房的分类处置标准等。

其二，现有技术标准的缺位。

目前上海市尚无专门针对旧住房改造的技术规范与标准。一方面，规划技术层面根据已有的实践经验，按照现行建筑间距、建筑退让等标准，难以在现有地块中安排下全部的成套住宅，这种困境十分普遍。在前期法定规划阶段，规划和土地相关部门采取一事一议的方式，但由于控制性详细规划等规划编制调整周期较长，规划和土地相关的配套管理细则也不完善。

另一方面，建筑技术层面对住宅成套、公建配套增加等的新增建筑面积没有明确规范和标准，而且对成套改造的标准仍不完善，“成套”内涵不明确，在统计口径上，是按照建筑面积，还是套内面积来计算；对于套外成套、通过违章搭建成套、合并几间房屋达到成套的情况如何认定等，仍需要明确的标准予以规范和指导；此外，在建筑设计及施工阶段，政府部门在审核旧住房成套建筑改造图纸时，只能按现行的新建商品住宅设计标准，由于旧住房成套改造的特殊性，往往图纸难以被审核通过，卫生、消防等方面也无法通过批准，成为改造工作中一道难以逾越的障碍。

其三，居民意见难以统一。

在旧住房改造工作的过程中，为保证改造工作的进展顺利，减少社会矛盾，旧住房改造的相关方案需征得所有居民的同意，然而有部分居民过多考虑个人利益，相互攀比，因此意见难以统一，耽误了工程节点，甚至无法开始开展改造计划。

如《上海市旧住房拆除重建项目实施管理办法》，拆除重建项目“不得减少原住户房屋的居住面积”，但对住宅成套、公建配套增加等的新增建筑面积没有明确规范和标准，静安区某旧区改造项目原住户中售后公房约占 85%、租赁公房占 13%、私房占 2%，且部分户型不成套，在成套改建过程中，按照《关于贯彻执行 <上海市国有土地上房屋征收与补偿实施细则> 若干具体问题的意见》（沪房管规范征〔2012〕9 号）中的换算系数标准，将不同性质的房屋面积转化为建筑面积，再根据经验值增加一定面积，得到改造后的房屋建筑面积，但居民对此做法仍有较大争议，居民意见难以统一，项目推进困难。

其四，改造前后管理流程复杂。

目前旧住房改造的对象大部分是计划经济时期的产物，由于历史原因，这些房屋有的原始设计就是非成套的，有的原始设计成套，但在使用过程中造成不成套；也有居民为解决自身居住困难，将相邻的房屋收购下来，自己改造为成套房屋。成套房屋即可由居民买下，由公房转为产权房，项目现状房屋所有权极为复杂。

由于以上原因，项目改造前，往往公房、售后公房（产权房）、私房混杂，没有明确的划分界限；改造后，为了便于管理，最好将产权房与公房分开安置。但由于用地有限，各类型房屋的户数也不一定与一幢房屋的户数吻合，因此分开安置难度极大。就算有可能分开安置，还会涉及产权房的用地性质变更的问题，可能要经过收储再出让等较为复杂的流程。

国际旧住房改造思路借鉴

通过梳理国外城市旧区改造的情况，在不同时期及发展阶段，各国政府根据出现的具体问题，出台了解决的相关政策，这些政策手段和改造措施也因各国体制及社会问题不同而各有特点，其中以奥地利、荷兰、德国、日本等国家成就较为突出，这些为城市更新背景下上海旧住房成套改造模式的研究奠定了基础。

其一，精细化、人性化的技术措施。国外旧住房改造表现出了精细化、人性化、内涵丰富等特点。一方面，通过停车区域、室外公共空间、社区服务设施等住区设施和环境改造，以及对套内布局的改善和套内设施的完善，提高设施的现代化水平，提高居民的生活质量；另一方面，通过房屋本身的修葺加固，以及楼内公共空间的改良、增设或重新布置，贴合实际居住人口尤其是老年人的需求，解决无障碍问题；此外，除了硬件条件的提升外，有些国家还把社区人群组成、便民服务等内容，纳入旧房改造的考虑范围，赋予旧房改造以多维度的丰富内涵。

其二，引入民间力量推动公众参与。国外的社区自治团体在旧房改造中发挥了巨大的力量。例如，奥地利的旧房改造全部由社区进行具体的实施操作；日本积极推进“地域管理”事业，形成了诸多类似住户委员会、非营利性组织、规划设计组织和协会团体等的自治组织。一方面，相关专业人才在充分了解当地居民需求的基础上，为社区制定改造计划及方案；另一方面，居民自治组织与开发商形成更新力量组合，用来筹集资金。在改造过程中，政府充当协助支持的作用，并提供公共设施建设补助。

其三，由非营利机构作为改造主体。从国际经验来看，建立介于政府和私人部门之间的专门机构，参与公共住房的开发、建设、管理与改造，是解决公共住房难题的有效途径，在间接介入住宅市场化活动的同时，保证政府政策和计划的贯彻。这些非营利机构的资金主要来源于政府，如奥地利政府通过提供资助资金及优惠贷款且免税的形式，新加坡政府提供 20 年长期贷款和财政补贴等。除此之外，这些机构也会通过一些市场化的手段进行资金平衡，如荷兰社会住房组织通过少量地开发高端租赁房及平价商品房，补贴改造费用；日本政府机构通过土地区划的方式将部分土地出让给开发商，通过市场化操作的方式筹集资金。

旧住房成套改造中涉及的影响要素

基于以上旧住房改造中遇到的相关问题，本文通过深入剖析研究上海市已完成及正在开展的彭三小区、天山五村、普铁新村、虬江路 1258 弄、广延路 49 弄等 5 个案例的项目进展情况、规划技术手段、居民安置方案、资金筹备途径、公众参与情况等内容（表 5.1），提炼在旧区改造中涉及政策法规、操作流程、技术标准等方面的影响要素，这些影响要素将会对下一步提出改造策略建议提供基础与路径。

首先，通过梳理案例实践过程遵循的现有政策法规，为下一步政策完善提供基础；其次，由于旧住房改造，尤其是“拆落地”改造的操作流程的复杂性，这一影响要素也将对旧住房改造实施流程的优化起到重要作用；再次，上海市现有案例实践中，主要涉及开放强度、空间管制、公共服务设施、房型建筑设计等方面的优化，也是未来旧住房改造中需要重点关注的几大技术要素。

表 5.1　国内旧住房改造实践案例特点

项目	彭三小区	普铁新村	虬江路 1258 弄	广延路 49 弄	天山五村
所处地区	静安区	静安区	静安区	静安区	长宁区
进展情况	2007 年起，彭三小区被列为全市试点旧住房成套改造项目之一，分五期实施。其中，二期为改扩建，三、四、五期为“拆落地”，现四期居民已回迁，五期改造也将启动	2017 年完成控规调整，目前处于建筑方案设计阶段	目前处于控规调整和建筑方案设计同步深化阶段	已完成控规调整，目前处于建筑方案设计阶段	2017 年，市政府正式批复，同意天山五村项目的更新改造工作。2018 年 3 月，完成控规调整；目前处于建筑方案设计阶段
规划技术手段	• 尊重现有产权进行控规调整 • 完善社区公共服务设施 • 增加户均建筑面积 • 增加总户数 • 增加建筑高度 • 适当放宽建筑退界要求 • 多房型设计	• 增加住宅组团面积 • 提高容积率 • 增加社区级公共服务设施 • 增加户均面积 • 多房型设计 • 相邻地块的指标调整	• 根据地籍线调整地块边界 • 增加住宅建筑面积，保持总建筑量不变 • 适当放宽建筑退界要求 • 增加公共活动空间 • 增加地下车库	• 文物点平移 • 适当放宽建筑退界要求	• 根据新增建筑量确定容积率 • 增加社区公共服务设施 • 增加地下开发空间 • 增加户均面积
居民安置方式	• 全部原地回搬 • 政府提供过渡补贴及租房帮助	全部原地回搬	全部原地回搬	—	• 全部原地回搬 • 凭证计户，按户安置
资金筹措途径	• 新增住宅的可售部分 • 售后公房的净归集资金 • 财政补贴 • 地下车库的出售出租	—	—	—	—
公众参与与意见征询	• 三四期签约率 100% • 选层摸号 • 召开居民动员会	—	—	—	同意率达 96.03%

首先，政策法规影响要素。

2018 年,《上海市旧住房拆除重建项目实施管理办法》出台，主要针对“拆落地”项目的管理办法，明确了拆除重建项目实施的目的依据、适用范围、改造原则、管理机构、认定条件、计划立项、方案编制、规划土地审批、居民意见征询、协议签订、规划技术规定、建筑设计规范、扶持政策、资金来源、租金调整及建设管理各项审批环节等内容。2015 年出台的《上海市旧住房综合改造管理办法》，同时适用于改扩建和拆除重建，主要是解决成套改造、房屋安全等问题。

两者在规划技术规定方面对“拆落地”项目有着不同的要求。相比而言,《上海市旧住房拆除重建项目实施管理办法》更加严格。例如,《上海市旧住房综合改造管理办法》还对改造范围内建筑间距要求有所放宽，可按《上海市城市规划管理技术规定》中有关浦西内环线以内地区的规定标准的 10%进行折减，使改造更容易推进。而《上海市旧住房拆除重建项目实施管理办法》出台后，要求“拆除重建项目相关建筑间距、建筑退让等技术规定，应当符合《上海市城市规划管理技术规定》的相关技术规定标准”。根据实践经验，许多项目要满足该标准都有很大难度，造成了一定的方案设计瓶颈（表 5.2）。

其次，操作流程影响要素。

根据《上海市旧住房拆除重建项目实施管理办法》,“拆落地”的操作流程包括计划立项、建设单位确定、编制设计方案和改造实施方案、规划土地审批、意见征询和签订协议、其他建设程序、房地产登记等步骤，涉及的部门有房管局、规土局、房地产登记处等，还有建设单位及专业设计单位。在实际操作中，街道旧改办负责与居民沟通的工作，包括对每家每户的情况进行摸排、向居民详细讲解相关政策、给居民做思想工作、开展签约、组织居民做好选房、搬场和外出过渡工作等（表 5.3）。

表 5.2 “拆落地”改造相关政策

时 间	政 策	相关部门	政策类型
2014 年	《上海市旧住房拆除重建项目实施办法（试行）》	市房管局、市规土局	拆除重建
2015 年	《上海市旧住房综合改造管理办法》	市房管局、市规土局	拆除重建
2017 年	《关于坚持留改拆并举深化城市有机更新进一步改善市民群众居住条件的若干意见》	市政府	旧区改造
2017 年	《上海市城市更新规划土地实施细则》	市规土局	城市更新
2018 年	《上海市旧住房拆除重建项目实施管理办法》	市房管局、市规土局	拆除重建

表 5.3 “拆落地”操作流程表

操作流程	涉及部门	备　注
计划立项	房管局	—
建设单位确定	建设单位	—
编制设计方案和改造实施方案	建设单位、专业设计单位	—
规划土地审批	规土局	审核建设工程设计方案
方案公示和意见征询	建设单位、公房承租人和业主	—
签订协议	建设单位、公房承租人和业主	同意率不低于 90%（具体比例由区县政府确定）
其他审批	建设单位、相关审批部门	选房与过渡安置同步进行
不动产登记	房地产登记处	居民回搬

再次，技术标准影响要素。

其一，提升旧住房改造地块开发强度及建筑高度。旧住房改造为了使厨卫成套，会增加建筑面积，必然会伴随着住宅容积率的提高，在大部分情况下建筑高度也会相应提高，普遍会对以多层为主的现状及原规划产生突破。

提高建筑高度更有利于满足成套改造及居民全部回搬的需求，而且可以空出更多的地面空间用于安排社区公共服务设施、绿化、室外活动场地等，可以营造出更加优美舒适的居住环境。目前项目虽然在有限的用地面积下提高了建筑量和容积率（一般地区容积率不大于 2.5），轨道交通站点 300 m 范围内地区，根据评估情况可适当提高容积率。例如，静安区彭三小区四期就由多层住宅改造为高层住宅，打造出了品质不输商品房的旧改小区。

其二，根据地区特征加强旧住房改造区域空间管制。一方面，由于旧住房改造普遍较为尊重现状产权，在现状建筑与规划地块边界线产生冲突时，会按照地籍线情况对已有控规的地块边界进行调整，尽量减少产权的变动。若原有住宅用地面积过小，不能满足改造需求，可考虑与周边零星地块进行整合，在用地面积较为紧张的情况下，社区服务设施不再划分独立用地。另一方面，为了提高土地的利用效率、提升小区的生活品质，旧住房改造的新建住宅下会重点考虑地下空间的开发，主要用于地下停车库，在建筑面积较为紧张的情况下，还会把社区活动中心、变电站等功能安排在地下。加入地下空间开发后，要注意地下车库的出入口与小区道路的协调，保证小区内部道路的流畅。

其三，优化公共服务设施服务水平及公共活动空间环境品质。目前的旧住房改造不仅仅满足于达到厨卫成套的基本要求，在公共服务设施及公共活动空间上也有一定的提升。公共服务设施方面，增加的以社区级为主，基于社区公共服务设施评估情况，结合社区人口特点，目的是满足居民的日常生活需求，增加如老年食堂、活动中心、社区医疗等功能；公共活动空间包括绿化、公共通道等线型空间、儿童活动场地等节点空间（图 5.2）。

其四，基于增加户均面积的基本要求，开展多房型建筑设计。旧住房改造的主要目的是使住宅厨卫成套，因此改造后成套率达到 100% 是硬性要求。改造增加的面积主要是公共部位的公摊及独立的厨房、卫生间的面积。此外，在具体设计时，一般需要有一定的建筑余量，满足每户人家都能有对应户型的设计要求，而非用于某种特定功能的增

彭三小区改造前

彭三小区改造后

改造后小区内公共空间

改造后的社区食堂

改造后的高层住宅区域鸟瞰

彭三小区沿共和新路的改造

图 5.2 改造前后的彭三小区

加。而旧住房改造的原住宅内部格局往往十分复杂，由于一些历史原因，经过居民的多次改建、加建，形成多种户型，如静安区普铁新村的原户型就多达二百多种。出于各家居民的需求及公平性的考虑，需要做出多房型设计才能满足居民全部回搬的要求。另外在多房型设计中，也体现了一定程度的公众参与，如静安区彭三小区五期的多房型设计是在家庭情况的充分排摸、与居民的一对一沟通基础上的成果，经过多轮修改，对设计师的设计水平和相关工作人员的沟通能力都有很高要求。

旧住房成套改造的策略建议

第一，合理控制技术指标。

首先，在针对居住小区整体改造的指标管控方面：一是关于建筑退让，建议根据实际情况适当放宽要求，但不得小于原退让距离。例如，用地边界外为同一小区（同一物业管理范围，无围墙），不做离界距离控制，按建筑间距控制退让距离；用地边界外为其他小区（非同一物业管理范围，有围墙），按技术管理规定中离界距离要求控制；用地边界外为非居住建筑等，在征得相关权利人同意后，按消防间距予以退让。二是关于建筑间距，涉及的改造范围内建筑与范围外建筑之间的建筑间距，应当符合《上海市城市规划管理技术规定》的要求；改造范围内建筑之间的建筑间距，建议根据实际情况适当放宽要求，但应以保证消防间距为前提，尤其是高层居住建筑与高层居住建筑平行布置时，建议可考虑适当缩小间距要求。三是关于日照影响，用于安置原居民的房屋，应当符合《上海市城市规划管理技术规定》的标准；用作保障性住房的增量房屋，建议日照要求可适当放宽。

其次，明确住宅楼建筑改造标准。住宅楼建筑改造主要通过增添和改善煤卫设施、调整布局等方式，完善公房的成套使用功能。其中，租赁公房的成套改造应当按户配置独用的厨房间和卫生间，对居室面积进行严格控制。根据相关文件要求，住宅成套改造与住户有约定外，不宜减少原住户房屋居住面积，且不宜改动卧室的房型尺寸，厨房使用面积应不小于 4.5 m^2，卫生间使用面积应不小于 3.5 m^2。在实际项目实施操作中，参考相关规范，根据经验数据，针对每个项目的侧重点不同有所浮动，以打造适宜的住宅空间。而售后公房基本为成套住宅，结合目前实际项目经验，改造标准有两种情况。一是售后公房的改造标准略优于公房，原则上可在居室不变的情况下，增加过厅等（空间）面积，并在有条件的前提下将产权户集中设置在一栋楼，方便后期管理和实施操作；二是售后公房的增量标准略低于公房，一般按照成套增加建筑面积 5 ~ 10 m^2、非成套增加建筑面积 10 ~ 15 m^2 的标准进行控制。

第二，探索资金平衡途径。

在资金平衡方面，通过旧住房改造增加的建筑面积，其盈利部分应首先用于填补改造的资金缺口，如增加的住房由政府回购、作为保障房的租金、地下车库的租售等。同时，居民将公房买入成为售后产权房，这部分购房款也可用于改造。不足部分由市、区两级财政予以补贴。

应充分发挥政府统筹协调、组织引导的作用，建议在全区内进行资金平衡。若全部依靠政府出资则不利于改造的持续推进，建议发挥市场机制的作用，拓宽融资渠道，积极吸纳社会资金，旧住房改造才能健康可持续的发展。

第三，优化项目运作机制。

结合我国国情，旧住房改造项目应由政府主导，具体的改造工作由街道旧改办组织实施。政府应编制旧区的改造规划，以统筹资源、平衡利益、有序推进，并具体负责改造对象的标准划定、改造方案的审批、改造资金的提供等工作。街道旧改办负责具体操作，包括事前征询、签订协议、过渡安置、回搬选房等。

在运作机制中，应本着政策制定是关键、居民需求是基础、社会参与是必要的原则，统筹各方力量，共同推进“拆落地”改造的顺利实施。

第四，提升公众参与积极性。

旧住房改造应进一步深化公众参与，就本地区发展目标、发展需求和民生诉求等广泛征集公众意见。公众参与应遵循“全覆盖、全流程、多样化”的原则，让每一位本地居民及利益相关人员、相关专家都加入公众参与的过程中，并使居民全流程参与，包括事前征询、方案设计、过渡安置、选房等各个阶段；通过多样化的方式，如问卷调查、访谈、座谈、意见征询会、网上征询等，展开形式多样的公众参与。

进一步加强街道旧改办的工作能力，并鼓励居民自治组织的成立及参与，如居民委员会、城市规划等专业组织等，不仅有利于更加充分的了解居民需求，更可以发挥民间力量的作用，拓展融资渠道。

总体上，旧区改造事关民生改善、事关城市安全，其紧迫性和重要性不言而喻，上海中心城区的改造思路已从“拆改留”转变为“留改拆”，且各区也已经开展了相关的试点项目进行大胆的尝试、探索和创新，对各区乃至上海市推广旧住房成套改造具有深远意义。但现阶段上海市旧住房改造工作中仍存在改造对象及目标不明确、相关改造标准和政策不完善、针对性的技术标准缺位等问题。未来需要通过旧住房改造的相关政策、操作流程、技术要素等要素的优化，对旧住房改造项目实现精细化管理，促进规范性文件的制定和引导，优化项目运作机制，提升公众参与积极度；改善旧区内群众的居住条件，保持原有社区的邻里关系，不断增强市民群众的获得感、幸福感、安全感，真正实现城市更新。

社区视角：15 min生活圈系统规划的行动路径

缘起：新时期 15min 生活圈的互动规划模式响应

伴随着当前社区的异质化程度越来越高，基本的底线型的公共服务设施与公共活动空间已经较难满足人们多样化的需求；城市更新、创新社会治理、公众参与又给社区规划编制方法提出了新的要求，城市建设发展亟须综合引导与有效管控。而社区是社会治理的基本单元，上海已形成了以社区为载体的统筹管控体系；社区精细化治理是实现城市精细化管理的基础，上海正不断加强社区基层建设。《关于加强和完善城乡社区治理的意见》中也对提升社区治理法治化、科学化、精细化水平和组织化程度做出了全面部署。结合“上海 2035”总体规划[1]、《上海市 15 分钟社区生活圈规划导则》[2]及长桥街道实际需求和规划相关标准（图 5.3），开展长桥街道的 15 min 生活服务圈系统规划研究。

长桥街道位于徐汇区南部，北接南站社区、东至黄浦江、南至淀浦河、西至老沪闵路，总用地面积约 587.25 hm^2。长桥街道位于徐汇区中部提升区和东部机遇区两大发展板块，北临南站商务区和滨江 WS5 单元，南近华泾—北杨科技产业园区，发展潜力巨大。未来将为多元化的社会群体提供人人共享的居住服务设施，既要确保基本公共服务设施的均等化，又要为日益增长的中高收入阶层提供相应的商业娱乐和文化休闲设施，建设安居乐业的和谐社区。现状建成度较高，是较为成熟的居住型社区，是上海市政府评定的“文明社区”“平安社区”“和谐社区”。

长桥街道主要形成于 20 世纪 80、90 年代，是当时市中心动拆迁的人口疏解的目的地之一，由于局限于当时的建设标准，从目前的眼光而言，虽然当时建设的配套标准较低，但邻里氛围较好，是较为成熟的居住型社区。由于长桥街道老住区较多，又有上海小学、上海中学等丰富优质的教育资源，使得长桥街道的老龄人口和青少年人比重较高，因此在社区公共服务设施的配置上需要结合不同人群结构比例特点来进行

---

1 “上海 2035”总体规划提出构建多元融合的 15 min 生活圈，提出至 2035 年，社区公共服务设施 15 min 步行可达覆盖率达到 100%，城乡社区公共开放空间（400 m^2 以上的公园和广场）的 5 min 步行可达率达到 90% 以上。“上海 2035”总体规划明确了城市发展要从传统的增量拓展转向内涵的存量提升，城市精细化治理成为城市工作的重要指示精神，这对社区建设和社会治理提出了新时期的新要求。

2 规划导则提出，构建步行 15 min 可达、适宜的城镇社区生活圈网络；建设社区绿道，串联居住区、公园、公共服务设施和交通站点；要求每 500 m 服务半径布局 1 处社区公园，面积不小于 3 000 m^2，且实现 4 m^2/人的社区公共空间，包括社区公园、小广场、街角绿地等。

分　类		步行可达距离	项　目		最小规模（m^2/处）		千人指标（m^2/千人）	
					建筑面积	用地面积	建筑面积	用地面积
文化	基础保障类	15 min（800～1 000 m）	社区文化活动中心青少年活动中心（含图书馆、信息苑等）		4 500	—	90	100
	品质提升类	10 min（500 m）	文化活动室	棋牌室、阅览室等	200	—	—	—
体育	基础保障类	15 min（800～1 000 m）	综合健身馆		1 800	—	36	40
			游泳池（馆）		800	—	16	60
			运动场	足球场、篮球场、网球场、羽毛球场等	—	300	—	140
	品质提升类	5 min（200～300 m）	健身点	室内、室外健身点	—	300	—	—
医疗	基础保障类	15 min（800～1 000 m）	社区卫生服务中心		4 000	4 000	60	80
		10 min（500 m）	卫生服务站		150～200	—	10～15	—
养老福利	基础保障类	—	社区养老院	养老、护理等	3 000	—	120	—
		10 min（500 m）	日间照料中心	老人照顾、保健康复、膳食供应	300	—	40	—
		5 min（200～300 m）	老年活动室	交流、文娱活动等	200	—	60	—
		—	工疗、康体服务中心	精神疾病工疗、残疾儿童寄托、残疾人康复活动场所，康体服务等	800	—	16	32
商业	基础保障类	10 min（500 m）	室内菜场	副食品、蔬菜等	1 500	—	120	148
	品质提升类	10 min（500 m）	社区食堂	膳食供应	200	—	—	—
		5 min（200～300 m）	生活服务中心	修理服务、家政服务、菜场、快递收发、裁缝店	100	—	—	—

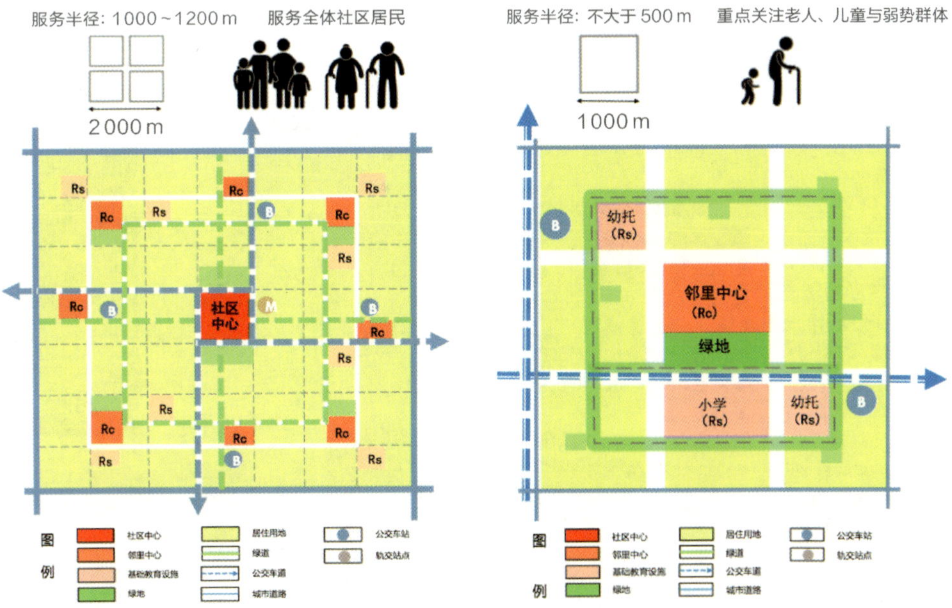

图 5.3 《上海市 15 分钟社区生活圈规划导则》建议与要求

规划；同时，长桥街道具有较好的自然资源和水系环境，街道内有上海植物园——面积 72.71 hm^2，占到总绿地广场的 88%，绿地总量大，但分布及结构极不均衡，缺少小尺度供人活动的绿地和广场空间。水系资源有张家港河、春申河、淀浦河等主要河道，但滨水环境尚有待提升；同时，具有约 2 km 长的黄浦江岸线资源，如何结合现状有利资源，打造宜人的公共开放空间系统和慢行体系是本次规划研究的又一关注重点（图 5.4，图 5.5）。

此次研究始于 2017 年 3 月，由徐汇区规土局委托。经多轮问卷调研、专业部门参与及座谈交流，于 2018 年 10 月通过区内的专家评审，为后续法定规划调整提供了扎实的基础支撑。项目主要结合针对社区服务设施的现状调研，进行规划综合评估，对接相关规划与技术规范，秉持前瞻性、全局性、针对性、人本性、实施性原则，聚焦“社区服务、公共空间、慢行网络”等打造社区生活单元的关键影响内容，进行系统引导、重点调控，形成长桥街道 15 min 生活圈布局指引，修补社区短板，提质社区生活，对接实施管理，创新更新机制，促进市民高品质社区生活需求的满足，提升社区环境品质和生活质量（图 5.6）。

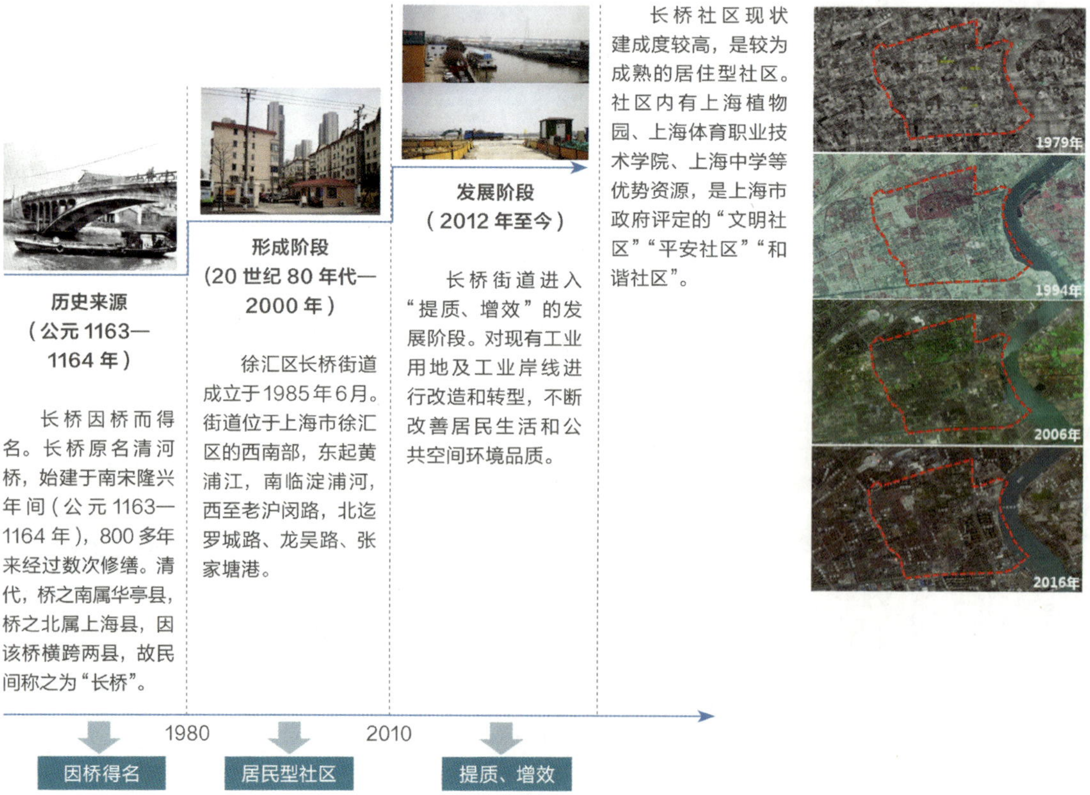

图 5.4　长桥社区历史演进

图 5.5 长桥社区鸟瞰图景

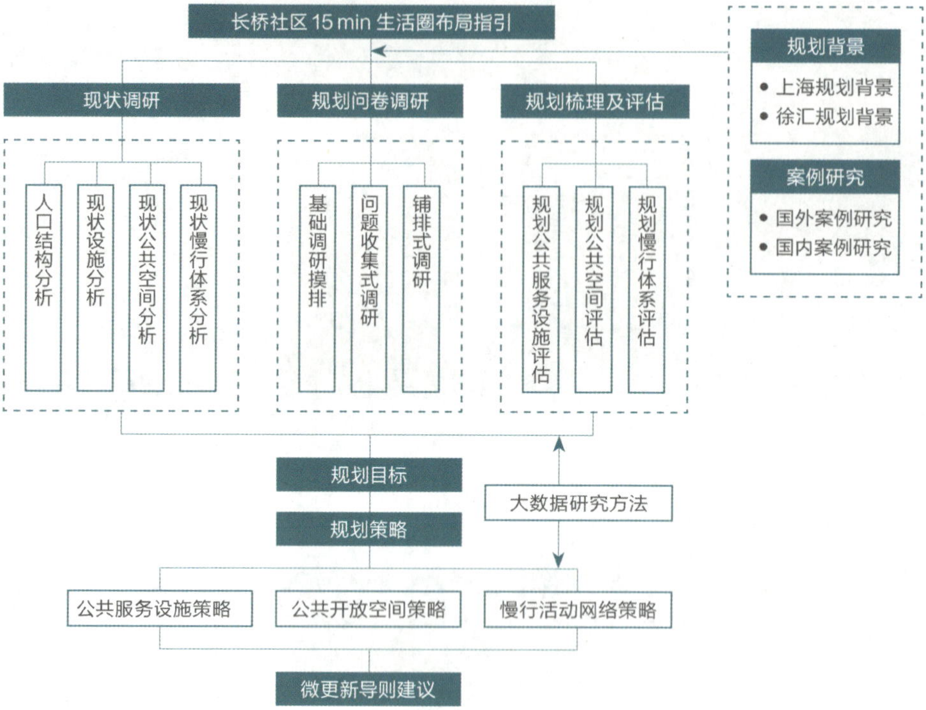

图 5.6 技术路线

事实上，2018 年年初上海市领导到上海虹桥商务区调研时，提出了大调研激活大创新的工作要求。社区大调研由规土部门和街镇政府联合主导，力求对社区的现实情况和实际问题进行更全面的综合盘点，以求在城市更新的背景下，为社区优化建设提供思路。

作为一种强调内涵发展、存量用地更新利用，以提高市民的幸福感、满足人们迫切需求为出发点的规划研究项目，我们在规划设计运作过程中，凸显社区规划特质，强调在设计思路、工作范畴、公众参与、技术手段等方面多管齐下，形成上下结合的互动式规划模式，促进物质环境和社会需求的有效衔接，尤其从参与模式和技术方法上形成突破。长桥社区 15 min 生活圈系统规划研究，通过两轮、几百份的问卷，有针对性地进行公众意见汇集，发现问题找短板；通过对相关规划评估和适合长桥的布局标准研究，通过大数据和传统规划方法的结合，寻求社区规划工作的创新，系统梳理问题，提出规划策略，进行合理的、分阶段的规划布局引导与实施建议，提供极富借鉴价值的、前沿性的优化社区、更新提升的规划研究思路。

聚焦：结合新政策、新要求的研究体系内容建构

第一，完善保障性设施内容，加强品质提升型设施规划。综合考虑覆盖人口、空间、规模相关指标，对社区文化、体育、医疗、福利等社区公共服务设施的规模、品质、布局、既有规划的实施进行评估，引入大数据模型，分析服务盲区，结合相关规划及规划动态，进行多场景选址模型推导，综合提出相应的规划调整与开发建议（图 5.7）。

一方面，针对长桥街道老人和儿童多的特点，完善保障性设施内容，进一步补充、细化福利和教育设施的研究。在福利设施方面，构建灵活共享和均衡复合的医疗养老体系，重点对长者日间照料服务、助餐服务等社区公共福利设施进行规划引导，丰富居家养老设施内容。在教育设施方面，注重教育延伸，关注未成年各年龄段、各方面的启蒙与培养，重点针对中小学、幼托等教育设施进行规划布局引导。另一方面，结合居民的个性化需求，加强品质提升型服务设施的规划。除基础保障设施外，进一步结合居民需求加强文化活动室、健身点、生活服务中心等品质的规划，在设施的空间布局上，要求设施规模优先保障建筑面积。

第二，遵循土地资源紧缩要求，鼓励集约复合弹性化设置。上海市土地资源有限，公共服务设施的建设除了需重视公平外，还需考虑效率。因此，规划结合评估分析及规划动态提出新增点位功能及规模：结合可更新地块，提出新增 4 处综合服务中心（一站式邻里中心），复合设置，一站服务，提升效率。以规划评估的缺项为主要功能，同时融合社区的文化、体育、养老服务等其他服务功能，发挥规模效应和互补作用，成为全年龄段一站式的社区公共活动载体，鼓励不同人群对同一空间的共享利用，公平包容，提升活力。此外，进一步基于居民需求，结合主要的公共活动路径和公共开放空间（尤其是滨江地区），进行各类设施的可落地选址，形成系统布局的整合性方案。规划新增 9 处服务点位，主要以自动售货、流动书站、便民服务设施等租赁功能为主，形成弹性的公共设施服务点，灵活补充局部公共服务设施的缺乏（图 5.8，图 5.9）。

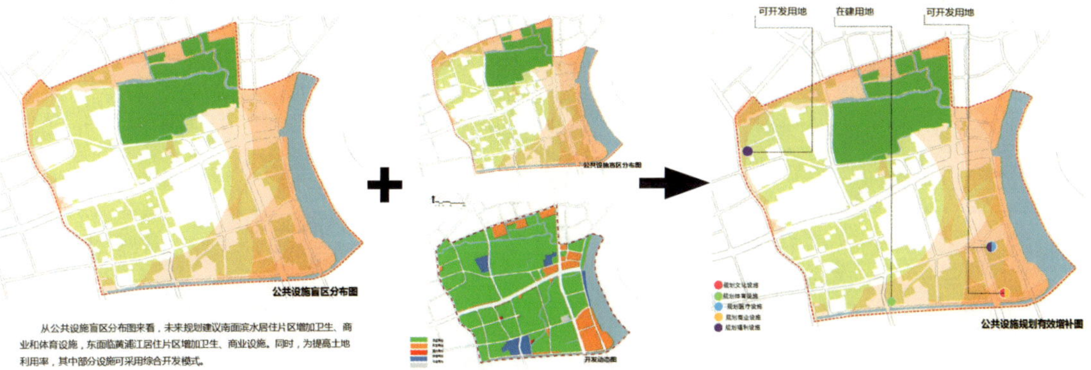

图 5.7 公共设施评估与增补建议

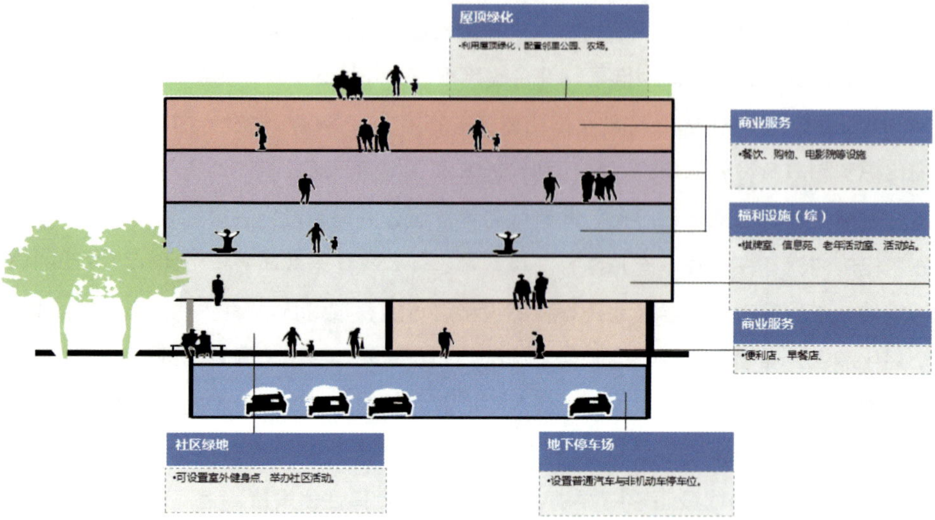

图 5.8　一站式邻里中心功能分层示意图

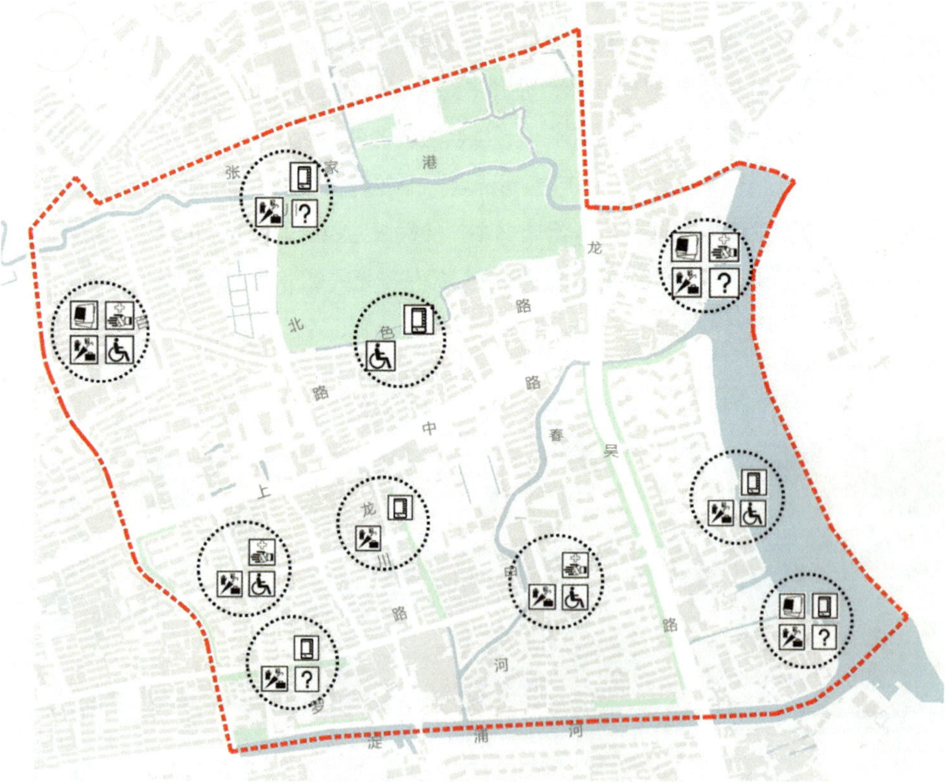

图 5.9　规划建议新增服务点位布置

第三，塑造人性化公共开放空间，落实差异化引导措施。针对长桥街道大型集中绿地占比较大、缺乏小型宜人的绿地广场、滨水公共空间品质有待提升等现状问题（图 5.10），结合居民调查问卷分析需求，通过公共开放空间半径覆盖率、滨水空间品质、与公共要素的耦合度、可达性等方面的深入分析，提出打造 300 m 绿化无盲区的“三处增新，四类提升”精细化更新的规划策略（图 5.11）。其中，“三处增新”主要结合公共开放空间规划评估盲区，新增补绿地广场 3 处，布置方式主要结合尚待建设开发地块新增；“四类提升”则分别针对公共设施、基础设施附属绿地等提出附属绿地改造、

大部分绿地广场与公共要素结合不紧密

通过对现状公共活动路径的梳理可见绝大部分的公园广场与主要的公共活动路径联系度不高，可达性也比较弱，影响的公园绿地的公共使用。

滨水空间品质有待提升

张家塘港为穿越居住区内部的生活岸线，但是岸线硬质化比较严重，缺少绿地广场等公共开放空间；而黄浦江和淀普河现状多为施工岸线，滨河环境比较脏乱，滨河界面封闭，滨河绿地的可达性比较差，随着城市用地的转型升级，滨河岸线空间逐步转变为生活、生产服务用地，需要更多高品质的绿地广场活动空间。

绿地广场的可达性不高

现状长桥社区的没有轨道交通站点经过，未来规划 15 号线、23 号线和 26 号线有华南理工大学站、罗秀路站、龙吴路站和植物园站经过该社区；现状主要的公共交通是公交车。

把部分绿地广场在地铁站点周边 300 m 的服务范围外，且与周边道路的联系性也不强，降低了公园广场的使用效率。

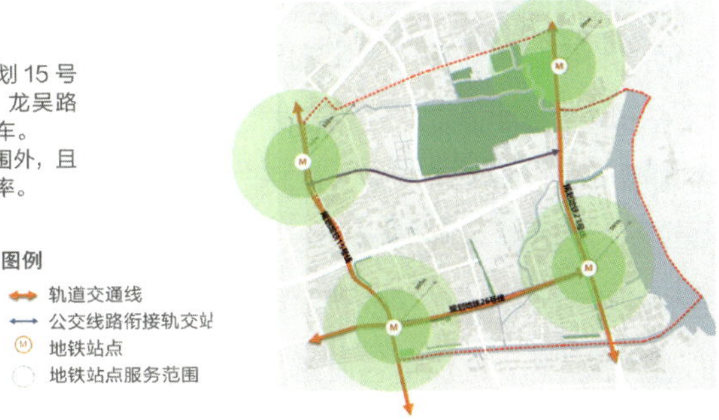

图 5.10　公共空间现状存在的不利情况

图 5.11　公共空间提升落点：三处增新，四类提升

闲置绿地更新、学校绿地分时开放和线性绿地品质提升四种提升措施，系统性地改善绿地等公共开放空间，为居民提供休闲、交流的场地。

第四，针对不同慢行系统问题，分类打造活力廊道。结合长桥街道现状慢行活动网络的问题和居民需求，提出构建完整的慢行网络体系（图 5.12）：地区活力主轴线，主要依托现有商业设施，沿百色路、罗秀路及龙川北路、龙川路形成两横一纵的地区活力主轴线；滨水慢行活动带，依托淀浦河、春申河、张家港等滨水区域，打通绿链，串联滨河空间；地区串联的林荫道，主要结合沪闵路、上中路、龙吴路两侧增加林荫道，改善快速路两侧的步行系统，串联地区的慢行系统；地区内部慢行网络，则重点结合现有的老居住片区，增加街坊通道，形成舒适、人性化、高品质、富有活力的地区内部慢行网络。

图 5.12　打造四类步行道网络体系

特色：舆情反馈、数据分析等支持多维创新引控。

复合化研究策略： 定性与定量相结合，通过数据分析指导分类指引。

街镇的活力和发展与人口是息息相关的。本次规划从“人”出发，将政府部门统计数据和大数据相结合，深入挖掘长桥社区活动人群的结构特征和行为模式，在此基础上进行有针对性的问卷调研，落实目标导向，明确社区规划工作重点。

依据长桥街道不同年龄人口所在的比重，把长桥街道所有居委会所在的小区划分为老年型、成年型、年轻型三种不同类型的居住社区，分别依据不同类型居住社区的特点，结合人口密度和人口结构对公共服务设施的类型、布置和分布给予分类指引（图 5.13，表 5.4）。

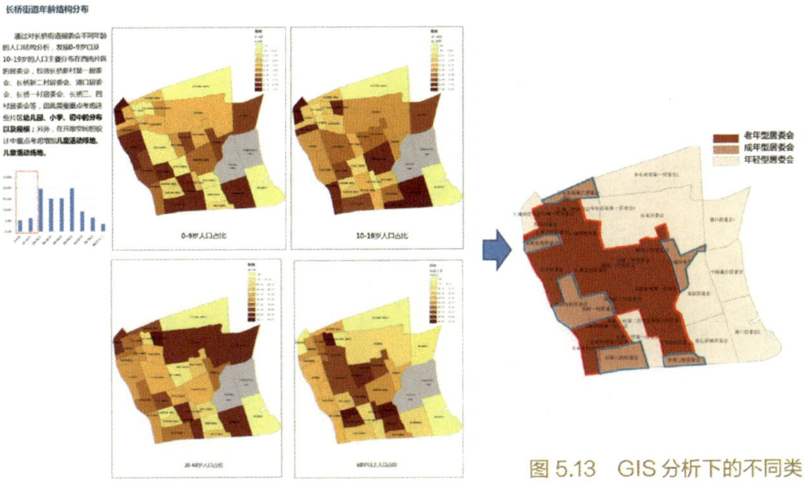

图 5.13　GIS 分析下的不同类型居住社区划分

表 5.4 依据不同类型居委会的特点的设施指引

类　型	特　点	居委会数量	设施指引
老年型社区（老年人比例≥ 20%）	老龄化比较严重，对养老设施的依赖性比较强	18 个居委会	重点考虑布置菜市场、老年活动场地、卫生站、养老院、托老所等
成年型社区（老年人比例 15% ~ 20%）	对健身休闲场地的需求性比较高	7 个居委会	重点考虑布置健身场地、跑步道、篮球场、羽毛球场等健身休闲活动场地
年轻型社区（儿童青少年比例≥ 20%）	对基础教育设施和儿童游乐设施需求比较高	10 个居委会	需要重点考虑这些片区幼儿园、小学、初中的分布及规模；另外，在开敞空间的设计中重点考虑增加儿童活动绿地、儿童活动场地

突破式技术手段：结合大数据分析，进一步优化空间布局和时序建设。

随着互联网、物联网及移动信息的发展，大数据作为一种新兴的技术手段已经越来越多地在城市规划中得以应用。作为全国唯一一座三大运营商开展 5G 测试的城市，上海科学技术和智能设备在城市运行管理层面的下沉，以及包含政府、企业、科研机构等多元主体在数据科学方面的实践积累，为大数据在规划中的普及应用提供了更多可能。将大数据与传统规划数据进行对比，可以看到大数据以其强大的信息搜集、整合、分析和处理优势，在数据来源的全面性、精准性、时效性等方面实现了较大的提升，这为社区研究提供了比以往更加多元化、更有深度和广度的视角。

此外，大数据还可以引入数据模拟等创新方法，结合实际情况建立科学模型，辅助方案和计划制定，充实规划空间评价和资源配置等方面的研究思路和技术手段。结合大数据的分析方法（根据手机信号对人口各年龄段的空间分布进行分析），更精确定位各年龄段人口在不同时段的空间集聚位置，为公共设施的配置优化、公共空间的布局和建设时序优化及慢行系统的和街坊内部道路的优化联通提供更有针对性的参考（图 5.14）。

精细化问题对标：以需求为导向，将可利用资源和既有规划通盘纳入考虑，分类分级精细化引导管控。

在土地紧约束、关注内涵增长的背景下，为保证社区规划后续能顺利落地，规划以居民需求为导向进行社区资源评估，放眼未来着眼现在，将可利用资源和既有规划通盘纳入考虑，并引入大数据的新技术新方法，进行方案和计划的部署。结合实地探勘和规划资料梳理，掌握可更新盘活的土地及可利用的房屋情况，作为社区规划整体工作的基础，保证方案的实际可操作性和远景相合性。

在社区公共服务设施方面，规划通过基于 GIS 的社区 15 min 生活圈评估，结合需求导向，整合分析区域内各类公共要素的需求特征和资源供给，以实现更为精准、人性化的公共资源配置；在公共开放空间方面，针对现状存在的主要问题，进行公共开放空间与公共要素的耦合度、可达性等方面的分析，提出精细式更新与弹性策略；在慢行活动网络方面，强调贯通滨水空间和生活街道活力化，提出构建完整的慢行网络体系。

创新性工作模式：精细化社区特征，进行有针对性的实地访谈和问卷调研，紧密贴合社区发展特质，进行分阶段规划引导与实施推进。

了解人们的需求、收集信息的最好途径：一是实地访谈，二是问卷调研。为了更有针对性地展开工作，本次规划将人口数据在空间维度上进行链接和融合，了解人口精细化的分布特征，再有针对性地展开访谈和问卷工作，明晰工作重点。

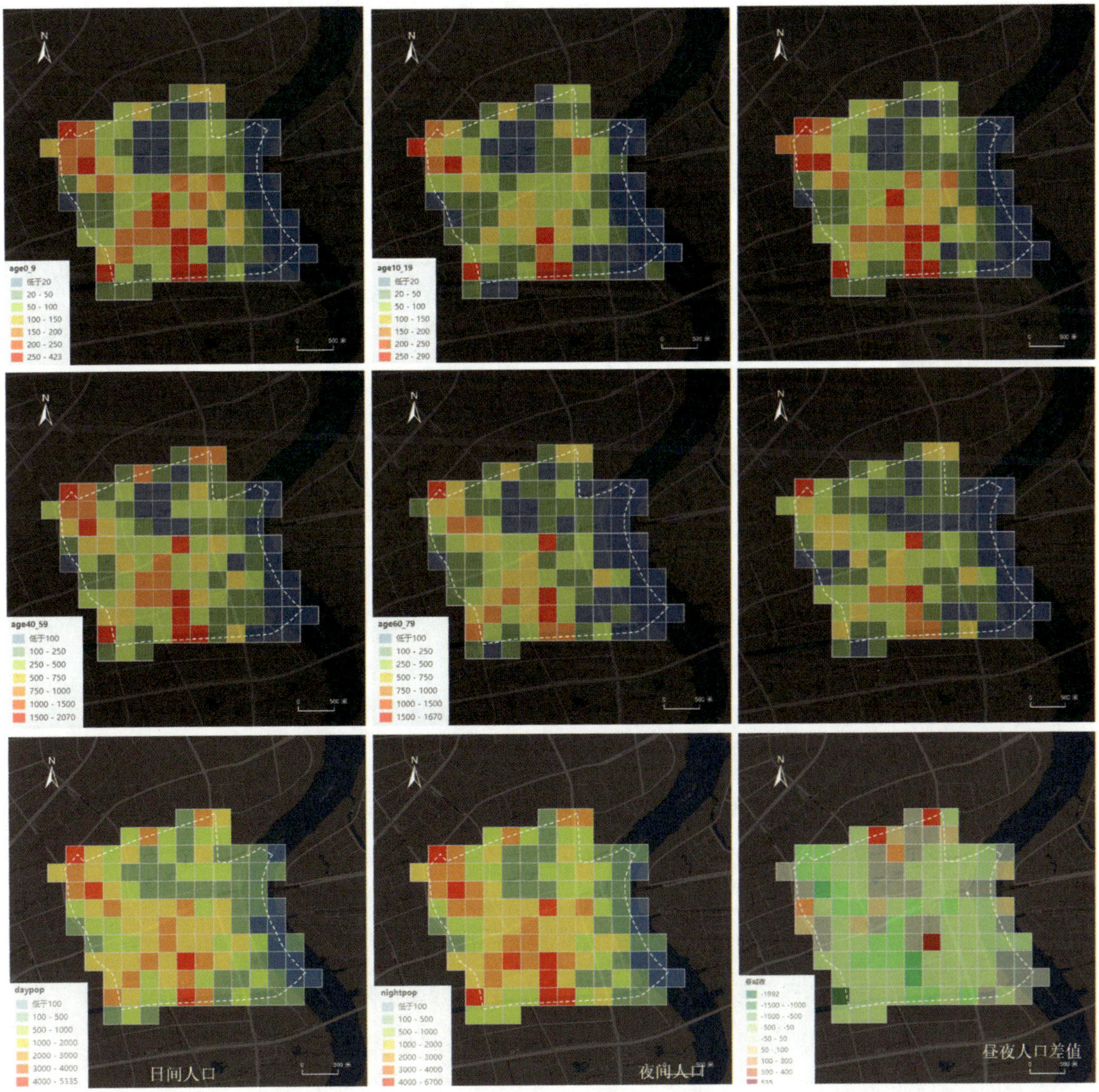

图 5.14　结合大数据分析方法的人口空间集聚情况分析

本次规划研究注重社区基层调研，分两轮进行，首先采用面对面问题收集式调研的方法进行深入访谈，获取居民对社区现状主要意见与诉求；然后深入长桥街道 34 个居委会铺排式调研，共计发放 600 份调研问卷（5‰的抽样率），进行第二次全面调研。调研问卷重点针对社区公共服务设施、出行方式、公共开放空间（滨水空间）等方面的需求，通过调查了解长桥居民现状社区生活特征和未来需求，归纳不同人群的需求偏好，挖掘现状社区空间供给与居民需求之间存在的分异和问题（图 5.15 ~ 图 5.17）。

展望：大数据时代的精细化城市管理与社区治理

本次规划研究关注于城市的精细化管理与规划的可落实性。目前上海已进入城市创新转型的关键时期，以物质、经济目标为主要指向的传统社区规划方法也亟待转型。详规层面的社区规划编制方法和标准，以社区公共服务设施配置为例在标准上仍然是依据规划人口进行千人指标的底线配置，统一的配置标准和当今多样化社区需求之间的矛盾，造成设施在实际使用中供不应求或人气不足的现象。

事实上，在增量转存量的发展背景下，城市和社区的发展需要更多的数据和技术支持。大数据作为辅助分析和决策的工具，在与既有规划技术和方法相融合之后，可以发现以往难以发现的特征和规律，并从社区细胞的角度有效提升城市精细化管理的效率，避免规划决策的均质化。通过大数据结合实地调研进行现状诊断，数据模型结合人口和资源盘点进行方案选址，舆情反馈结合数据实时监控支持精细治理，以落地导向为目标，促进社区相关工作的科学开展。在城市存量更新的语境下，为上海这一超大城市实现绣花式精细治理，提供方法和路径转型的借鉴。

规划尝试从居民的需求出发，重点结合年龄结构不同、大量的实际调研问卷及大数据分析，更有针对性地对社区公共服务设施进行配置，应对新常态下多元化的社区发展需求，在传统物质规划方法上更加强调以人为本的规划思路，尝试从社区居民行为需求的角度优化调整空间供给，形成以人的生活活动特征和需求为出发点，全面关注社区生活品质提升的更高效、更高质的社区层面规划。

为落实上述要求，当前在社区层面引入大数据进行系统化构建，打造信息化的智能平台，正成为一种趋势，可以为超大城市治理能力水平提供强有力科技支持，为政府、民众乃至其他有需要的主体提供性价比和便捷性更高的服务。社区管理信息智能平台可以把社区建设和社区管理的主体与物质空间环境的配置设计联系起来，整合区内政府部门、规划建设和第三方的多元数据，建立并不断完善公共数据库，并在空间维度上进行链接和融合，建立起统一的空间坐标体系和数据标准，实现全区域空间管理信息的连续、动态、及时和互动的互通共享和管理监测，并在此基础上提供数据算法的支持，辅助决策，提升决策的效率。

4月27日下午（5月2日下午又进行补充调研），社区调研小组深入长桥社区，针对罗秀、长桥、园南、中海瀛台等十余个小区进行了系统调研。研究采用面对面实地采访形式，发放问卷100余份，收回有效问卷85份。现将调研情况反馈如下：

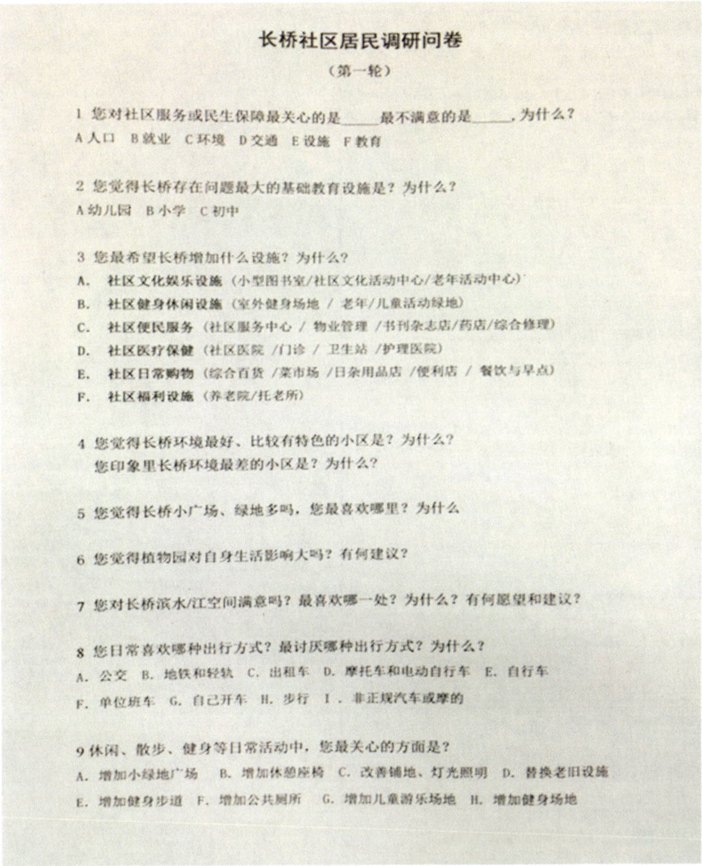

长桥社区居民调研问卷

（第一轮）

1 您对社区服务或民生保障最关心的是_____最不满意的是_____，为什么？

A 人口　B 就业　C 环境　D 交通　E 设施　F 教育

2 您觉得长桥存在问题最大的基础教育设施是？为什么？

A 幼儿园　B 小学　C 初中

3 您最希望长桥增加什么设施？为什么？

A.　社区文化娱乐设施（小型图书室/社区文化活动中心/老年活动中心）

B.　社区健身休闲设施（室外健身场地 / 老年/儿童活动绿地）

C.　社区便民服务（社区服务中心 / 物业管理 /书刊杂志店/药店/综合修理）

D.　社区医疗保健（社区医院 /门诊 / 卫生站 /护理医院）

E.　社区日常购物（综合百货 /菜市场 /日杂用品店 /便利店 / 餐饮与早点）

F.　社区福利设施（养老院/托老所）

4 您觉得长桥环境最好、比较有特色的小区是？为什么？

您印象里长桥环境最差的小区是？为什么？

5 您觉得长桥小广场、绿地多吗，您最喜欢哪里？为什么

6 您觉得植物园对自身生活影响大吗？有何建议？

7 您对长桥滨水/江空间满意吗？最喜欢哪一处？为什么？有何愿望和建议？

8 您日常喜欢哪种出行方式？最讨厌哪种出行方式？为什么？

A. 公交　B. 地铁和轻轨　C. 出租车　D. 摩托车和电动自行车　E. 自行车

F. 单位班车　G. 自己开车　H. 步行　I. 非正规汽车或摩的

9 休闲、散步、健身等日常活动中，您最关心的方面是？

A. 增加小绿地广场　B. 增加休憩座椅　C. 改善铺地、灯光照明　D. 替换老旧设施

E. 增加健身步道　F. 增加公共厕所　G. 增加儿童游乐场地　H. 增加健身场地

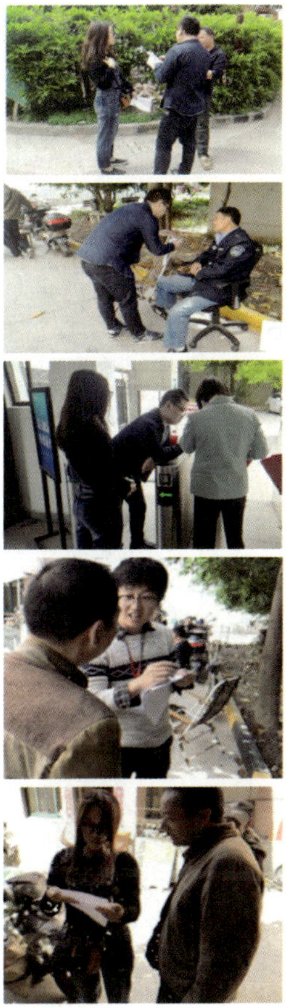

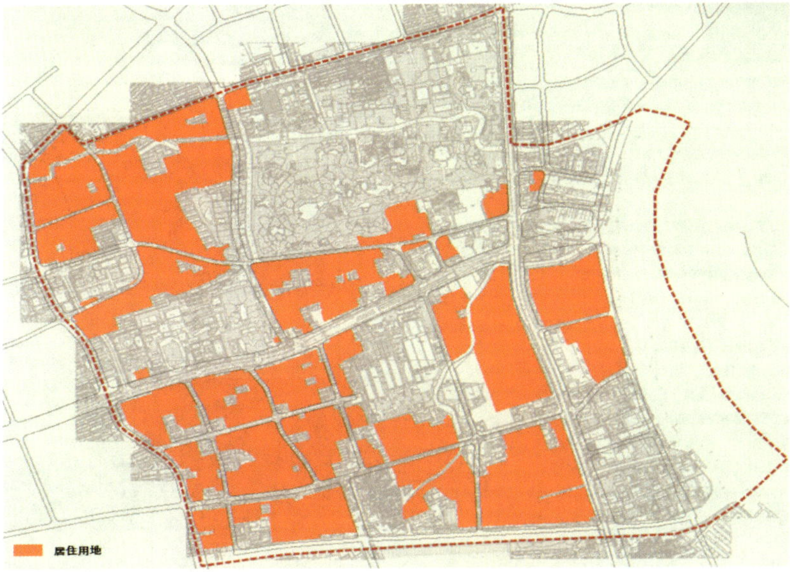

图5.15　第一轮问卷调研

5 月 22 日下午，社区调研小组深入长桥社区 34 个居委会发放问卷，进行第二次全面调研，并由居委会组织进行了居民问卷调研；5 月 26 日下午进行问卷回收，总计发放问卷 600 余份，收回有效问卷 585 份。现将调研情况反馈如下：

长桥社区居民调研问卷

亲爱的居民朋友：

为切实了解社区居民实际需求，完善长桥社区居住环境和生活服务功能，特组织本次问卷调查活动。本调查不记名方式，请您积极配合填写以下问卷内容，给予真诚的帮助和真实的回答，非常感谢您的关注与配合！

第一部分 基本情况

① 请问您目前在___　_________　_（小区名）居住，居住_______ 年

② 请问您的年龄是?________________

③ 您的文化程度?________________

④ 您的职业?________________

第二部分 相关问题

① 对于周边服务设施，哪些方面您比较满意？（可多选） ________________

哪些您比较不满意？（可多选） ________________

A 社区文化娱乐设施：A1 小型图书室 / A2 棋牌社 / A3 社区文化中心 / A4 老年活动中心

B 社区健身休闲设施：B1 室外健身场地 / B2 球场/球馆 / B3 健身房 / B4 活动绿地

C 社区便民服务：C1 社区服务中心 / C2 综合修理 / C3 物业管理 / C4 书报亭 / C5 药店

D 社区医疗保健：D1 社区医院 / D2 门诊 / D3 卫生站 / D4 护理医院

E 社区日常购物：E1 综合百货 / E2 菜市场 / E3 日杂用品店 / E4 便利店

F 社区教育就学：F1 托幼所 / F2 幼儿园 / F3 小学 / F4 中学

G 社区福利设施：G1 养老院 / G2 托老所 / G3 康复

H 其他________________

② 对于现有服务设施，您认为主要存在的问题是（可多选）？________________

A. 数量少 B. 种类单一 C. 距离远 D. 品质不高 E. 设施陈旧 F. 其他__________

③ 您经常使用的设施有（可多选）？________________

A. 电影院、剧院 B. 美术馆、博物馆 D. 图书馆 E. 商业购物中心 F. 体育场馆

G. 大型公园绿地 H. 小绿地广场 I. 其他（请注明）________________

① 对现状居住环境，哪些方面您比较满意？（可多选）

哪些您比较不满意？（可多选）

A. 各类服务设施 B. 室外活动设施 C. 绿地与活动场地 D. 环境景观 E. 建筑间距

F. 建筑外观新旧 G. 其他（请注明）

② 您希望目前社区哪些公共环境得到美化？（可多选不超过 3 项）

A. 灯光照明 B. 地面铺装 C. 地面绿化 D. 屋顶绿化 E. 建筑围墙

F. 增加凉亭等设施 G. 其他（请注明）

③ 您一般通过何种方式出行？（多选）

A. 公交 B. 地铁和轻轨 C. 出租车 D. 摩托车和电动自行车 E. 自行车 G. 私家车

H. 步行 I. 非正规汽车或摩的

④ 您觉得目前所住地区的公交问题是？（可多选）

A. 站点少 B. 换乘不便 C. 到站点步行距离长 D. 等待时间长 E. 其他（请注明）___

⑤ 您对区域现状停车设施看法是？（单选）

A. 停车设施足够 B. 应加建停车场 C. 在小马路上停车即可 D. 其他（请注明）______

⑥ 您对目前滨江/滨水地区的到达的便捷程度是否满意？

A. 满意 B. 不满意 C. 希望增加步行桥梁 D. 其他（请注明）_______

⑦ 您希望滨江/滨水空间得到何种美化？（可多选）

A. 增加小广场小绿地 B. 增加休憩座椅 C. 改善铺地、灯光照明 D. 替换老旧设施

E. 增加健身步道 F. 增加公共厕所 G. 增加儿童游乐场地 H. 增加跳舞及健身场地

I. 水质改善 J. 其他（请注明）

⑧ 哪些区域您觉得步行不便？

A. 植物园周边 B. 上中路周边 C. 龙吴路周边 C. 过淀浦河 E. 其他（请注明）

⑨ 您觉得哪些区域存在不安全因素（尤其在接送儿童上下学时）？

A. 老沪闵路周边 B. 龙吴路周边 C. 上中路周边 D. 其他（请注明）

⑩ 您认为对于长桥社区的印象最深的是什么？（可多选）

A. 上海植物园 B. 教育设施完善 C. 居住氛围浓厚 D. 西南文化艺术中心等设施

E. 友好和睦的邻里关系 F. 其他（请注明）__________

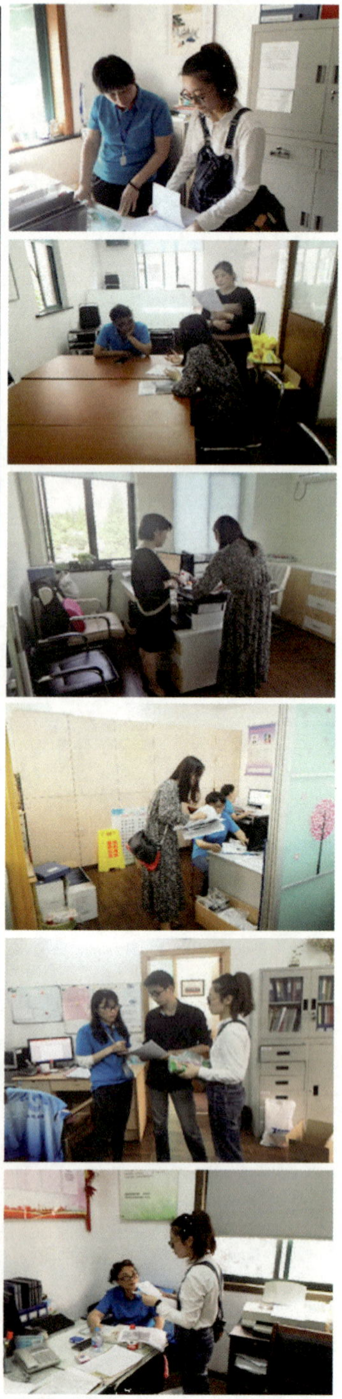

图 5.16　第二轮问卷调研

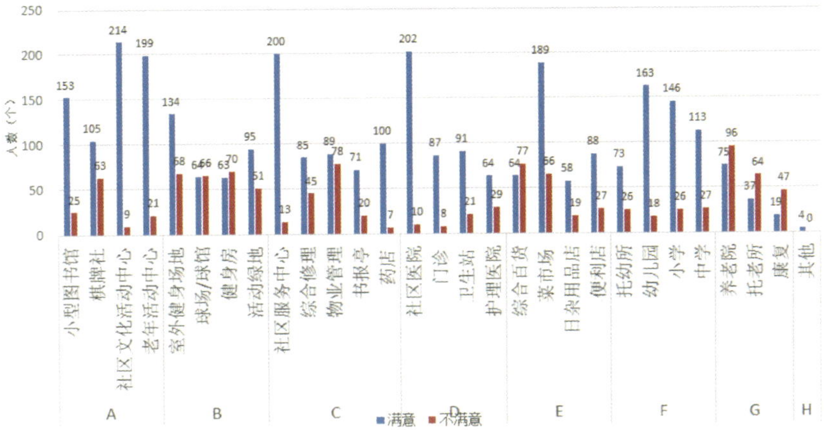

· 居民经常使用的设施统计

长桥街道居民最常使用的设施为电影院、剧院，占总体人群的22%；第二为小绿地广场，占总体人群的21%；第三为商业购物中心，占总体人群的19%。而美术馆、博物馆和体育场馆的使用人群仅6%左右。

从统计数据来看，长桥街道居民对经常使用的设施具有商业购物和休闲健身的导向性；因此在未来规划中，建议考虑完善以建成的购物商场、休闲绿地建设，同时有计划的新增一部分商业、绿地用地。

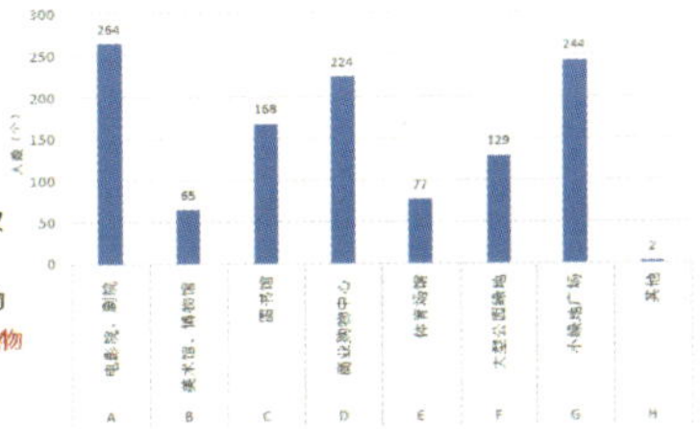

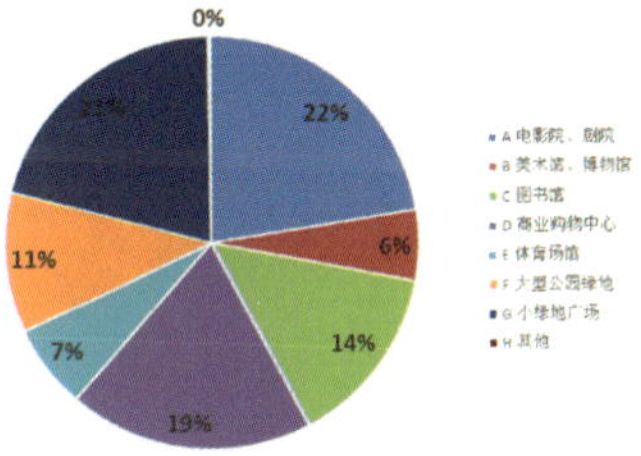

· 居民对滨江空间美化建议统计

长桥街道居民最希望美化的是增加休憩座椅，占总体人群的20%；第二为增加公共厕所，占总体人群的17%；第三为增加建身步道和增加小广场小绿地，均占总体人群的13%。

从统计数据来看，在未来滨江空间建设中，可以考虑增加休憩座椅、公共厕所等设施，同时多开放一些小广场小绿地。

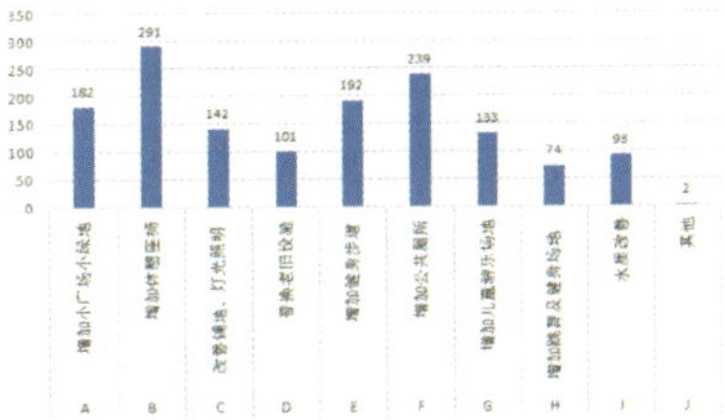

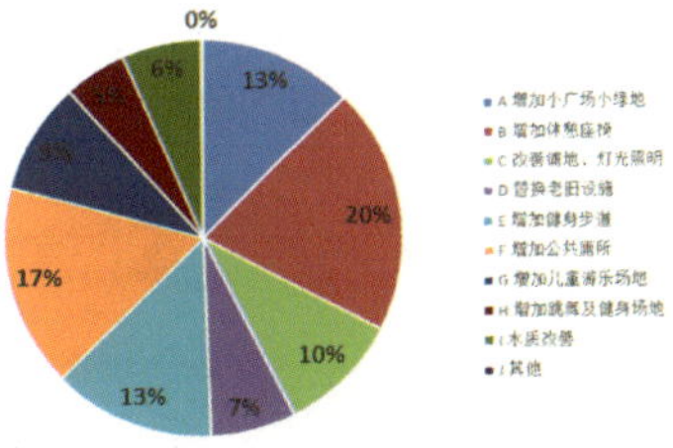

图 5.17 调研问卷相关分析

社区调研小组对长桥社区 34 个居委会总计发放问卷 600 余份（约占总常住人口 5‰），实际收回有效问卷 585 份。对 585 份问卷从居住年限、年龄结构、文化程度和职业种类四个方面进行样本容量分析。从分析来看，本次调研样本容量选取，基本覆盖了各个年龄层，不同文化程度及不同职业的居民群体，体现了调研的科学性、客观性。

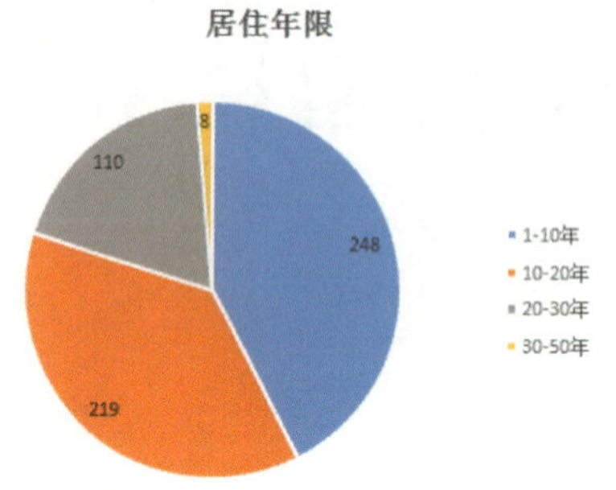

从图表上来看，居住年限最多的是1-10年有248人，其次是10-20年有219人。

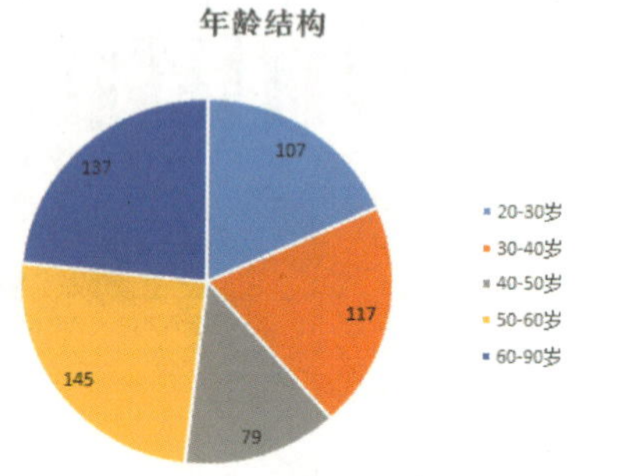

从图表上来看，年龄结构最多的是50-60岁有145人，其次是60-90年有137人。

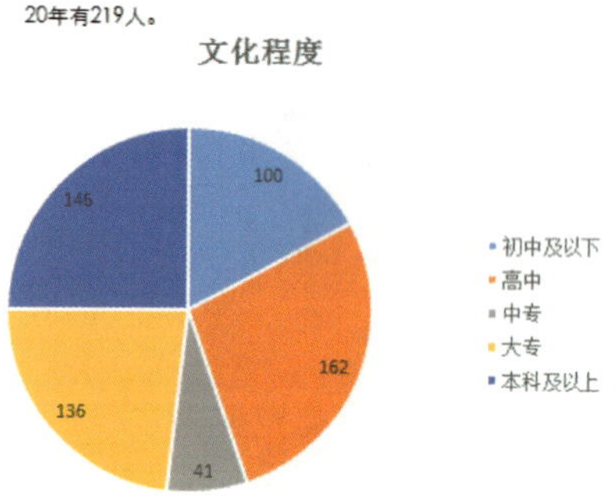

从图表上来看，文化程度最多的是高中有162人，其次是本科及以上有146人。

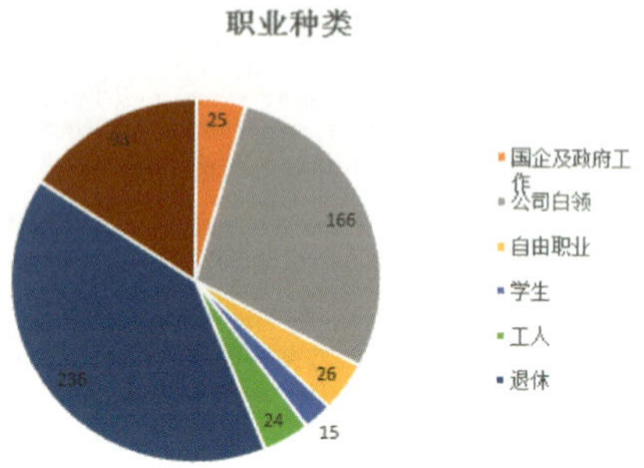

从图表上来看，职业种类最多的是退休有236人，其次是公司白领有166人。

· **居民出行方式统计**

长桥街道居民出行方式基本以公共交通为主，其中公交占28%；地铁和轻轨占25%，步行占13%。

从统计数据来看，长桥街道居民出行主要依靠公共交通；因此在未来规划中，建议考虑完善公共交通路线，增加公交站点，及时更新公交设施（如公交数据更新、公交站座椅更换）。

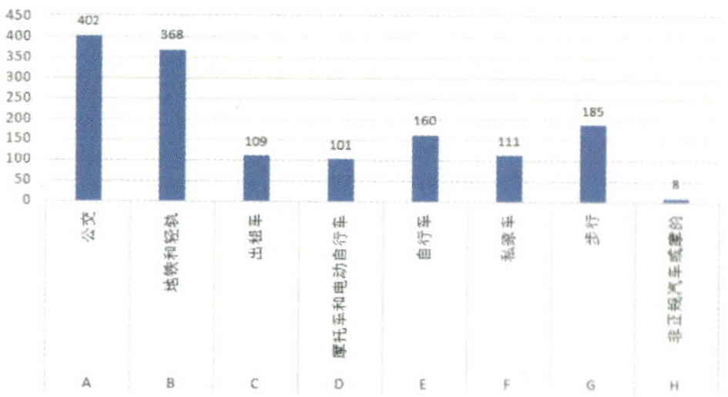

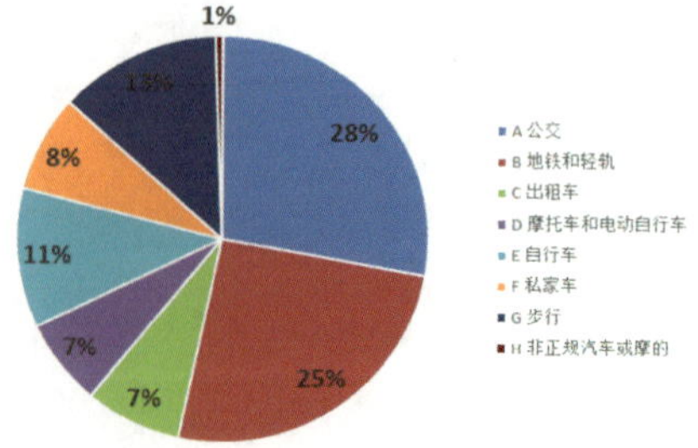

图 5.17 （续）

与此同时，社区管理信息智能平台可对公众反馈进行实时跟踪，以便根据反馈来做出更加贴近民众呼声的改进。此外，社区管理信息智能平台的能力和应用可成长、可扩充，能实现与时代发展的同步更新迭代。然而，就目前来看，社区管理数据平台的标准、规范和制度仍然处于一个成长和完善期，没有成型的、可复制的模式，更没有统一的可实施方案。这也构成城市在未来发展中进一步探索与研究的一个重要方面。

可以发现，当前城市数据在规划中广泛应用，已经给城市规划行业带来了新的挑战与机遇。虽然目前国内的大数据主要掌握在政府部门和企事业单位等第三方手中，信息的获取和流通还有较多屏障，并且由于大数据价值密度低和冗余性的特性，需要进一步进行“加工”才能进行应用，这无形提高了技术普及的门槛。但是，不可否认数字驱动下的城市和社区发展将更加智能化，整体转型是大势所趋。上海市政府关于印发《上海市大数据发展实施意见》(沪府发〔2016〕79号)的通知中，着重强调了要鼓励社会数据共享共用，推动政府部门运用大数据技术和信用信息资源，创新、改进监管和服务方式。由规划师、数据分析师、高校师生组成的互联网规划圈，不断促进学科中大数据的传播与应用，规划大数据的时代正在加速到来(图5.18)。

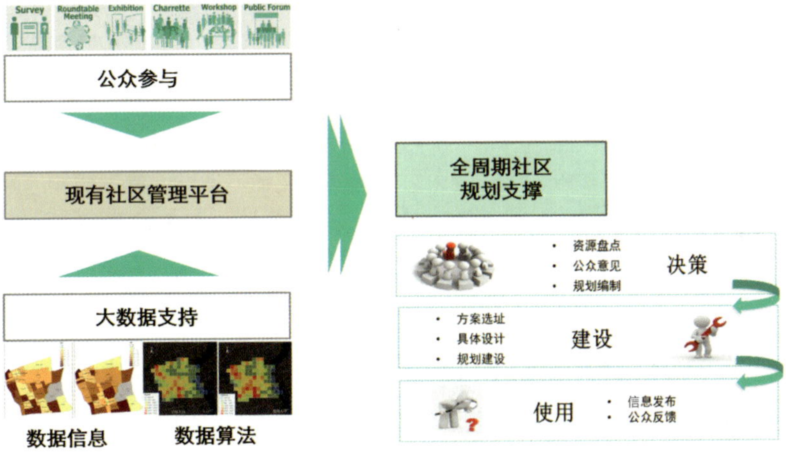

图5.18 全周期社区规划平台建设构想

精细管理：重点地区建筑验证的技术要素管控思路

建筑验证工作开展的背景及必要性

自2008年《中华人民共和国城乡规划法》颁布实施以来，上海逐步研究建立了一套全面、系统的控制性详细规划管理制度体系。通过管理规定、技术准则、成果规范、操作规程等相关文件的发布，建立了一套从规划组织编制到审批管理、从规划内容到程序环节、从法定形式到技术支撑的控制性详细规划管理制度。基于对城市设计法定化的探索，《上海市控制性详细规则附加图则成果规范》中创新性地提出以“附加图则”为法定载体，对城市设计研究成果中相关的空间管制要素进行提炼后转化为法定成果格式并纳入控规成果文件，作为对城市建设中重点区域三维空间的精细化管理依据。该规范中对需要编制附加图则的重点区域提出了“五类三级”的分类分级管控思路，对成果的内容和深度亦提出了相应的要求。对于管控要求高、控制力度大的一级重点地区，要求在附加图则编制过程中进行建筑方案验证。

“建筑验证”在上海日益深化的城市更新进程中，作为一种管控方式、实施需求应运而生，建筑验证方法也正处于探索和推广之中。建筑验证的对象是“附加图则”的初稿，强调在理解该区域城市设计导向和附加图则管控思路的基础上，通过建筑设计角度的分析，涉及日照计算、贴现率核算、消防要求、交通流线及地下停车、建筑功能等多方面的验证技术方法，对附加图则方案中的管控要素进行分析论证，形成建筑验证结论，对附加图则各项指标的确定提出建议，为规划的顺利实施提供技术保障，具有以下重要作用。

其一，确保法定图则内容的严谨性。“附加图则”是上海控规成果体系中法定图则的一部分，所涉及的空间管制要求将在开发建设过程中作为提出“规划条件”的依据；而“规划条件”与土地出让合同明确捆绑关系后，控规指标亦体现出相应的“契约精神”，从而使控规在规划管理中的地位日益重要。

一直以来，编制修建性详细规划是对规划指标核定和三维空间管控最直接有效的方法。但随着规划管理需求的发展变化，修详编制周期长、管控力度过大等弱点也逐步凸显，渐渐难以适应市场经济条件下的规划管理需要。在控规编制过程中考虑引入将建筑方案验证的方法，作为法定图则内容的“充分而不必要”条件，从而确保规划指标和要求的科学合理性，并对开发建设活动进行有效的控制和指导，在管理实施过程中确保落实规划层面所关注的空间环境的整体性、公共性和特色性内容。

其二，确保管控力度与研究深度一致。为了达到三维空间管控的目的，“附加图则”基于对城市设计成果的总结和提炼，对空间环境品质相关建筑形态、街道界面、空间尺度等要素，提出了建筑贴线率、塔楼位置、公共通道位置、公共活动设施面积配比等量化指标要求。

从编制流程来看，附加图则的控制要求是由城市设计结论转化而来的。由于控规层面的城市设计研究对上述附加要素还不能达到定量分析的深度，较难确保转化后指标的合理性。建筑方案验证借鉴了建筑方案设计的方法和手段，自下而上地对控规指标、附加要素、相关通则性规定进行综合检验，在论证规划指标合理性的同时，能够与建管部门的审查要求衔接，为规划的顺利实施提供有力的技术保障。

其三，确保规划指标弹性幅度的评估。随着经济体制转型的不断深入，城市规划空间化公共政策的特征日益体现，对控制性详细规划的编制质量也提出了更高的要求。对“附加图则”而言，其提出的管控指标要求既要控制住公共性、系统性的城市空间要素，又要为项目建设阶段的设计留有充分创作空间，引导城市空间向有序、多样的方向发展。

作为城市规划专业的相关知识之一，建筑设计历来是城市规划专业的教育培训及资格认证体系中重要内容，一线规划设计师通常都具备相当的建筑设计知识，具有足够的建筑设计分析识别能力。建筑方案验证成果完成后，通过对建筑轴网深度总平面布局的研判，规划编制团队能够相对直观地从成果中判断出项目总平面布局的难点和局限，找出特定情况下各指标的关联，推敲规划指标的弹性幅度。

上海杨浦滨江建筑方案验证项目作为最先的大范围建筑验证实践，可以使得我们对于建筑验证的工作思路有一个整体的了解，可以为今后其他地域的类似实践提供借鉴。而在当前项目的实践探索中，对于验证要素的分析把控还存在问题与难点，影响与建管部门的衔接和项目实施的对接，亟须进行问题的分析提炼，优化技术策略引导。因此，本书还将进一步聚焦后续在上海推进的三个重点地区建筑验证项目，研究当前建筑验证的技术重心与策略集合，形成技术思考与借鉴（图 5.19）。

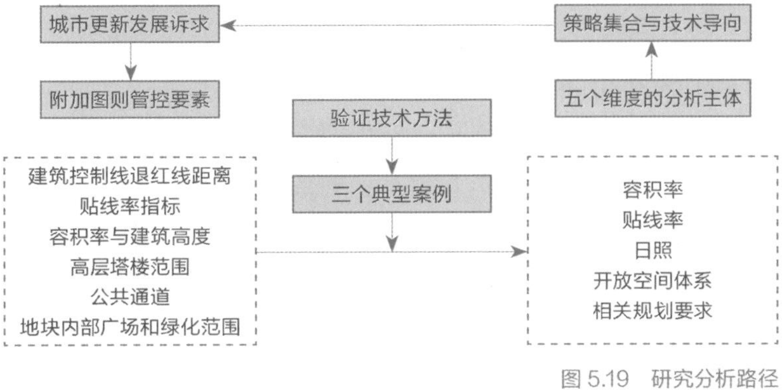

图 5.19　研究分析路径

建筑验证的工作思路：结合上海杨浦滨江建筑方案验证项目的解析

其一，验证过程和方法。

建筑方案验证是在控制性详细规划附加图则编制过程中，为了提高编制成果的技术质量而增加的一种设计论证过程。除了确保验证成果内容的真实可行以外，更要加强与规划编制团队的沟通效能。在工作过程中既要“低头拉车”，也要“抬头看路”，把整个过程视作规划设计与建筑设计之间跨专业的对话平台。如果说真实性是建筑方案验证的基本要求的话，与规划编制团队的沟通配合程度则决定了验证最终质量和效果。

首先，由于缺少传统意义上的项目设计任务书，验证工作是以附加图则方案中的相关指标和图例作为直接依据。因此，在验证工作的准备阶段，验证团队需要将附加图则中的控制要求进行梳理并转化为规划条件，按规划功能要求和业态定位、项目开发的一般规律和建筑本身的功能要求，落实地块内建筑物的功能类型。对于不能直接明确的规划条件，要通过对城市设计和附加图则内涵导向的理解作出合理的补充。对于业态、功能定位设想等规划图纸不需要明确的部分，特别是未在图则备注中注明功能的公共服务设施用地，需要与附加图则编制单位进行沟通交流，理解规划设计构思中对该地块的具体开发意向。

其次，验证方案设计过程中，应当以各项指标的关联性为验证重点、合理的可行性为目标，避免采用建筑规范的极限做法和指标。必须采用时，要评估对建筑设计的局限程度并向规划编制单位提出优化建议和途径；在部分规划控制指标无法实现时，应分析原因后梳理出矛盾关系，与规划编制团队沟通并了解指标取舍原则；在建筑布局方案中能够形成与城市设计形态差异较大的方案时，要及时会同规划编制团队进行评估并酌情加强控制要求。同时，在建筑形态表达上应以空间系统的协调为目标，重点表现建筑尺度的合理性，尽量避免采用过多的个性化设计。

最后，在验证成果输出阶段，要围绕验证工作过程性和辅助性的特点，成果表现应力求简洁明了、针对性强。在此基础上，以说明问题为核心，将成果图纸作为沟通工具而非简单的设计成果要求，对规划管控要求相关的指标要求和强制性规范的符合情况进行必要的标注。

其二，关于验证设计的深度和成果表达。

笔者认为，从设计对象来看，建筑方案验证、修建性详细规划与建筑方案设计是规模尺度接近的三种项目类型。由于服务对象和工作目标的不同，其工作重点和成果表达形式、深度也各不相同。修建性详细规划面向规划管理，强调利益协调、指标细分；建筑方案设计则为项目开发建设服务，重在建筑内部功能安排、空间造型处理手法、指标实现及对后续扩初设计的引导；而建筑方案验证的服务对象是规划编制团队，为控规编制提供合理性论证，发现控制要求之间关联性的矛盾和问题，权衡管控力度、论证指标可行性，为规划的完善提供有力的支撑。

因此，在建筑方案验证成果中，应当围绕工作目标，合理地确定研究深度和表达方式，以证明附加图则控制指标合理性为目的，避免出现过多的与验证对象无关的内容。在杨浦滨江建筑验证成果中主要包含以下四项内容。

总平面图（图 5.20）：通过总平面与附加图则比对的方式，表达建筑布局、容积率、高度、贴线率、塔楼范围、公共开敞空间位置等控制要求的合理性与可行性，对沿街建筑轮廓长度、街道界面总长度、建筑离退界距离、建筑间距、出入口位置等依据性技术数据进行重点标注，并依托建筑布局方案，对附加图则指标中的容积率、建筑高度和涉及贴线率控制的界面进行复核计算。

交通和消防分析图（图 5.21）：通过流线图分析的形式表达交通、消防组织形式及重要的消防通道、登高场地布局设想，并对设计规范中有明确要求的内容，如消防通道宽度和转弯半径、登高场地与高层建筑的关系等要素进行重点标注，作为体现总平面图建筑布局合理性的补充说明。

建筑标准层示意图（图 5.22）：按总平面图中所涉及的建筑物功能用途和空间需求特征及平面规模经济的要求，选择合理可行的基本轴网尺度、以塔楼为交通核心，表达建筑轮廓尺度的合理性及与建筑功能设定的匹配度。

地下空间平面图（图 5.23）：根据图则内容中界定的土地尺度，合理安排必要的竖向交通联系空间，论证地下空间开发的总量、经济性、地下公共空间的位置和规模及地下连通可行性等规划要求。

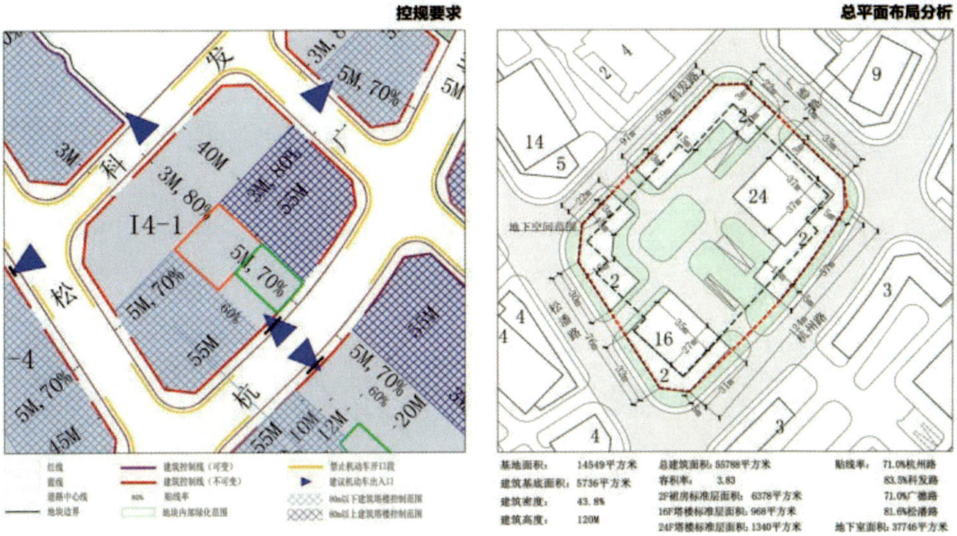

图 5.20　总平面图

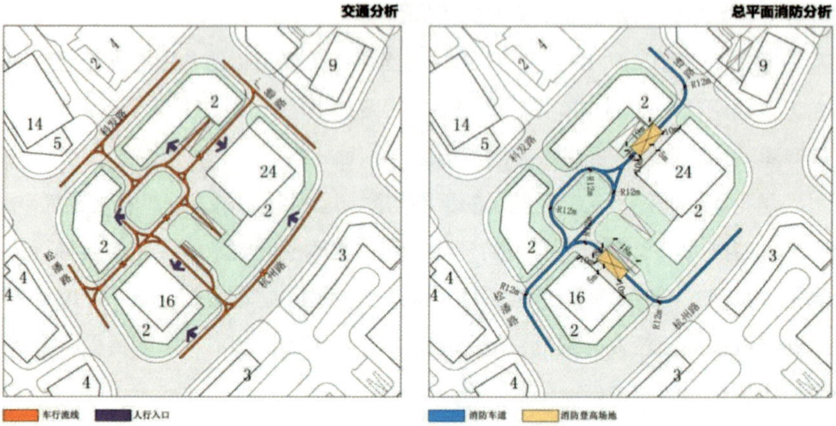

图 5.21　交通和消防分析

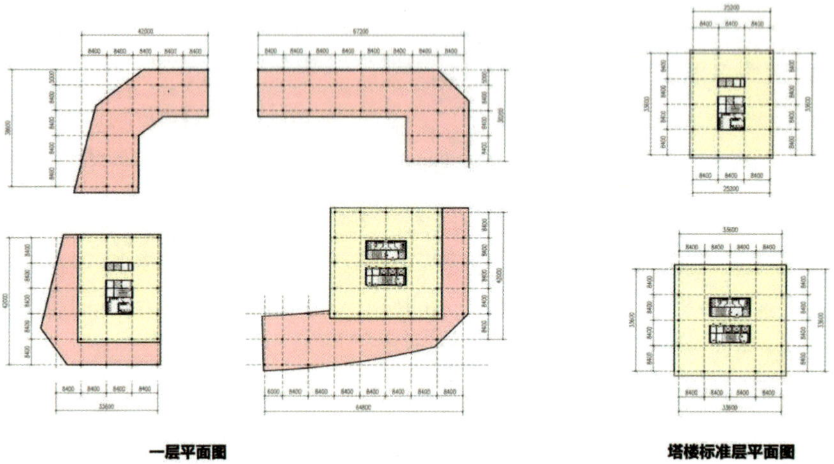

图 5.22　建筑标准层示意图

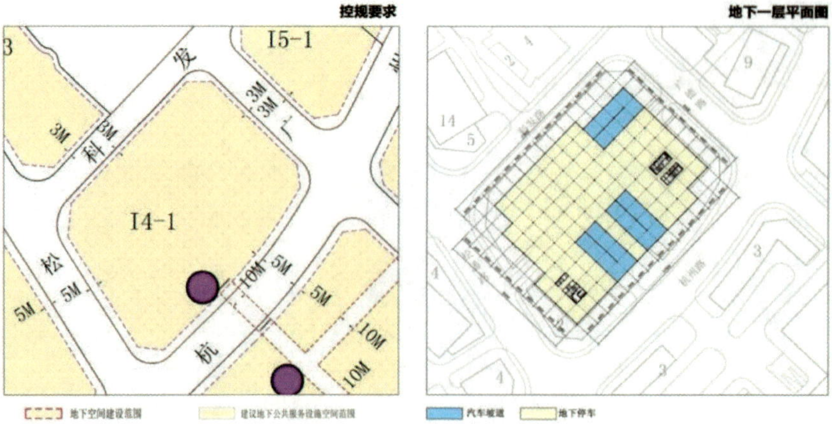

图 5.23　地下空间

三个典型案例的选取与分析维度

闸北区天目社区、徐汇区 WS3-B 单元、桃浦科技智慧城这三个上海 2015 年推进的重点地区建筑验证项目，正是上述发展趋势与特点的典型代表。三个项目在对象特征、理念重心、主要调整要素、推进过程的主要方面各有异同（表 5.5），可以包纳更为宽广的视野、多角度的要素内容，并涉及更为多样、复合的技术问题。

结合案例研究可以发现，建筑验证项目的系统性结论，虽然仅仅聚焦附加图则的 6 个管控要素，但在验证的设计论证过程中，往往需要与规划编制团队不断沟通，形成过程对话，并且突破了对于附加图则管控要素的结论对标，在当前新时期的发展要求下，更多地融入了战略和弹性思维、公共和特色关注，结合对于验证难点和问题的分析，进一步将与验证密切关联的分析维度纳入进来，以形成更具针对性、实践性的技术引控。具体而言，这里将结合项目实证，考察各类要素对于附加图则内容的决策引导、影响程度、调整幅度等，并将技术分析落点于容积率、贴线率、日照、开放空间体系和相关

表 5.5　三个建筑验证项目的案例基本特征综合考查

项　目		闸北区天目社区	徐汇区 WS3-B 单元	桃浦科技智慧城
对象特征	区位	上海市中心区，苏州河北侧	黄浦江两岸规划区核心区段，为南延伸段的浦西段	上海构建开放型经济新体制的重要门户，优势独具
	区域特质	高建成度，具有历史文化底蕴	多为城市备用地，滨水资源优越，开发潜力巨大	分布 1500 多家企业，区域转型发展不断推进
理念重心	目标定位	金融左岸、助力支点、核心 CBD 的拓展区	重要的城市滨水区和公共活动中心区	集科技、智慧、生态于一体的新一代智慧之城
	规划导向	• 功能复合，高效集约 • 公共活动体系的打造 • 文化传承，新旧融合 • 绿色低碳，环保优先	• 产城融合，功能复合的“活力城区” • 特色产业集聚，专业优势显著的“商务社区” • 文化氛围浓郁，富有艺术气息的“魅力街区”	以“宜业宜居生态”为导向，坚持产城融合、智慧低碳、活力宜人、健康生态
验证主要的管控要素		• 容积率与建筑高度 • 塔楼范围 • 地块内部广场和绿化范围	• 容积率与建筑高度 • 塔楼范围 • 贴线率 • 建筑控制线退红线距离 • 公共通道	• 容积率与建筑高度 • 贴线率
动态推进过程		• 中后期介入，问题针对型 • 附加图则编制中后期介入，城市设计成果成熟完善，重点针对保护建筑、公共服务设施、高层建筑组合等关键问题展开验证	• 中期介入，问题统合型 • 附加图则编制中期介入，城市设计导向明确、较为成熟，验证相关的多个要素在推进过程中有体系化的调整，如建筑控制线退红线距离、公共通道的设置等	• 前期介入，问题导入型 • 附加图则编制前期介入，城市设计具有一定的目标导向，但空间引导方式尚不明确，验证与其互动、同步协调推进各个要素的调整与落实

规划要求五个关键方面。

五个方面包含不同的技术视阈，综合体现出建筑验证对于重点区域发展目标、功能定位和总体空间战略布局所进行的统筹考量，以及对于附加图则管控思路和城市设计导向的深化理解。结合建筑方案设计，将管控要素、关联要素、法规要素结合起来进行整合分析，深化了对于建筑容量、开放空间、活动网络等的考虑与布置，有利于促进城市空间形态和功能的改善，并引导指标设置，为发展预留空间，为弹性管理做出有力支撑，促进实施建设的灵活统筹。

建筑验证的技术重心与策略集合

其一，管控要素的分析重心：容积率、贴线率。

容积率、贴线率构成了附加图则 6 个管控要素中最为直接的、可以量化体现的分析维度。其中，容积率验证需兼顾工程技术和公共利益两大方面，体现出多元限定和弹性调配的特质。一方面，受建筑高度、日照核算、场地及设施配置等的影响，往往需要通过设计验证反推容积率，以确定合理的容积率指标。另一方面，则应从更大区域内对地块的建筑规模进行平衡，对开发量进行调配，并确定指标的弹性控制范围（图 5.24）。

图 5.24　原闸北区天目社区 13-01 地块验证方案布局示例[1]

1 13-01 地块的容积率适当降低，与相邻的 12-01 地块进行综合平衡，以保有历史建筑和街坊肌理；同时，强调地块内新旧建筑的协调。12-01 地块容积率的设定，强调其总建设量对整体空间环境不会带来负面影响，如公共空间的保有、建筑布局是否合理等。

贴线率要求就建筑设计本身而言，在验证中一般均能通过技术手段进行协调，满足要求。但实际上，这一要素更多地反映出对城市界面、空间模式的强调，其分级指标的引导作用明显。具体而言，贴线率在 60% 以上基本具有连续性比较强的界面；贴线率 70% ~ 80% 比较适宜人步行活动的连续界面，特殊情况下需要协调建筑物面宽要求；贴线率 90% 时需要进行重点验证，尤其是东西向的建筑贴线率的要求，这种极为封闭的界面的形成，往往是要形成较为私密的内部空间，需要建筑形式与功能的良好设计配合。如在闸北天目社区建筑验证的附加图则中，主要通过较高建筑贴线率的控制形成“井”字形界面。在徐汇 WS3-B 单元的附加图则中则更关注人行公共活动空间的界定，对中央公共活动带提出了较高的建筑贴线率要求。

其二，关联要素的分析重心：日照、开放空间体系。

日照、开放空间体系不属于附加图则的直接管控要素，但却是技术上对调整要素形成严格限制与关键影响的分析维度，并需要广泛地与城市空间布局形态、相邻及地块内部的建筑影响等关联起来分析，这一点在实践项目中也有突出体现。

综合来看，日照核算受建筑的使用性质、城市形态控制、地块内部和周边建筑布局及建筑保留等因素的影响。其中，对日照计算产生较大影响权重的，则往往是高要求或特殊性的验证因素。例如，在地块对建筑规模有高要求的同时，加之关联考虑建筑高度、贴线率、消防要求等，复合影响下会导致地块内部建筑日照难以满足要求，需进行验证设计调整（图 5.25）。验证中应遵循整体性、主次性、复合性的原则，结合日照分析手段和相关规范要求，对这一类因素进行优先考量、复合分析，促进保障良好城市空间格局和公共利益的维护。

开放空间体系内含对各类验证要素的考察要求，但更多地将视野放宽至包纳广场、绿地、公共通道、建筑形体组合、建筑功能等影响城市活力与魅力的要素方面，以设计验证的形式予以强调和落实：一方面，促进公共空间网络的保有。通过建筑空间组合、公共通道的限定与联结等，保障绿地、广场空间等公共空间的网络连接、活力集聚，促进市民的交往活动；另一方面，关注新旧建筑之间的协调与联系，并增加对于空间连接性、场所性、生态性的设计关注，促进历史和文化要素的融入（图 5.26）。

其三，法规要素的分析重心：相关规划要求。

在验证方案设计中，还需要顾及规划技术管理规定中通则类要求及建筑设计相关的设计规范要求。因此，“相关规划要求”这一维度，体现出对于规划法规及技术规范[1]的

1 建筑验证过程中参考较多且对方案排布影响较大的技术规范主要包括:《上海市城市规划管理技术规定》《民用建筑设计通则》《建筑设计防火规范》《建筑工程交通设计及停车库（场）设置标准》及《中小学校建筑设计规范》等。

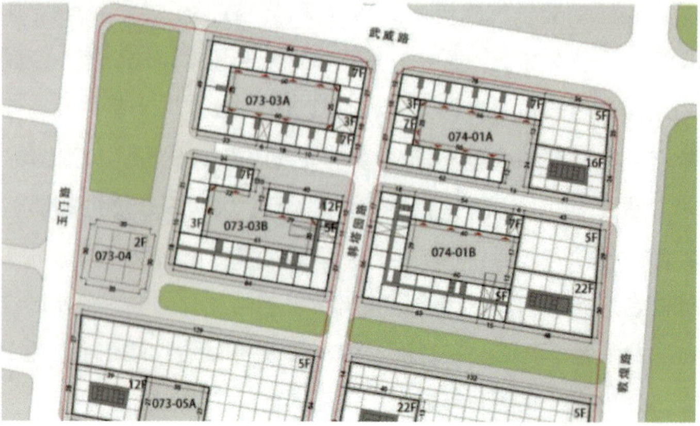

图 5.25 桃浦科技智慧城规划地块建筑布局示例 [1]

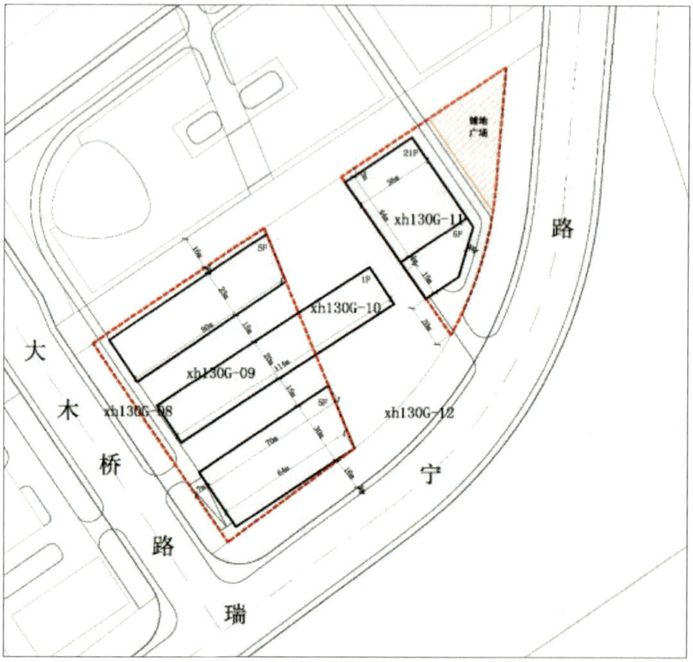

图 5.26 徐汇区 WS3-B 单元规划地块验证方案示例 [2]

1 图中 073-03 地块规划居住用地的容积率有高指标控制，同时为维持城市形态围合式布局、高贴线率要求，经初步设计验证，该地块无法满足日照要求，需要通过整体平衡、降低容积率来实现日照条件的满足，达成验证需求。

2 建筑验证强调对广场的空间围合及其空间的可达性、建筑界面的连续性、周边功能的适宜性。标志性建筑塔楼的入口与小型开放空间结合设置，能够便捷地与公共通道相连接；下沉广场界面除了满足贴线率要求外，还与公共通道、相邻开敞空间便捷联系。

紧密关联考量，往往结合当前的底线把控、动态弹性等实施诉求，强调定性与定量相结合，综合梳理验证相关问题，权衡“消防、塔楼范围、公共通道、禁止开口路段、建筑密度及建筑物面宽要求及混合用地建筑量比例”等的指标限定，细化项目实施建设标准，为后续土地出让和项目建筑管理提供更具针对性、适应性的指导。例如，消防要求因其涉及生命财产安全问题，是一切规划必须满足的先决条件之一，其相关规定为严格的强制性条件，直接影响从城市空间布局到建筑功能形态的各个方面。在方案设计中，主要通过对消防通道、消防车登高操作场地设置、建筑标准层的防火分区等方面来验证消防条件，安全性、经济性、空间的合理性等都一并纳入验证的综合考量（图 5.27）。

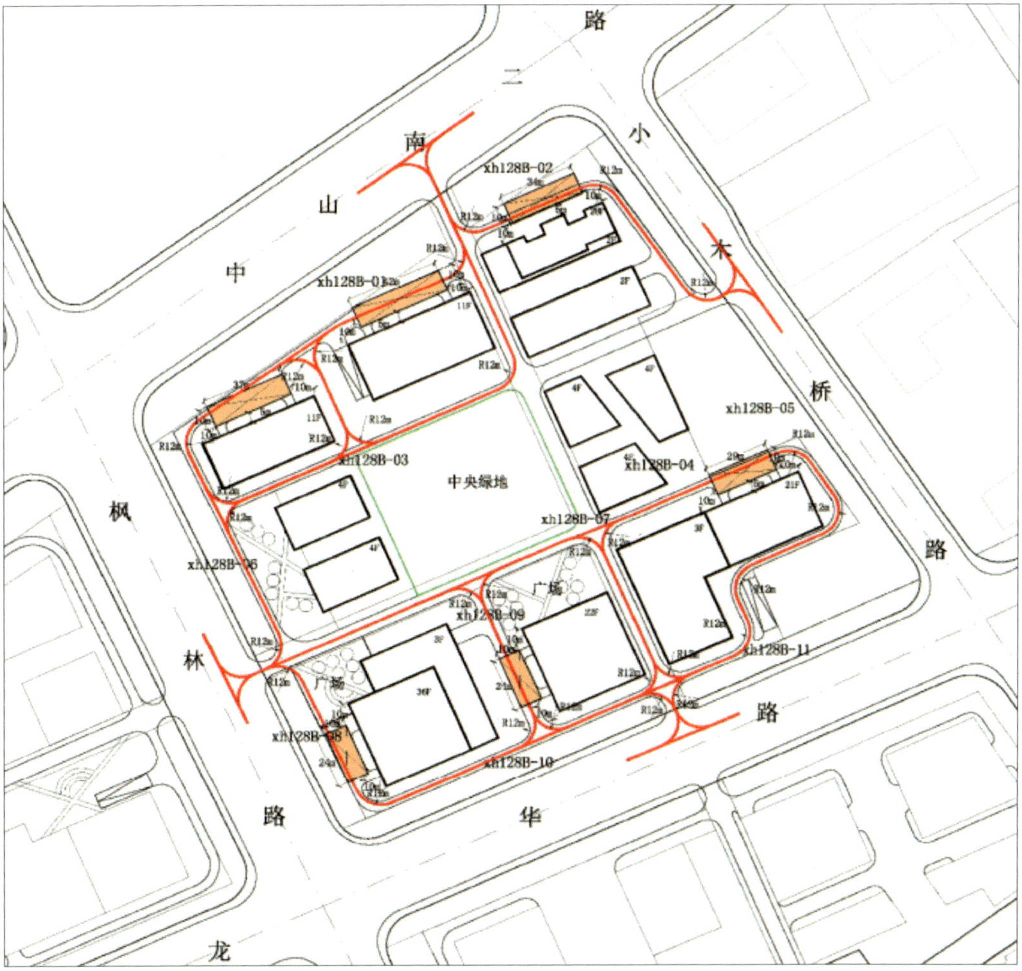

图 5.27 徐汇区 WS3-B 单元规划街坊消防分析

结论与启示：新时期建筑验证的策略导向

随着社会、经济的不断发展，人们对所居城市空间品质要求也在随之提高，城乡规划管理部门对城市空间的调控和引导也在向精细化管理方向继续探索。在控规编制过程中引入建筑验证方法，自下而上地对管控内容进行自检，作为微观层面的技术支撑，完善了控规编制流程。同时，由于此项工作刚处于起步阶段，还需要在实践过程中不断总结经验、提高工作效率、完善验证方法和过程，促进规划编制水平的高质量、精细化发展，从而引导城市空间品质的有序提升。

本书结合项目实践与核心问题，面向贴线率、日照、容积率、开放空间体系和相关规划要求五个方面，形成了衔接规划编制与管理实施推进的技术思考与策略引导。可以说，新时期的建筑验证以要素管控和实施衔接为核心，不只体现为一种有益的技术手段，更是一种有效的策略应答：一方面，更多地融入战略和弹性思维，以确保附加图则中各项指标的设置能够在后续建筑方案审批过程中，与城市建设管理部门的审查要求更好地衔接，对接实施需求，提供技术保障；另一方面，更加注重结合规划层面所关注的公共要素、风貌特色层面，来对开发建设活动进行有效的控制和指导，促进城市空间形态和功能的改善，引导城市转型发展，有序提升空间品质，为城市更新发展建设提供有益借鉴。

创新触点：可持续发展视野下的上海城市公共政策

当中国进入社会与制度建设新的转型时期，“我国社会主要矛盾已经转化为人民日益增长的美好生活需要和不平衡、不充分的发展之间的矛盾”，实施创新驱动战略，增强中国持续发展动力，构成当前重要的发展战略支撑。美国学者托马斯 · 戴伊认为：“凡是政府决定做的或不做的事情就是公共政策。”《城乡规划管理与法规》中指出，凡是为了解决社会公共问题的政策都是公共政策。可持续发展视野下的公共政策，与其本质及时代特征相适应，在当前社会经济发展过程中则更加凸显基石和保障作用。公共政策的质量和实施效果，会直接影响城市的可持续发展和综合经济效益，制度的贯彻与有效实施必须有公共政策做保障。

公共政策的影响力、覆盖面和包容性在今天已明显提高。尤其是上海，作为改革开放的排头兵，在国家经济社会发展中、创新和转型进程中，具有特别重要的地位，承担着重要责任。尤其在推进创新和转型发展的过程中，上海具有较高的社会融合度，海派文化兼收并蓄，注重城市品质、内涵增长，承担着更多的使命和任务。与此同时，城市规划、城市设计与公共利益、社会功能、城市问题和人们的生活方式密切关联，构成了公共政策的重要组成部分。从“关联”这一视角梳理和审视了上海在公共政策的制定和实施上的创新方面，富有借鉴与启发价值（图 5.28）。

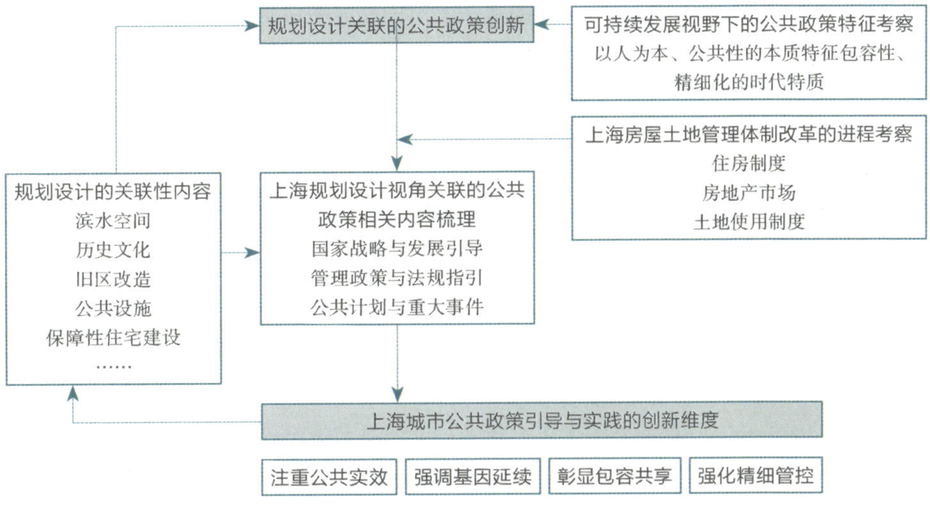

图 5.28 研究路线图

特征考察：可持续发展视野下的公共政策创新

一方面，公共政策具有以人为本和公共性的本质特征，构成实施可持续发展战略的重要基石。

以人为本，是科学发展观的核心，也是我国公共政策最根本的价值取向，可以确保公共政策的合法性、认同度。公共性则决定了公共政策着眼公共利益，可持续发展正是要诉求长远的公共利益，公共政策与可持续发展相互促进、有机联系。“维护公共利益”几乎在所有国家都被作为公权对私权进行干预的合法界限，公共利益被视为公权核心。

城市规划、建设、管理是政府重要的行政职能，具有先天代表公共利益的属性，法律赋予其对危害公共利益的私权力行为进行强制性干预。本质来说，公共权力指向利益关系状况的调节，公共资源则是公共权力的内在构成要素，也是政府组织借此制约人们的外在行为，进而调节人与人之间的利益关系状况的能力所在（杨正联，2010）。因而，城市规划与设计在当前作为一种社会技术，其最大难点已不再是单单落于工程技术问题，而是在于如何合理地动用公权力去调整、约束私权力（利），使得公共性的引导与保障得到社会的普遍认同。

另一方面，公共政策也是实现创新发展的重要承载，具有包容性、精细化的时代特质。

公共政策是社会公共权利主体实现政策目标的重要手段，从而对“全社会的价值做权威性的分配”（戴维 · 伊斯顿，1999）。而在资源有限的前提下，任何公共资源的配置行为都需考虑效率与公平，也使得公共政策的制定与实施，更加强调公平与效率的有机统一，以促进城市各要素的有效配置，来提升和保障城市发展应有的竞争力。城市的竞争力根源于城市的创新力，而城市的创新力离不开城市的包容性。包容性有利于化解利益冲突与矛盾，保障在经济发展的同时促进社会与人的发展，进而彰显公平与公正、多元与融合。当公共政策的制定与实施体现出借由社会融合度、文化兼容性、治理方式的共建共享性等多种包容性特质，并力求确立一系列响应民意的精细化发展目标，则更有利于高效和有针对性地解决城市发展所面临的诸多问题，进而促进城市政策工具及治理方式的创新。

情境分析：制度发展进程中的转变与政策梳理

其一，上海制度发展进程中的公共政策考察。

伴随我国及上海行政管理体制改革进程，上海不断深入贯彻落实相应机构改革工作，推进了政企分开、政府机构改革、行政审批制度创新、科学民主决策机制建设等，政府管理的职能与方式等都发生了重大转变。上海城市建设改革和发展的步伐也与这样的体制背景密切关联，不断拓展新的渠道进行改革探索，日益朝向以政府为主导、城市的阶段性建设发展为目标，并通过内部资金循环来促进一种整体良性发展机制的形成。

其投融资方式除了城建规费、财政资金、银行借款、市场债券股票之外，还率先探索了土地收入的利用、社会化资本引进、以上市公司为重点的资产重组和资本运作等各类创新性方式，来促进资金的稳步增长与有效保障。

上海从早期的住房制度改革开始，根据国家要求和自身发展实际，不断积极探索，并作为先行者，全面建构租购并举的住房保障体系；伴随房地产市场在高位运行中的稳定增长，住房消费基本实现了商品化，对经济增长的贡献和对市民生活改善的作用也越来越大；土地使用制度方面的公共政策创新尤为明显，无论是对土地利用的更为灵活与宽容，还是功能使用上的更加复合与精细管控。可以发现，更为多元的社会发展目标、公共利益与市民需求、社会影响评价等被纳入进来，借助制度设计、资源布局、公共服务供给等来促进发展成果的社会共享，以形成良好协调利益分配的公共政策引导。

其二，规划设计相关联的公共政策内容落点。

以上述内容为基础，进一步考察近年来上海城市规划设计相关的发展战略、管理政策、法规指引、公共计划等公共政策的建构内容（表 5.6）。转型期中央城镇化工作会议、中央城市工作会议，都对城镇化进程、城市发展提出了明确要求，对城乡规划也提出了更高要求。城乡规划工作必须深入贯彻和融入新发展理念。上海城市规划、建设和发展也愈加精细化，注重人本体验、人文内涵，强调民生保障、风貌保护、社区发展，以及住房建设和保障体系的完善，积极探索城市更新规划土地实施实践；针对滨江地区公共空间、重要城市商圈节点地区、社区等，形成行动计划，全力推进城市迈向高质量发展、高品质生活。可以发现，在当前上海公共政策的制定和实施上，关联规划设计的制度与实践，体现出更加注重公共实效、基因延续、包容共享等创新特质，并在关联滨水空间、历史文化、旧区改造、保障性住宅建设等方面的城市设计实践中得以重点体现于落实。

创新维度：上海城市公共政策引导与实践重心

其一，注重公共实效。近几年，上海在住房建设、公共空间和公共服务设施建设、行动计划方面不断出台一系列保障条例、实施意见，体现出对公平和公正诉求强烈的现实性回应，彰显公共实效。例如，在上海住房拆迁补偿政策、租赁式住宅政策的制定与推进，2010 年上海世博会举办、新一轮旧城改造的规划设计引导，以及一系列更新项目试点的推进等方面。其中，在住房建设方面，针对固定资产投资规模过大、房价上涨过快等问题，上海已采取并仍在不断采取一系列措施，《上海市经济适用住房管理试行办法》《上海市发展公共租赁住房的实施意见》等公共政策文件先后发布，加强土地管理和调控。根据 2016 年国务院办公厅发布的《关于加快培育和发展住房租赁市场的若干意见》，要求各省、市、自治区培育和发展住房租赁市场，到 2020 年基本形成供应主体多元、经

表 5.6 近年来上海规划设计视角关联的公共政策相关内容

类型	相关内容
国家战略与发展引导	• 十八大以来，党中央把城乡规划摆在了更加重要的位置，提出了一系列新理念、新要求 • 2013 年，中央城镇化工作会议强调，城镇建设水平不仅关系居民生活质量，也是城市生命力所在。一定要本着对人民、对历史高度负责的态度，切实提高城市建设水平。要先布棋盘再落子。城市规划要由扩张性规划逐步转向限定城市边界、优化城市空间结构的规划 • 2014 年，习近平总书记在新华社《国内动态清样》上批示，城市建筑贪大、媚洋、求怪等乱象由来已久，且有愈演愈烈之势，是典型的缺乏文化自信的表现……建筑是凝固的历史和文化，是城市文脉的体现和延续，要树立高度的文化自觉和文化自信，创新理念、完善决策和评估机制，营造健康的社会氛围，处理好传统与现代、继承与发展的关系，让我们的城市建筑更好地体现地理特征、民族特色和时代风貌 • 2014 年，中央经济工作会议指出，要加快规划体制改革，健全空间规划体系，积极推进市县“多规合一” • 2015 年，中央城市工作会议提出了“创新、协调、绿色、开放、共享”五大城市发展理念，要求转变城市发展方式，提高城市发展可持续性和宜居性。指出：要加强对城市风貌整体性、文脉延续性等方面的规划和管控，留住城市特有的地域环境、文化特色、建筑风格等“基因”。要保护弘扬中华优秀传统文化，延续城市历史文脉 • 2016 年，中共中央国务院提出“用五年左右时间，完成所有城市历史文化街区划定和历史建筑确定工作”的总体要求 • 党的十九大报告明确建立租购并举的住房制度，“坚持房子是用来住的、不是用来炒的定位，加快建立多主体供给、多渠道保障、租购并举的住房制度，让全体人民住有所居。” • 2017 年 12 月，国务院批复的《上海市城市总体规划（2017-2035）》明确要“牢固树立创新、协调、绿色、开放、共享的发展理念，紧密对接‘两个一百年’奋斗目标，坚持以人民为中心，坚持可持续发展，坚持人与自然和谐共生，坚持在发展中保障和改善民生，注重远近结合、城乡统筹，注重减量集约、多规合一……”
管理政策与法规指引	• 2011 年，上海出台《上海市控制性详细规划技术准则》。2013 年，上海市规土局开展了第一轮评估，形成《上海市控制性详细规划技术准则条文说明》并发布 • 2014 年，《中共上海市委关于进一步创新社会治理加强基层建设的意见》发布 • 2015 年，《上海市城市更新实施办法》颁布，提出实行区域评估，强化公共要素，以及促成实施计划等管理制度等 • 2015 年 3 月，《上海市旧住房综合改造管理办法》开始施行。其中就改造内容、管理机构、改造程序、有关技术规定等做了明确规定 • 2015 年，新康大楼等 426 处建筑被列为上海第五批优秀历史建筑 • 2016 年，上海市政府批复确定了 119 片风貌保护街坊 • 2016 年，上海市住建委会同市规土局出台《上海市旧住房拆除重建项目实施办法（试行）》 • 2016 年 7 月，《上海市街道设计导则》公示 • 2016 年 8 月，上海市规土局形成《上海市 15 分钟社区生活圈规划导则（试行）》并发布 • 2016 年 11 月，《上海市控制性详细规划技术准则（2016 年修订版）》发布 • 2017 年，在上海中心城区 50 年以上建筑普查工作基础上，形成第二批 131 片风貌保护街坊名单，经市政府批复 • 2017 年 7 月，上海市政府印发《关于深化城市有机更新促进历史风貌保护工作的若干意见》的通知，从规划、土地、房屋、财政等多个方面提出促进城市有机更新及风貌保护的一系列创新政策建议

（续表）

类　型	相关内容
管理政策与法规指引	• 2017 年 9 月，发布《关于加快培育和发展本市住房租赁市场的实施意见》（沪府办[2017]49 号） • 2017 年 11 月，发布《关于加快培育和发展本市住房租赁市场的规划土地管理细则》，对土地管理、规划管理、建设项目管理及不动产登记管理等做出了明确规定 • 2017 年 11 月，发布《关于明确本市自持租赁住房建设规范和相关管理要求的通知》 • 2017 年 11 月，经修订的《上海市城市更新规划土地实施细则》正式颁布执行 • 2018 年 1 月，印发《上海市旧住房拆除重建项目实施管理办法》的通知，对改造原则、认定条件、计划立项、编制设计方案和改造实施方案、规划土地审批、方案公式和意见征询等方面内容都做了明确规划。其中提出，实施方案应当包括改造范围、主要改造内容、改造资金筹措方式、改造安置方式和方法、协议签约的生效、工程周期等内容
公共计划与重大事件	• 2014 年，《黄浦江两岸地区公共空间建设三年行动计划（2015—2017 年）》出炉，计划 3 年时间集中建设一批高品质的公共空间，将黄浦江两岸地区打造成世界级的滨水公共开放空间 • 2014 年 3 月，西岸龙美术馆建成开馆 • 2015 年，《上海市加强住宅小区综合治理三年行动计划（2015—2017）》发布 • 2015 年，上海开展了徐家汇商圈地区更新、大柏树邯郸路沿线改造、莘闵大酒店等十余个城市更新试点 • 2015 年 2 月，上海市政府办公厅关于印发《上海市 2015-2017 年环境保护和建设三年行动计划》的通知 • 2016 年，开展上海城市更新“四大行动计划” • 2016 年 5 月，上海正式启动“行走上海 2016——社区空间微更新计划” • 自 2016 年以来，上海围绕四大行动计划，主要集中在中心城区范围内选取了 20 多个更新试点项目，积极展开旧区的城市更新工作，以及纳入“X”类的具有特点和示范性的项目，来实行弹性管理 • 2017 年年初，由上海市委办公厅牵头，会同上海市规土局、市住建委等部门共同开展了上海中心城区 50 年以上建筑的普查工作，并根据上海市委市政府要求落实里弄住宅的保留保护，采取差别化的分级分类保护保留措施 • 2017 年 4 月，“行走上海社区空间微更新计划”新设 11 个试点项目 • 2017 年，上海推出租赁住房用地 29 幅，涉及 12 个区，总面积达 79.69 hm^2，建筑面积 181.26 万 m^2，可建成近 3 万套租赁住房。“十三五”时期，上海将大幅增加租赁住房供应，供应比例由“十二五”的 13% 提升至 41%，计划新增供应租赁住房 70 万套 • 2017 年 12 月 31 日，上海黄浦江两岸 45 km 岸线的公共空间正式全线贯通 • 2018 年 1 月 11 日，上海市杨浦区“社区规划师”项目启动，社区规划师签约仪式在四平路街道举行 • 2018 年 2 月，上海市政府发布《上海市住宅小区建设“美丽家园”三年行动计划（2018-2020）》 • 2018 年，为贯彻“上海 2035”总体规划要求，上海市规土局组织开展了《黄浦江、苏州河沿岸建设规划》编制工作，提炼规划核心内容形成公众版成果，向全社会征集意见。未来，在新时代背景下，一江一河将打造成为具有全球影响力的世界级滨水区 • 2019 年 4 月，上海市徐汇区政府办公室印发《徐汇区社区规划师制度实施办法》的通知

营服务规范、租赁关系稳定的住房租赁市场体系。

相应地，上海积极促进政策的实践落实，明确提出建立购租并举的住房制度，健全以市场配置为主、政府提供基本保障的住房租赁体系，成为全国首个供应租赁住房用地的城市。其整体住房租赁市场在当前呈现快速发展的总体态势，2018 年更是聚焦世博后滩、铁路南站、虹桥枢纽等地区，着力满足重点企事业单位和引进人才阶段性租赁需求。同时，各区县积极开展租赁住房的前期规划研究和选址工作、指导租赁住房市场建设，公共实效切实可期。可以发现，上海各区往往在发展定位、区位特点、存量建设用地及既有租赁市场等方面既有自身特点，也有发展难点，租赁住宅建设推进的相关实施手段、管控体系配套仍尚待完善。因此，在未来的创新发展中，需要更具针对性地研究既有存量资源与新建租赁地块的联动，探索如何量质并重地、切实地建设满足地区发展特质和多元需求的租赁住房体系。

在公共空间和公共服务设施建设方面，2016 年公示的《上海市街道设计导则》，旨在统筹协调相关要素，转型政府部门管理方式，提升街道设计与建设水平，引导业主和市民积极参与，对规划、建设、管理全过程进行指导。这在陕西北路中国历史文化名街、南京西路后街之一愚园路规划设计中，都得到了研究体现。《上海市 15 分钟社区生活圈规划导则》的发布，探索存量社区规划的编制方法及实施途径，强调从政府单向决策向“政府、社会、市民”深度协作的转变；强调规划对行动的策划，通过社区行动，来推动社区规划蓝图的实施。相关的一系列规划设计实践也在近几年得到大力推展，如徐汇区长桥社区 15min 生活圈系统规划研究、黄浦区典型社区规划等，与各区县社区公共服务设施专项规划一起，形成对单元规划、控规调整等法定规划内容的有力补充。

此外，在行动计划及重大事件方面，无论是自 2016 年启动的“行走上海——社区空间微更新计划”，还是 2018 年 8 月启动集中签约的“彭三小区五期就住房成套改造”项目[1]……这一类公共政策的出发点就是以人为本、公共优先，也因此可以更好地引导公共利益相关的设施配置、空间建构、公共服务。本质来看，要想取得城市建设与发展持久的推动力与活力，代表公共权力导向的政府，其政策调整与制度建构的取向，必须与城市广大居民的利益相一致，也只有当城市的改造与更新、社会行动的推展成为社会公众的共同选择、相互博弈的均衡，才有可能真正地促进实质性的社会进步与品质提升。

其二，强调基因延续。这里强调的是，将历史风貌保护和居住环境改善视为上海“人文之城”建设的基础资源，延续城市的历史文化基因，来提升城市内涵、塑造城市

1 上海市迄今为止最大的非成套改造项目，当天即达到了 96% 以上的高签约率，878 户居民将在原址住上带电梯、独立厨房的新房。

精神，强化上海参与全球竞争的核心软实力。“上海2035”总体规划明确要“进一步挖掘上海城市丰富的文化内涵，延续历史文脉，留住城市记忆”“加强历史城区风貌格局的整体保护”。上海市委市政府提出“以城市更新的全新理念推进旧区改造工作，进一步处理好留、改、拆之间的关系，以保护保留为原则，拆除为例外”。在政策实践层面，上海市2017年年初开展了上海中心城区50年以上建筑的普查工作，根据市委市政府要求应当保留保护其中730万m^2里弄住宅，并采取差别化的分级分类保护保留措施；同时，大力拓展成片风貌保护对象，2016年开始先后公布两批，共计250片风貌保护街坊等。

上海市控规局部调整、规划方案研究、街区建筑评估等规划设计项目的后续开展，也都结合政策要求进行了实践落实。例如，长宁区上生所地区的规划设计实践，强化历史建筑的保护与传承，强调形成与历史建筑融为一体的、独具特色的公共空间，保障区域功能的升级转型，促进新旧对话、街区活力再生。再如，位于上海市静安区一河两岸地区的72街坊，紧密关联历史建筑普查工作，研究落实街坊内历史建筑原址保护、平移修缮、拆除复建等多种保护方式，从保留历史建筑、延续有价值的肌理空间与历史界面等，传承地区的历史文化与特色。

其三，彰显包容共享。“上海2035”总体规划明确了牢固树立创新、协调、绿色、开放、共享的发展理念；《上海市城市更新实施办法》强调通过城市更新，进一步节约集约利用存量土地资源，推动内涵增长和创新发展；《上海市控制性详细规划技术准则（2016年修订版）》则强调关注人的生活品质和多元化需求，推进土地混合使用和空间复合利用，营造开放活力社区，完善生活圈功能品质，构建公共空间和慢行网络体系……一系列核心政策更加凸显对市民多元需求的回应，并且更加强调公众参与、动态协调、整体平衡等方式方法的落实。具体来看，上海以社区为基本单元的公众参与模式、旧城改造中推行的征询程序、方案公示等都具有进步意义和实践价值；重大项目推进的城市设计方案国际征集形式已趋成熟，并开始促进联合团队后续推展的形式；工程建设项目的公示系统已相对完善，但反馈与互动机制的建设还亟待加强。

举例而言，上海市2015年年底的“撤二建一”是重大事件，苏州河一河两岸地区随之成为新静安区的重点发展区域，概念方案研究同步开展，由政府及相关部门、业内专家、专业团队、相关权益人等共同进行了多轮探讨，进而明确了主导发展框架与工作推进思路。2016年3月进一步开展国际方案征集，并邀请了由知名专家组成的顾问团队进行方案评审。后续则组成了联合团队共同深化完成国际方案整合工作，并进一步形成具体化的设计导则，来指导后续地区实施建设工作。在整个过程中，生态、社会、文化、行动等因素都被包容性地纳入进来，来帮助创造更加吸引人的、具有持续活力的、市民共享的区域。上海黄浦江两岸45 km岸线的公共空间也在2017年正式全线贯通，形成了一系列新的“城市客厅”及连续而丰富的亲水生活岸线，为市民提供了高品质的健身、休闲、旅游观光的公共空间。2018 年 9 月，《黄浦江、苏州河沿岸建设规划》核心内容得以形成公众版成果，提出未来一江一河将打造成为具有全球影响力的世界级滨水区，并向全社会征集意见；2018 年 11 月，上海市规划和自然管理局与上海市水务局联合编制《上海市河道规划设计导则》，并征求公众意见。

其四，强化精细管控。为及时贯彻规划管理的新理念、适应规划建设中的新问题和新要求，上海市规土局形成了《上海市控制性详细规划技术准则》的动态更新机制，每 2 ~ 3 年开展一轮全面评估，若有必要则进行修订完善。《上海市控制性详细规划技术准则》(2011) 是直接指导上海市控制性详细规划编制、审批和实施的核心技术文件，同时也是检验规划质量的重要标尺。2013 年发布的《上海市控制性详细规划技术准则条文说明》进一步加强条文理解、明确执行要求。而伴随近年来《上海市城市更新实施办法》《上海市控制性详细规划技术准则 (2016 年修订版)》《上海市城市更新规划土地实施细则》等的相继施行，通过编制、管理、实施、行动四大体系的建设，上海已形成了城市更新相对系统的工作框架。其在方法路径上，进一步突出精细化设计与管理，将规划评估为前提，明确“缺什么，补什么”，进行综合评估，编制实施计划，落实规划目标；同时，进行弹性管控，设计有效的鼓励政策和规范的管理操作要求；重视关键要素的控制和引导，通过全过程管理，保障公共要素落地；此外，倡导空间数据分析及管理平台等方式，更加注重不同层次之间规划的衔接与互动，切实促进控制要素和内容的法定化。

比如，在《上海市控制性详细规划技术准则 (2016 年修订版)》中，首先，借鉴新加坡的“白地”，提出了新增“综合用地”地类，以用于商业、办公、住宅、文化等多种用途的混合。混合功能引导，可以为各层次规划给予一定弹性，从而更有利于保障后续建设的顺利实施；其次，提出增加建筑高度分区、建筑界面、公共空间、风貌保护等面上的总体引导；提出一般地区也可根据需要开展城市设计，并编制附加图则，细化空间管制要求——针对这一要求，随后推进的一般地区控规调整的普适图则上，很多都结合公共导向、实施需求等进一步明确了地下空间范围、公共通道等附加控制要求；再次，形成《社区级基础保障类设施设置标准表》的底线管控、《社区级品质提升类设施设置索引表》的弹性引导等，可以说细化了规划控制目标、彰显了精细化管理要求；等等。

结语

上海公共政策创新维度具体化地在滨水空间、历史文化、旧区改造、保障性住宅建设等方面的城市设计实践中得以贯彻与体现。其中，城市空间的再生产既离不开制度安排的不断改进，也离不开自然特色的保有及历史文化方面更大力度的保护等，着眼于促进发展的内核驱动，形成城市生生不息的传承；城市借由自身的不断更新，强调适宜技术的、混合功能的及对于公私权益等更精细化的考量与落实等，来适应一系列发展变化，变得更为包容共享、更加重视以人为本。这凸显出新时代背景下向人与自然和谐关系、城市有机更新模式的一种转变，也朝向政策创新可能的积累、反馈、触发与转化方向前进。可以发现，转型时期人们的选择多样性需要正越来越得到重视与满足，城市生活、城市经济、开发与发展模式、城市空间形式等的多样性不断增强——这种选择权与多样性存在的前提离不开公共政策创新所提供的诸多可能。越是繁荣、富于活力的城市给人们选择的机会越多，也将提供更为符合公共价值、包容特质等的城市规划设计及建设实践，促进和引领城市走向可持续发展。

参考文献

[1] Jurgen Habermas. Legitimation Crisis [M]. translated by McCarthy T. London: Heinemann, 1976.
[2] Keller Kevin Lane. Strategic Brand Management [M]. 北京：中国人民大学出版社，1998.
[3] Kevin Keller. Strategic Brand Management: Building, Measuring, and Managing Brand Equity[M]. New Jersey: Prentice-Hall，1998.
[4] Kevin Lynch. A Theory of Good City[M]. London: Cambridge Mass，1981.
[5] Matthew Carmona，Tim Heath, Taner Oc, et al. 城市设计的维度 [M]. 冯江，袁粤，等，译. 南京：江苏科学技术出版社，2005.
[6] Nan Ellin. Postmodern Urbanism[M]. Oxford: Blackwell Publishers Ltd, 1996.
[7] Raymond Henry Williams. The Long Revolution[M]. New York: Columbia University Press, 1963.
[8] Roger Trancik. 找寻失落的空间——都市设计理论 [M]. 谢庆达，译. 台北：田园城市文化事业有限公司，2002.
[9] Sharon Zukin. The Cultures of Cities [M]. Oxford: Blackwell，1995.
[10] Young Greg. Reshaping Planning with Culture[M]. Aldershot, England: Ashgate, 2008.
[11] 阿摩斯 · 拉普卜特. 建成环境的意义——非语言表达方法 [M]. 北京：中国建筑工业出版社，2003.
[12] 安德鲁 · 塔隆. 英国城市更新 [M]. 上海：同济大学出版社，2017.
[13] 曹靖，张敏，魏宗财，等. 大数据时代的城市设计工作对策——以合肥国家中德智能制造国际创新园北区为例 [J]. 规划师，2018（7）: 53-58.
[14] 曹立强，陈必华，吴炳怀. 城市不成套危旧住宅原地改造方式探索——以上海闸北区彭三小区的实践为例 [J]. 上海城市规划，2013（04）:78-83.
[15] 曹宇，马卫东. 城市更新，上海进行时 [M]. 上海：同济大学出版社，2016.
[16] 岑伟，王珂，莫天伟. 滨水空间从城市空间的背面走向正面——以上海苏州河为例 [J]. 城市建筑，2010（2）: 33-35.
[17] 陈丹，任翔宇，杨凯，等. 上海苏州河滨水空间的社会服务功能探讨 [J]. 世界地理研究，2016，25（1）: 151-158.
[18] 陈琳. 全球化时代国际大都市的营销策略——香港、伦敦、上海案例研究 [D]. 上海：同济大学，2006.
[19] 城市土地研究学会. 都市滨水区规划 [M]. 马青，等，译. 沈阳：辽宁科学出版社，2007.
[20] 戴明. 上海市历史风貌保护规划管理实践和探索 [J]. 上海城市规划，2010（5）: 52-56.
[21] 戴维 · 伊斯顿. 政治生活的系统分析 [M]. 北京：华夏出版社，1999.
[22] 迪尔凯姆. 社会学方法的准则 [M]. 北京：商务印书馆，1995.
[23] 段进，刘晋华. 中国当代城市设计思想 [M]. 南京：东南大学出版社，2018.
[24] 葛岩，关烨，聂梦遥. 上海城市更新的政策演进特征与创新探讨 [J]. 上海城市规划，2017

（5）: 23-28.
[25] 管娟. 上海中心城区城市更新运行机制演进研究——以新天地、8 号桥和田子坊为例 [D]. 上海：同济大学，2008.
[26] 何丰，高礼霞，葛俊. 城市包容性发展制度重构 [J]. 南京理工大学学报（社会科学版），2012，25（5）: 25-34.
[27] 胡瑜芝. 精细化管理与多元协商背景下弹性控制方法的探索——以南桥新城 08 单元控制性详细规划为例 [J]. 上海城市规划，2017（3）: 129-134.
[28] 黄吉乔. 上海市中心城区居住空间结构的演变 [J]. 城市问题，2001（4）: 30-33.
[29] 黄静，王诤诤. 上海市旧区改造的模式创新研究：来自美国城市更新三方合作伙伴关系的经验 [J]. 城市发展研究，2015，22（01）: 86-93.
[30] 黄维民. 新范式与新工具：公共管理视角下的公共政策 [M]. 北京：中国社会科学出版社，2008.
[31] 焦怡雪. 社区发展：北京旧城历史文化保护区保护与改善的可行途径 [D]. 北京：清华大学，2003.
[32] 金海燕. 人的滨水——哥本哈根滨水空间开发建设理念 [J]. 城市发展研究，2014（8）: 21-28.
[33] 肯尼思 · 弗兰姆普敦. 建构文化研究 [M]. 北京：中国建筑工业出版社，2007.
[34] 勒 · 柯布西耶. 明日之城市 [M]. 李浩，译. 北京：中国建筑工业出版社，2009.
[35] 李华星. 上海地区旧住房成套改造研究 [J]. 住宅科技，2016，36（4）: 50-52.
[36] 李建伟. 城市滨水空间的发展历程 [J]. 城市问题，2010（10）: 29-33.
[37] 李乐，张恒，孙保磊，等. 大数据在城市规划中的应用研究 [R]. 天津：天津市城市规划设计研究院，2015.
[38] 李伦新，方明伦，邓友梅，等. “后世博”背景下的海派文化——第九届海派文化学术研讨会论文集 [C]. 上海：文汇出版社，2011.
[39] 李翔宁，杨丁亮，黄向明. 上海城市更新五种策略 [M]. 上海：上海科学技术文献出版社，2017.
[40] 李萱. 走向市民：黄浦江两岸综合开发历程 [J]. 时代建筑，2009（6）: 26-31.
[41] 联合国开发计划署. 2004 年人类发展报告——当今多样化世界中的文化自由 [M]，北京：中国财政经济出版社，2004.
[42] 林沄. 上海里弄保护与改造实践述评 [J]. 建筑遗产，2016（1）: 12-20.
[43] 刘春瑶. 美国历史建筑保护与更新的财政激励政策与实践研究 [J]. 时代建筑，2017（1）: 154-158.
[44] 刘敏霞. 历史风貌保护开发权转移制度的实施困境及对策——以上海为例 [J]. 上海城市规划，2016（5）: 50-53.
[45] 刘宛. 城市设计实践论 [M]. 北京：中国建筑工业出版社，2006.
[46] 刘昕. 城市更新单元制度探索与实践——以深圳特色的城市更新年度计划编制为例 [J]. 规划师，2010（11）: 66-69.
[47] 刘易斯 · 芒福德. 城市发展史——起源、演变和前景 [M]. 宋俊岭，倪文彦，译. 北京：中国建筑工业出版社，2005.
[48] 刘悦来，尹科娈，葛佳佳. 公众参与，协同共享，日臻完善——上海社区花园系列空间微更新实验 [J]. 西部人居环境学刊，2018，33（04）: 8-12.
[49] 卢汉龙. 城市旧区改造中的社会机制作用 [J]. 上海城市规划，2011（01）: 59-63.

[50] 罗镔．多维共建，营造品质——上海市“美丽家园”更新建设实践解析 [J]．建设科技，2016（09）：53-54.
[51] 罗镔．“建筑方案验证”方法在控规编制中的应用解析 [J]．规划师，2014（11）：69-72.
[52] 罗问，孙斌栋．国外城市规划中公众参与的经验及启示 [J]．上海城市规划，2010（06）：58-61.
[53] 吕文强．城市形象设计 [M]．南京：东南大学出版社，2002.
[54] 吕晓蓓．城市更新规划在规划体系中的定位及其影响 [J]．现代城市研究，2011（1）：17-20.
[55] 吕晓钧，卢济威．上海里弄保护更新的一种模式探索——西王家库地块里弄的保护与更新 [J]．新建筑，2003（2）：10-12.
[56] 马宏，应孔晋．社区空间微更新：上海城市有机更新背景下社区营造路径的探索 [J]．时代建筑，2016（04）：10-17.
[57] 马瑞华．城市品牌与城市竞争力机制研究 [D]．济南：山东大学，2002.
[58] 毛佳樑．传承历史、延续文脉，提升城市历史风貌保护水平 [J]．上海城市规划，2006（2）：1-5.
[59] 毛佳樑．开拓进取，认真探索，加快推进上海中心城旧区和旧住房改造工作 [J]．上海城市规划，2008（03）：1-3.
[60] 齐港．新加坡公共政策的运作过程：行之有效的行为 [M]．长沙：湖南人民出版社，2016.
[61] 乔恩 · 兰．城市设计 [M]．黄阿宁，译．沈阳：辽宁科学技术出版社，2008.
[62] 上海多伦路文化名人街管委会．多伦路文化名人街的保护与开发——写在多伦路文化名人街一期保护开发十周年之际 [J]．文化月刊，2010（1）：30-33.
[63] 上海交通大学中国城市治理研究院课题组．城市“微更新”：有温度的慢生活 [J]．决策，2018（05）：48-50.
[64] 上海市城市规划设计研究院．迈向世界级滨水区：黄浦江两岸贯通与滨江地区协同发展 [R]．上海：上海市城市规划设计研究院，2016.
[65] 上海实业东滩投资开发（集团）有限公司，ARUP，设计新潮杂志社．东滩 [M]．上海：上海三联书店，2006.
[66] 邵甬．从“历史风貌保护”到“城市遗产保护”——论上海历史文化名城保护 [J]．上海城市规划，2016（5）：1-8.
[67] 申立，陆巍，王彬．面向全球城市的上海文化空间规划编制的思考 [J]．城市规划学刊，2016（3）：63-67.
[68] 石楠．新常态下城市空间品质问题的新视角 [J]．上海城市规划，2015（1）：1-3.
[69] 孙施文．现代城市规划理论 [M]．北京：中国建筑工业出版社，2007.
[70] 孙施文，王喆．城市滨水区发展与城市竞争力关系研究 [J]．规划师，2004，8（20）：5-9.
[71] 孙施文，周宇．上海田子坊地区更新机制研究 [J]．城市规划学刊，2015（1）：39-44.
[72] 孙轶家．城市景观更新——以上海市闸北区若干城市景观更新项目为例 [A]// 世界华人建筑师协会城市特色学术委员会 2007 年会论文集：城市特色研究与城市风貌规划 [C]．2007
[73] 汤因比 · 阿诺德．历史研究：上册 [M]．刘北成，译．上海：上海人民出版社，2005.
[74] 唐露园，何丹．日本东京住宅建设发展新特征及评述 [J]．上海城市规划，2016（8）：12-13.
[75] 唐子来，陈琳．经济全球化时代的城市营销策略：观察和思考 [J]．城市规划学刊，2006（6）：45-53.

[76] 陶亮．以城市设计成果法定化为重点，探索上海控制性详细规划附加图则管理的思路和方法 [J]．上海城市规划，2011（6）：75-79.
[77] 同济大学建筑与城市规划学院．上海建筑风格与上海文化 [A]// 罗小未文集 [M]．上海：同济大学出版社，2015.
[78] 万勇．旧城的和谐更新 [M]．北京：中国建筑工业出版社，2006.
[79] 万勇．上海旧区改造的历史演进、主要探索和发展导向 [J]．城市发展研究，2009，16（11）：97-101.
[80] 薛晖，潘振．城市规划的公共政策属性思考 [J]．规划师，2006，22（11）:25-26.
[81] 徐毅松．新形势下切实推进上海控制性详细规划发展的认识和思考 [J]．上海城市规划，2011（6）：14-20.
[82] 王东寰，范长江．对城市更新旧住房成套改造的思考——以上海市武宁路 74 弄城市更新项目为例 [J]．上海房地，2018（07）：27-29.
[83] 王芳．行动者、公共空间与城市环境问题 [D]．上海：上海大学，2006.
[84] 王林．有机生长的城市更新与风貌保护——上海实践与创新思维 [J]．世界建筑，2016（4）：18-23.
[85] 王纪武．地域文化视野的城市空间形态研究——以重庆、武汉、南京地区为例 [D]．重庆：重庆大学，2005.
[86] 王建国．城市设计 [M]．南京：东南大学出版社，2004.
[87] 王静伟，曹永康，吴俊．上海市浦东新区登记历史建筑的分级保护策略研究 [J]．华中建筑，2011，29（4）：130-132.
[88] 王腾．大数据在城市规划中的应用现状与展望 [J]．江苏城市规划，2018（2）：19-23.
[89] 王伟强．和谐城市的塑造：关于城市空间形态演变的政治经济学实证分析 [M]．北京：中国建筑工业出版社，2005.
[90] 王伟强．历史文化风貌区的空间演进 [N]．文汇报（第 6 版），2006-10-15.
[91] 王伟强，李建．共时性和历时性——城市更新演化的语境 [J]．城市建筑，2011（8）：11-14.
[92] 王伟强，王孟永．双重全球化背景下城市发展的作用力机制探讨 [J]．上海城市规划，2010（1）：3-8.
[93] 王兴平，龙瀛，等．“大数据热背后的冷思考”学术笔谈会 [J]．城市规划学刊，2015（3）：08-12.
[94] 王艳飞．上海市旧区改造工作机制评析 [J]．城乡建设，2018（02）：44-46.
[95] 王颖．上海城市社区实证研究——社区类型、区位结构及变化趋势 [J]．城市规划汇刊，2002（6）：33-40.
[96] 伍江，王林．历史文化风貌区保护规划编制与管理：上海城市保护的实践 [M]．上海：同济大学出版社，2007.
[97] 吴志强，李德华．城市规划原理（第四版）[M]．上海：中国建筑工业出版社，2010.
[98] 吴建业，武锴．环境及资源管理制度创新策略 [J]．人民论坛学术前沿，2011（315）：246-247.
[99] 徐毅松．上海城市更新的思考与探索 [N]．新闻晨报 A13，2015-06-19.
[100] 杨保军，董珂．滨水地区城市设计探讨 [J]．建筑学报，2007（7）：7-11.
[101] 杨波．国际大都市滨水地区功能转换与提升研究——以上海黄浦江两岸地区为例 [J]．武汉商业服务学院学报，2011，25（5）：29-34.

[102] 扬 · 盖尔．交往与空间 [M]．北京：中国建筑工业出版社，2002.
[103] 杨海．消费主义思潮下上海历史文化风貌区的空间效应演进研究 [D]．上海：同济大学，2003.
[104] 杨茂川，王琛．城市公共空间的地域特色与可识别性 [J]．江南大学学报（人文社会科学版），2006，5（6）：117-123.
[105] 杨上广，王春兰．上海城市居住空间分异的社会学研究 [J]．社会，2006，26（6）：117-137.
[106] 杨正联．公共政策语境中的话语与言说 [M]．北京：光明日报出版社，2010.
[107] 杨一帆．中国城市在发展转型期推进滨水区建设的价值与意义 [J]．国际城市规划，2012，2（27）：108-113.
[108] 姚芳．拆除重建：创新旧区改造模式的实践与探索 [J]．学理论，2009（08）：54-55.
[109] 姚尚建．作为公共政策的城市规划——政治嵌入与利益整合 [J]．行政论坛，2015（5）：8-13.
[110] 俞静．作为城市竞争力要素的城市形象设计研究 [D]．上海：同济大学，2002.
[111] 余琪．转型期上海城市居住空间的生产和形态演进 [M]．南京：东南大学出版社，2011.
[112] 於晓磊．上海旧住宅区更新改造的演进与发展研究 [D]．上海：同济大学，2008.
[113] 翟斌庆，伍美琴．城市更新理念与中国城市现实 [J]．城市规划学刊，2009（2）：75-83.
[114] 张庭伟．规划的协调作用及中国规划面临的挑战 [J]．城市规划，2014（1）：35-40.
[115] 张松．历史城市保护学导论—文化遗产和历史环境保护的一种整体性方法 [M]．上海：上海科学技术出版社，2001.
[116] 张松．转型发展格局中的城市复兴规划探讨 [J]．上海城市规划，2013（1）：5-12.
[117] 张伟娟．从悖论走向创新——浅谈修建性详细规划对规划条件的核定作用 [J]．规划师，2012（S2）：159-163.
[118] 张翔．大数据时代城市规划的机遇、挑战与思辨 ![J]．规划师，2014（8）：38-42.
[119] 张昕．公共政策与经济分析 [M]．北京：中国人民大学出版社，2004.
[120] 张引，陈敏，廖小飞．大数据应用的现状与展望 [J]．计算机研究与发展，2013（27）：216-233.
[121] 张永宏．非洲发展视域中的本土知识 [M]．北京：中国社会科学出版社，2010.
[122] 张哲．谈如何在城市设计过程中诠释地域特征 [J]．广东建材，2010（3）：119-121.
[123] 张中华，张沛．地方理论：城市空间发展的再生理论 [J]．城市发展研究，2012（3）：52-57.
[124] 赵民．“社区营造”与城市规划的“社区指向”研究 [J]．规划师，2013（9）：5-10.
[125] 赵蔚．社区规划的制度基础及社区规划师角色探讨 [J]．规划师，2013（9）：21.
[126] 郑时龄．上海的城市更新与历史建筑保护 [J]．中国科学院院刊，2017，32（7）：690-695.
[127] 郑时龄．上海的建筑文化遗产保护及其反思．[J]．建筑遗产 2016（1）：10-23.
[128] 钟晓华，周俭．遗产在城市更新中的角色演变——解读上海中心城区“旧改”进程中的三个案例 [J]．城乡规划，2012（01）：113-120.
[129] 朱静宜．居住分异与社会分层的相互作用研究——以上海为例 [J]．城市观察，2015（5）：98-107.
[130] 竹子．濒临消失的文化财富——赏析《上海里弄街区的价值》[J]．中华建设，2015（1）：60.
[131] 周俭，张恺．在城市上建造城市：法国城市历史遗产保护实践 [M]．北京：中国建筑工业出版社，2003.

致谢

1996 年进入同济大学就读城市规划专业，在上海这座城市学习、工作、生活，于今已有二十三载。伴随城市的演进、变化，自身也在不断前进、成长。

母校的启迪与学术熏陶，硕士生导师彭震伟教授、博士生导师王伟强教授的悉心栽培与教导，一直深深感激，铭记在心；家人的陪伴与支持，尤其女儿的纯真甜美、欢乐笑声，常令我阴霾尽扫、动力激生；一直还在收获着前辈、朋友、同事、同学们的无私帮助与热情关怀。

郑重感谢为本书作序的知名专家郑时龄、沈迪、苏功洲，给予我无私的学术指导与帮助，热爱支持之情，感恩常在，无法忘怀。同时感谢为本书付梓耗费心力的上海科学技术出版社，感谢上海文化发展基金会图书出版专项基金的资助，特别感谢王慧莹、罗镔、王剑、熊元鑫、王璐妍、孙轶家、伍攀峰、魏沅、管娟、李凌燕、熊滟、施立平、可怡萱、顾桥松等，这着实构成了我人生的另一种财富。

2013 年进入华建集团规划院工作以来，在上海城市更新发展的大背景下，借助集团优势平台、多专业力量，我得以不断深化专业知识、进步提升，将科研与实践紧密结合，进一步审视城市发展中的诸多问题，尤其是在可持续城市设计相关理论积累和实践探索的基础上，更加聚焦城市设计与城市更新的现实发展，在上海卓越全球城市发展建构的大背景下，结合自身实践亲历，从多个维度展开深入研究。多年积累，汇集此书。

2018 年，荣获“第三届上海市十佳青年规划师”荣誉称号，我的参评格言是“规划，已经成为生命中的一个标记”。2019 年，被上海市徐汇区人民政府聘请作为长桥街道社区规划师之际，我想今后作为一名规划工作者应该更加心系公益、求实进取。未来，应该可以为上海这座我热爱的城市贡献自己一份微小的力量，也在这样一种平实但富有挑战的工作过程中成全自己。

心怀感恩，历久弥新；从容沉淀，历久弥新。